한림과학원총서 39

교육정책, 논리와 최적선택

한림과학원총서 39
교육정책, 논리와 최적선택

초판인쇄 : 1996년 2월 15일 초판발행 : 1996년 2월 25일
지은이 : 한림과학원 편 발행인 : 고희숙 발행처 : 도서출판 소화
등록 : 제13-412호 주소 : 서울 영등포구 영등포동 7가 94-97
전화 : 677-5890, 599-4807 팩스 : 677-5890, 676-7959

값 8,000원

ISBN : 89-85883-25-9

한림과학원총서 39

교육정책, 논리와 최적선택

한림과학원 편

소화

차 례

■ 교육정책의제 설정 : 이론과 적용/정일환
　Ⅰ. 서론 • 7
　Ⅱ. 교육정책연구와 교육(정책)문제 • 12
　Ⅲ. 정책의제 설정 관련이론 • 29
　Ⅳ. 교육정책의제 설정의 분석모형 • 39
　Ⅴ. 주요 교육정책의 사례선정 및 분석 • 60
　Ⅵ. 요약 및 결론 • 83
　참고문헌 • 86

■ 교양교육과 대학교육과정정책/조무남
　Ⅰ. 서론 • 91
　Ⅱ. 자유교육의 두 기원 • 96
　Ⅲ. 문화의 두 패러다임과 자유교육의 목적 • 124
　Ⅳ. 두 교육목적과 대학교육과정정책 • 135
　Ⅴ. 결론 • 157
　참고문헌 • 159

■ 대학입학 전형정책의 최적선택에 관한 연구/이형행·백일우·신준영
　Ⅰ. 서론 • 165
　Ⅱ. 이론적 배경 • 169
　Ⅲ. 연구방법 • 178
　Ⅳ. 연구결과의 분석 • 182
　Ⅴ. 결론 • 223
　참고문헌 • 233

■ 대학입시제도의 개선을 위한 대안적 논리/이종재
　Ⅰ. 서론 • 235
　Ⅱ. 제도 개선의 논리 • 236
　Ⅲ. 결론 • 295

교육정책의제 설정 : 이론과 적용

정일환*

I. 서론

1. 연구의 필요성 및 목적

우리나라의 독특한 현상 중 하나는 국민의 교육에 대한 열의, 소위 '교육열'이 높다는 점이다. 이러한 국민의 높은 교육열은 긍정적으로는 교육을 통한 개인 및 사회발전의 추구를 가능하게 하며, 부정적으로는 사회문제(social problems)를 야기시키는 결과를 가져온다.

거의 매일 신문지상에는 교육에 관한, 교육문제(educational problems or issues)에 관한 기사가 보도되고 있다. 이러한 교육문제 및 쟁점에 관한 내용으로는 지나친 입시 위주의 교육, 개성이 무시되는 획일적인 교육, 비정상적인 교육과정의 운영, 교원의 업무과다 및 사기저하, 열악한 교육환경, 영세한 교육재정 등을 들 수 있다. 이러한 교육문제는 학교단계별, 교육대상별, 교육영역별로 다양하게 나타나게 된다.

무수히 존재하는 교육문제에 대하여 국가나 혹은 지방자치단체가 모두 정책적으로 반영하여 해결하기란 시간적, 인적, 재정적 요인 등의 제약으로 인하여

---

* 대구 효성가톨릭대학교 교육학과 교수.

용이하지 않다. 따라서 정부는 무수히 존재하는 교육문제 중에서 사실은 일부만을 정책의제화(agenda setting or building)하여 해결하고자 노력하고 있다.

그러면 무수히 존재하는 교육문제 중에서 어떤 교육문제는 왜, 무슨 이유로 정부가 공식적으로 해결하려고 정책문제로 채택하고, 또는 그렇지 않는가에 대한 의문을 풀고자 하는 것이 이 연구의 초점이다.

교육정책의제 설정(agenda setting)은 정부가 정책적 해결을 위하여 학교교육을 중심으로 학교교육권과 학교교육권 밖에서 발생하는 제 문제를 정책문제로 채택하는 과정 또는 행위를 의미한다. 여기서 정책문제 혹은 쟁점(policy problem, policy issue)이란 정부가 그 해결을 위하여 심각하게 검토하고 해결하기 위하여 정부가 공식적으로 결정한 교육(정책)문제를 말한다. 이러한 교육(정책)문제는 중앙정부 수준에서 결정할 사항도 있고 혹은 지방정부 차원에서 채택하여 해결할 수도 있다. 교육행정이 관여하는 분야는 앞서 언급한 바와 같이 대상에 따라 학교교육, 사회교육으로 나눌 수 있으며, 교육영역별로 교육계획, 교육과정, 학생, 교원, 교육시설, 교육재정 등으로, 그리고 학교단계별로 유아, 초등, 중등, 고등교육 등으로 나뉜다.

그 동안 교육정책에 관한 연구 중 정책결정(policy making)에 관한 연구는 많이 있었지만 교육정책문제 혹은 교육정책의제 설정에 관하여 이론적·실증적으로 규명하려는 연구는 거의 드물었다고 할 수 있다(최희선, 1984; 최종근, 1986). 교육정책연구는 일반적으로 정책과정과 정책분석의 측면에서 이해·파악된다. 교육정책과정은 정책의제 설정, 정책결정, 정책집행, 정책평가 및 정책종결의 다섯 단계로 나뉘어지며, 교육정책분석은 교육정책목표를 달성하기 위한 최선의 대안을 선택하는 데 도움을 주는 것으로 파악된다(정정길, 1982; 1990; 1991).

교육정책과정 중에서 교육정책의제 설정에 관한 연구에서 특히 이에 대한 체계적인 이론모형의 설정개발 및 실제 교육정책에의 탐색적용은 우리나라와 같이 교육이 국가 전체에서 차지하는 비중이 크고 교육문제가 전체 사회문제에서 차지하는 중요성을 감안할 때 매우 필요하다고 할 수 있다. 교육정책과정에서 교육정책의제 설정단계에 대한 연구가 필요하고 중요한 이유는 다양한 교육정책문제에 대하여 이를 해결하도록 정부를 촉구하는 자극이 될 뿐만 아니라 설정된 교육정책의제의 성격이 뒤따르는 전 교육정책과정에 영향을 미치고, 또한교육정책결정에 도움이 되는 대안이 의제설정단계에서 나타나기 때문이다.

  이러한 연구의 필요성에 입각하여 교육정책의제 설정에 관한 이론모형의 정립과 1980년 이후의 주요한 교육정책을 이론모형에 기초하여 유형화함으로써 궁극적으로 합리적인 교육정책 수립 및 해결방안 모색에 기여하고자 하는 것이 이 연구의 목적이다.

2. 연구내용

  교육정책의제 설정의 이론모형 정립과 실제 적용성 탐색을 위하여 본 연구에서 다루는 연구내용은 다음과 같다.

  (1) 교육정책의제 설정(Agenda setting of educational policy
      issues)의 개념정립
   1) 교육정책의 개념과 유형
   2) 공공정책의 성격 및 유형
   3) 교육(정책)문제의 개념
   4) 교육정책의제 설정의 개념

  (2) 정책의제 설정 관련이론의 탐색
   1) 의사결정론
   2) 체제이론
   3) 다원론

　　4) 엘리트이론

　　5) 무의사결정론

（3）교육정책의제 설정과정 및 분석모형 정립

　　1) 정책과정과 정책의제 설정

　　2) 정책의제 설정과정

　　3) 정책의제 설정모형 : 외부주도형(Outside Initiative Model),

　　　　　　　　　　　　　　동원형(Mobilization Model)

　　　　　　　　　　　　　　내부접근형(Inside Access Model)

（4）교육정책의제 설정을 결정하는 요인 규명

　　1) 주요 집단과 참여자

　　2) 정치적 요인

　　3) 교육적 요인

　　4) 기타 문제의 특성 등

（5）교육정책의제의 유형화 및 이에 따른 해결방안 제시

　　1) 교육정책문제의 유형화 : 규제정책, 배분정책, 재분배정책 등

　　2) 사례연구(case study) 및 1980년 이후의 주요 교육정책문제 분석

　　3) 교육정책의제 설정모형의 적용성

　　4) 향후 교육정책의제 설정의 합리화 모색

3. 연구방법

(1) 문헌연구

본 연구에서 사용되는 방법은 주로 문헌연구에 의존한다. 교육정책연구에서

아직 교육정책설정에 대한 관련 이론적 정립이 미약하기 때문에 주로 일반적인 정책연구에서 다루는 관련 이론들을 본 연구에서 원용한다. 따라서 교육정책 의제 설정에 관한 이론적 모형 정립을 위하여 관련 문헌연구 및 선행연구를 토 대로 분석제시한다.

(2) 사례연구(case study)

정책의제 설정에 관련된 개념 정의와 이론적인 기초를 통해 형성된 교육정책 설정의 이론적 모형에 기초하여 1980년대 이후의 주요 교육정책문제를 사례 로 선정하여 기술하고, 그 적용성을 탐색제시한다. 이를 토대로 교육정책문제 를 유형화한다.

4. 연구의 제한점

앞에서도 기술하였지만, 교육정책의제 설정에 관한 연구는 교육분야에서 비 교적 최근에 관심을 갖기 시작한 분야이며, 이에 대한 독자적인 이론이나 모형 이 개발된 것은 거의 없다고 할 수 있다. 정책의제 형성 혹은 설정에 관련된 내 용은 정책학 및 정책연구 분야에서, 특히 한국의 경우 정정길(1982)이 처음 으로 국내에 소개한 이후 관심을 갖게 되었으며, 최근 정정길(1982; 1989; 1991), 최봉기(1988)의 저서 및 논문에서 본격적으로 외국의 다양한 이론 을 집약하면서 이 분야에 대한 독자적인 이론을 구축하고 있다고 할 수 있다.

그리고 본 연구에서 기술되는 1980년대 이후의 주요 교육정책의제에 대한 사례선정은 분석모형에 기초하여 모형을 개괄적으로 설명해 줄 수 있는 것으로 하였으며, 여타의 교육정책의제 사례들도 적용될 수 있다. 교육정책의제에 대 한 사례 기술은 선행 연구와 관련자를 토대로 요약 혹은 재작성하였다.

따라서 본 연구에서 사용되는 기본적인 이론적 틀, 분석 틀은 정책연구에서 개발된 정책의제 설정에 관한 제반 이론이나 모형을 원용하되, 교육문제, 교육정책문제, 교육정책의제에 관한 내용, 과정을 기술하고 설명하는 데 초점을 두고자 한다. 교육정책연구에서 특히 이 분야에 대한 보다 심층적인 연구가, 그리고 독자적인 이론모형 개발 및 사례연구의 필요성이 있음을 밝힌다.

II. 교육정책연구와 교육(정책)문제

1. 교육정책의 의의

교육정책에 대한 개념은 학자에 따라 다양하게 논의되고 있다. 먼저 백현기(1964:30)는 교육정책을 "정치적 권력과정을 거쳐서 형성된 어떤 교육계획이 실현되는 일체의 과정"으로 정의하고 있으며, 김종철(1990)은 교육정책을 "사회적·공공적·조직적 활동으로서의 교육활동에 관하여 국민의 동의를 바탕으로 하면서 국가의 공권력을 배경으로 강행되는 기본방침 또는 지침을 의미하며, 그것은 교육활동의 목적·수단·방법 등에 관한 최적의 대안을 의도적·합리적으로 선택한 것"이라고 정의하고 있다.

그리고 김윤태(1990)는 교육정책의 개념을 국가나 권력에 의해 지지되는 교육이념 혹은 이를 구현하는 국가적 활동의 기본방침으로 규정하고 있다. 또한, 이형행(1992:339)도 교육정책을 "일정한 교육목표를 달성하기 위하여 국가가 결정한 기본적인 행동방안과 지침"으로 정의하고 있다.

이와 같이 볼 때 교육정책은 기본적으로 다음과 같은 속성을 지닌다고 할 수 있다(김종철, 1990:680~681).

첫째, 교육정책은 교육활동을 대상으로 하며, 교육활동을 위해 봉사하는 수단적인 면을 지닌다.

둘째, 교육정책의 주체는 정치체제(political system)를 형성하는 국가 또는 지방자치단체가 된다.

셋째, 교육정책은 교육활동과 내용의 지침을 제시한다.

넷째, 교육정책은 교육문제를 해결하기 위한 합리적인 의사결정과 최적의 대안을 탐색하는 과정이다.

끝으로, 교육정책은 국가(중앙교육행정기관)나 지방자치단체(지방 교육청 등)가 설정하는 교육이념을 구현하는 수단이 되며, 집행성격으로서의 교육행정에 대한 기본적인 지침이나 방향 제시가 된다.

이상의 여러 학자들의 교육정책에 대한 정의와 속성을 종합하여 본 연구에서는 교육정책의 개념을 '공공정책(public policy)으로서 교육활동을 위해 국가나 공공단체가 국민 또는 교육 관련, 수혜 집단을 대상으로 전개하는 교육의 지침'으로 정의하고자 한다.

한편 교육정책의 유형은 국가와 개인간의 관계에 따라 무정부적·자유방임적 교육정책, 독재·통제주의적 교육정책, 민주주의적 교육정책으로 구분된다(Hans, 1929). 그리고 정부체제의 성격에 따라 관료주의적 교육정책, 자유주의적 교육정책, 민주주의적 교육정책, 독재주의적 교육정책으로 분류하고 있다(原龍之助 외). 정치이념에 의한 교육정책의 유형은 자유민주주의적 교육정책, 사회주의적 교육정책, 혼합형 교육정책(Horowits, 1966)으로, 권한의 집중도에 따라 중앙집권적 교육정책, 지방분권적 교육정책, 중간형 교육정책으로 유형화할 수 있다.

그리고 김종철(1990:696~697)은 교육활동의 부문별 영역에 따라 초등교육, 중등교육, 고등교육, 교원교육, 실업교육, 유아교육, 특수교육, 해외교육, 학교 외 교육(사회교육)정책 등 9가지로 구분하고 있는데, 이는 교육정책 및 집행기관이 담당하고 있는 업무와 유사하게 구분되고 있다. 그리고 기능요인별로는 교육목표, 교육과정, 교재, 교육방법, 교원, 학생, 교육시설, 교육재정, 사무관리, 연구, 홍보정책 등의 11가지로 구분하고 있다.

또한 윤정일 외(1992)는 우리나라에서 쟁점이 되고 있는 주요 교육정책을 의무교육, 고교평준화 개편, 사학정책, 대학입시정책 등 15가지로 나누어 각각에 대한 정책의 배경, 정책 추진경과, 현황과 문제, 주요 쟁점을 기술하고 이들 정책에 대한 개선방안을 제시하였다.

 본 연구에서는 제3장과 제4장에서 기술되는 여러 학자들의 교육정책유형을 포괄하되, 교육정책을 정책분석과 정책과정으로 구분하고, 주로 정책과정 중 정책의제 설정에 국한하여 특정한 교육정책에 대하여 분석한다. 그리고 교육 정책을 일반적인 정책의 유형 구분에 따라 규제정책인가, 배분정책인가 혹은 재분배정책인가 등으로 유형화하고자 한다.

 교육정책을 논하는 데 국가의사를 실질적으로 형성하는 권력과정과 권력의 교육지배형태를 정치과정으로 분석하는 것은 매우 중요하다. 교육정책에서 다루는 영역은 교육정책의 주체가 되는 정치권력과 그 작용, 정책의 대상, 내용, 그리고 정책의 실현과정 등세 가지 영역이 구조적으로 분석되어야 할 것이다.

 이상에서 논의된 교육정책의 개념을 구조화하면 다음 [그림 1]과 같다.

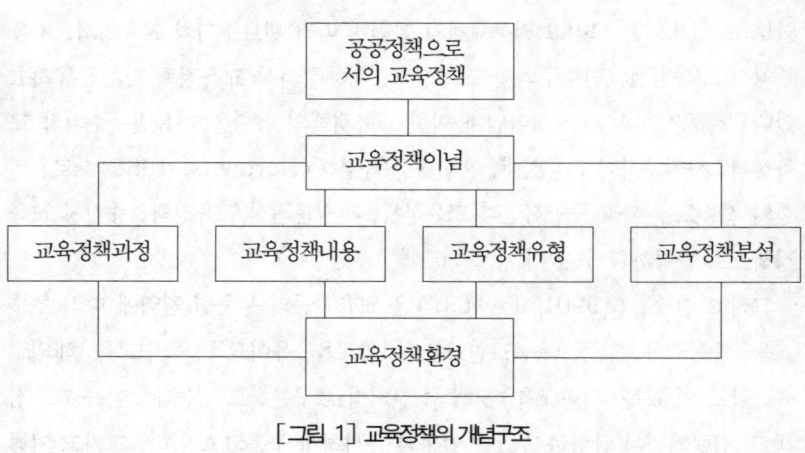

[그림 1] 교육정책의 개념구조

2. 교육정책연구 : 정책과정과 정책분석

 정책연구는 일반적으로 정책과정과 정책분석의 두 가지 측면에서 파악·이해 된다. 정책과정은 정책문제의 발생으로부터 정책이 종결될 때까지 일어나는 일련의 과정을 말한다. 이러한 정책과정은 일반적으로 정책문제 채택, 정책결정, 정책집행, 정책평가, 정책종결로 구분되지만, 학자에 따라서는 다소 차이가 있다.

정책과정은 정책이 이루어지는 내부체제에서만 형성되는 것이 아니라 정치, 사회적 관련 속에서 역동적으로 이루어지고 있으며, 복잡한 관련변인, 요소와의 상호작용하에서 여러 단계를 형성하면서 작동하게 된다(Jones, 1979). 이와 같이 정책이 전개되는 과정에서는 정책을 둘러싸고 있는 정책환경을 고려하여야 한다. 왜냐하면 정책환경의 변화에 따라 정책과정이 달라질 수 있기 때문이다. 여기서 정책환경(policy environment)은 이를 둘러싸고 있는 모든 외생적 변수와 조건들을 의미한다. 예를 들면 교육정책에 대한 환경은 국내적, 국제적 정치경제적 여건의 변화, 정치문화, 경제체제, 인구구조의 변화, 사회문화구조의 변화 등이 교육정책과정에 영향을 주는 주요한 환경적 요소들이라고 할 수 있다.

먼저 정책과정에 대한 제 학자들의 견해를 종합기술하면 다음과 같다.

Laswell(1975)은 정책과정의 국면을 정보(intelligence), 주창(promotion), 처방(prescription), 발동(invocation), 적용(application), 평가(appraisal), 종결(termination)의 7단계로 구분하고 있다.

Anderson(1979)은 문제형성(problem formation), 형성(formation), 채택(adoption), 실시(implementation), 평가(evaluation) 등으로 나누고 있으며, Dror(1968)는 초정책단계(meta policymaking stage), 정책결정단계(policymaking stage), 정책결정 이후단계(post policymaking stage)로 나누고 이를 다시 세분화하여 18개의 하위 국면으로 나누고 있다.

Jones(1977)는 정책과정을 문제규명, 사업계획개발, 사업계획집행, 평가, 종결의 5단계로 나누고 이를 다시 14개 하위과정으로 구분하여 설명하고 있다. Nakamura와 Smallwood(1980)는 정책형성, 정책집행, 정책평가의 3단계로 나누면서 이들간의 상호순환적 과정을 강조하고 있다.

Anderson(1984)은 정책과정을 활동의 기능적 범주와 관련된 연쇄적인 행동유형에 따라 다음과 같이 5단계로 구분하고 있다. 즉 문제규명 및 의제형성, 공식화, 채택, 집행, 평가로 구분하여 기술하고 있다.

김신복(1982:11〜37)은 정책개발의 과정을 정책의제의 선정, 정책목표의 설정, 대안 탐색 및 설계, 모형설정 및 영향분석, 그리고 정책선택(결정)의 6단계로 구분하고 있다.

허범(1991)은 정책과정을 정책문제의 인지와 정책의제의 형성, 정책형성, 정책채택, 정책집행, 정책평가, 정책종결 등의 6단계로 구분하면서 정책과정의 동태성을 강조하고 있다. 정책과정의 동태성으로는 혼재성, 반복성, 생략성, 순환성, 가변성, 정치성, 사회과정성, 영속성 등을 들고 있다.

정정길(1990)은 정책과정에 대한 내용을 크게 두 가지 관점, 즉 정책과정에 대한 지식과 정책과정에 필요한 규범적·처방적 지식으로 나누어 기술하고 있다. 그리고 정책과정은 정책문제 채택, 정책결정, 정책집행, 정책평가 및 정책종결의 5단계로 구분하여 정책과정을 분석하면서 다음과 같이 [그림 2]로 도식화하고 있다(1991).

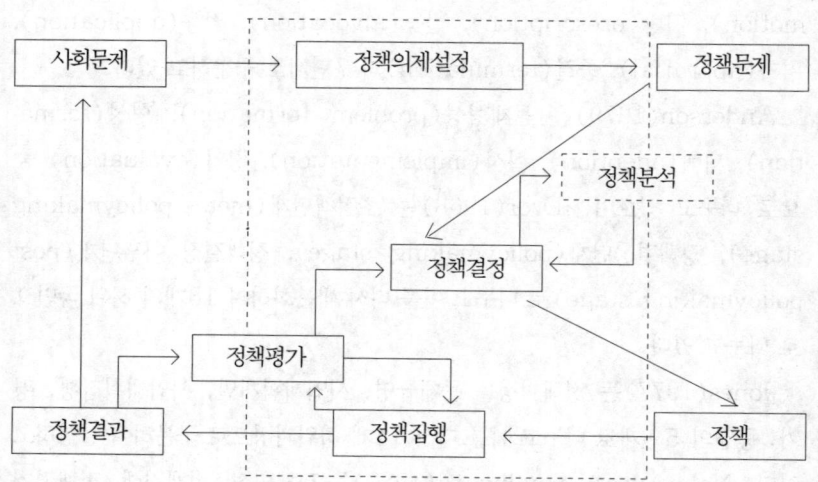

[그림 2] 정책과정에서의 정책의제 설정의 위상
출처 : 정정길(1991:16).

　이러한 제반 학자들의 정책과정에 대한 견해를 종합하여 교육정책과정을 본
연구에서는 교육정책과정(education policy process)을 정책문제 채택,
정책형성, 정책집행, 정책평가, 그리고 정책종결의 다섯 단계로 구분한다. 본
연구에서의 관심은 바로 교육정책과정 중에서 첫번째 단계인 교육정책문제 채
택단계, 혹은 교육정책의제 설정단계이다. 교육정책과정을 그림으로 나타내면
다음 [그림 3]과 같다.

　이와 같이 교육정책과정을 구분할 때 논리적으로 보면 뒤의 과정은 앞의 과
정을 전제로 하게 된다. 즉 교육적, 사회적 갈등으로 교육문제, 교육쟁점이 발
생하여 정부에 귀속되면 이 교육정책문제(의제)를 해결하기 위해 다양하고
합리적인 정책수단을 선택(교육정책결정)하게 되고, 그 수단의 표현(교육정
책집행)이 뒤따르게 되는 것이다. 실제로는 매 과정마다 교육정책 환경과 상
호작용을 하게 되고, 순환과정(feedback)을 거치면서 이루어지게 된다.

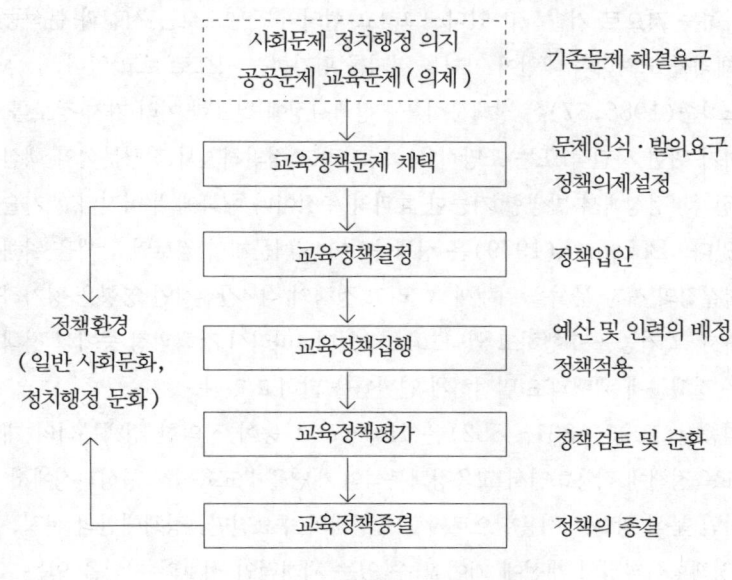

[그림 3] 교육정책과정과 환경

2) 교육정책분석(education policy analysis)

일반적으로 정책분석은 정책목표를 달성하기 위한 최선의 대안을 선택하는 데 도움을 주는 것이라고 할 수 있다(Quade, 1975; Nagel, 1977; Lineberry, 1978; Stokey & Zeckhauser, 1978). Dunn(1983) 은 정책분석을 정치적인 맥락에서 정책문제를 해결하는 데 이용할 수 있는 정책관련 정보를 생산하고 전환시키기 위해, 여러 가지 탐구 및 진술의 방법을 사용하는 것으로 정의하고 있다(이대희 역, 1984:57). 여기에는 경제학, 경영학, 사회학, 정치학 등에서 개발되고 정립된 제반 사회과학의 이론과 기법을 동원하는 종합적인 측면이라고 할 수 있다.

정정길(1991)은 정책분석의 개념을 광의와 협의로 구분하여 설명하고 있다. 즉 광의로는 합리적인 정책결정단계(문제의 파악과 목표의 명확화, 대안의 탐색, 대안이 가져올 결과의 예측과 평가, 최선의 대안 선택)에서 대안의 결과를 예측하고, 평가하는 단계에서 대안의 정치적 실현 가능성을 예측하고 평가하는 것으로 기술하고 있다. 그리고 협의의 개념으로는 시간과 분석능력의 제약을 고려하여 대안이 가져올 결과를 평가하는 것으로 보고 있다.

노화준(1986:37)은 정책분석을 "정책결정에 필요한 여러 가지 정보를 산출하기 위한 사전적 또는 조망적 분석"이라고 정의하면서 정책분석의 핵심은 각 정책과정상에서 발생할 가능한 효과의 추정이나 예측에 두어진다고 기술하고 있다. Bozeman(1979)은 정책분석이 정책문제의 검토와 탐색을 위해서 정책결정의 사전 분석을 위해서, 그리고 정책의 직·간접적인 영향을 평가하기 위해서 그 기능을 수행하고 있다고 보고 있다. 따라서 정책과정 중에서 정책분석은 정책문제 채택과도 밀접하게 연관됨을 밝히고 있다.

김종철(1990 : 831∼832)은 Hogwood 등이 정의한 정책분석의 개념을 교육정책에 적용하면서 교육정책분석의 개념을 "교육정책 형성과정에서 과학적인 분석 방법을 적용함으로써 교육정책의 수요진단, 정책대안의 선정, 또는 정책형성과정의 개선에 기여할 수 있는 체계적인 정보와 지식을 얻는 것"으로 정의하고 있다. 여기서 김종철은 교육정책분석을 광의의 개념으로 정책이 이루어지는 과정에 대한, 즉 정책문제 채택, 정책결정, 정책집행, 정책평가 및 정책종결에 이르는 제 과정에 도움을 주는 측면과 정책의 바람직한 대안 탐색 및 분석에 도움을 주는 측면의 두 가지를 고려하고 있다.

교육정책분석(education policy analysis)의 개념도 일반적인 정책분석과 마찬가지로 교육정책목표를 달성하기 위한 최선의 대안을 선택하는 데 도움을 주는 것으로 파악될 수 있다. 따라서 교육정책분석은 정책연구에서 처방적 성격을 지니게 되며, 교육정책과정은 실증적·기술적 성격을 띠게 되어 교육정책과정에서 현실적으로 어떠한 상황이 일어나고 있으며, 그 원인이 무엇인가를 규명하게 된다.

정책분석이 이루어지는 과정을 Quade(1982)는 다음과 같이 나열하고 있다. 즉 정책분석은 문제의 명확화, 목표의 설정과 기준의 결정, 대안의 탐색, 자료 및 정보 수집, 모형 설계 및 검토, 대안의 실현 가능성 평가, 비용-효과의 측정, 결과 해석, 가정에 대한 확인 및 검토, 새로운 대안의 채택 등의 순환과정을 거치면서 이루어진다는 것이다.

끝으로 교육정책분석의 기법으로는 체제분석(system analysis), 비용-효과 분석(cost-effectiveness analysis), 비용-편익 분석(cost-benefit analysis), 선형계획(linear programming), 의사결정분석(decision analysis), 민감도 분석(sensitivity analysis), 델파이 기법(Delphi technique) 등을 들 수 있으며, 이러한 기법들은 교육정책문제의 성격에 따라 적절히 활용될 수 있다(Stokey & Zeckhauser, 1978; 김종철, 1991).

3. 공공정책과 교육정책의 성격

(1) 정책의 성격

공공정책의 성격을 허범(1991:78~80)은 목적지향성, 행동지향성, 변동

지향성, 미래지향성, 공익지향성, 정치관련성 등으로 나누어 설명하고 있다. 이러한 공공정책의 성격은 교육정책의 성격을 논의하는 데도 적용될 수 있다. 왜냐하면 교육정책의 개념정의에서도 기술한 바와 같이 교육정책은 바로 공공정책으로서의 본질적인 속성을 지니고 있기 때문이다.

일반적으로 공공정책의 유형은 관점에 따라 다양하게 논의되고 있다. 즉 정책내용, 담당기관이나 부처, 대상기간 등에 따라서 구분될 수 있다. 본 연구에서 다루는 교육정책도 이러한 정책성격 및 유형구분에 따라 분석이 가능하다.

(2) 정책의 유형

정책은 관점, 기준이나 성격 등에 따라 다양하게 유형화될 수 있다. 첫째는 정책내용(policy contents)에 따른 분류로서 교통정책, 물가정책, 인구정책 등이 여기에 해당된다.

둘째, 정책결정체제, 즉 정부의 담당기관에 따른 것으로 교육부 정책, 상공자원부 정책, 문화체육부 정책 등이 해당된다. 본 연구에서의 대상은 교육부에서 주관했던 교육정책이 된다.

셋째, 대상기간에 따라 1950년대 정책, 1960년대 정책, 1980년대 정책 등으로 분류될 수 있다. 본 연구에서의 분석대상은 1980년대 이후의 정책문제로 채택되었던 주요 교육정책이 된다. 예를 들어 졸업정원제, 교육세, 지방교육자치제, 대학평가 인정제 등이 해당된다.

넷째, 행동의 성격에 따른, 즉 정책이 문제해결에 직접적으로 관련된 행동을 포함하는가에 따라서 실질정책과 절차정책, 지도정책으로 구분된다(허범, 1991:81~82). 실질정책은 실제적인 문제를 해결 또는 개선하기 위하여 실제적인 행동을 포함하는 정책을 말하며, 절차정책은 정책형성을 위한 절차를 포함하는 것으로 행정절차법이 좋은 예가 된다. 그리고 지도정책은 특정한 정책형성에 앞서 이루어지는 정책형성을 위한 지침을 말한다.

다섯째, 사회적 영향에 따라, 즉 정책이 참여의 이해관계에 미치는 영향에 따라 분배정책(distributive policy), 규제정책(regulatory policy), 자기규제정책(self-regulatory policy), 그리고 재분배정책(redistributive policy) 등으로 분류된다(Lowi, 1964:677~715 ; Salisbury, 1968: 151~175). Lowi와 Salisbury 등이 문제해결과 관련시켜 정책유형을 분류한 내용을 구체적으로 기술하면 다음과 같다. 이와 같은 정책유형의 분류는 본 연구에서 교육정책의제의 유형을 분석하는 기본적인 준거로 사용한다.

1) **배분정책** : 국민들에게 권리나 이익, 또는 서비스를 제공하는 내용을 지닌 정책을 말한다. 정부가 특수한 대상집단(개인, 집단, 조합, 지역사회 등)에게 각종 서비스, 지위, 이익, 기회 등을 분배하는 정책이다. 이 정책은 정부가 적극적으로 국민들이 필요로 하는 재화와 서비스를 산출·제공하는 것을 내용으로 하는 정책이다. 배분정책의 특징을 제시하면 다음과 같다(Lowi, 1964).

첫째, 구체적인 내용을 보면 여러 가지 사업들로 구성되고 이 사업들은 서로 커다란 연계 없이 독립적으로 집행될 수 있기 때문에 이러한 세부 사업들의 집합이 하나의 정책을 구성하게 된다. 다시 말하면 정책의 내용이 쉽게 하부의 세부단위로 분해되고 다른 단위와 별개로 또 일반원칙과 독립적으로 처리될 수 있다는 것이다.

둘째, 이 정책의 세부 의사결정들은 그 결정과정이 집단간에 서로 나눠먹기 식으로 특징지워진다.

셋째, 이러한 다툼이 있는데도 승자(수혜자)와 패자가 정면대결을 벌일 필요가 없음을 Lowi는 강조하고 있다.

이러한 특징을 지닌 분배적 혹은 배분적 정책은 장학금, 연구비 등 크게 사회적 문제나 물의를 야기하지 않고 여론에 그렇게 민감하지 않기 때문에 교육정책을 결정하는 관료들이 쉽게 해결할 수 있는 것들이다. Lowi도 강조하였지만 패자나 잃는 자가 없는 정책이지만 분배의 공정성, 형평성은 고려하여야 할 것이다.

2) **규제정책** : 개인이나 일부집단에 대해 재산권 행사나 행동의 자유를 구속·억제하여 반사적으로 많은 다른 사람들을 보호하려는 목적을 지닌 정책을 의미한다. 따라서 수혜자의 재량영역을 확대시켜 주는 분배정책과는 반대가 된다.

규제정책의 특징을 보면 첫째, 정책의 불응자에게 강제력을 행사하는 것이다. 둘째, 의결기구인 국회나 지방의회에서 의결된 법률에 근거하여 이루어진다는 점이다. 셋째, 정책으로부터 혜택 보는 자와 피해를 보는 자(피규제자)를 정책결정시에 선택하게 된다는 점이다(Lowi, 1964:690~691).

교육정책에 있어서는 대개 입시정책이나 사학정책이 여기에 해당된다. 특히 1993년도 대학입학시험에서 발생한 부정입학, 대리시험, 컴퓨터 조작에 의한 입학 등의 입시부정과 이와 맞물려 있는 사학의 재정부족으로 발생한 이 사건에 대해 정부가 강력히 사학에 대해 입학정원 동결 등으로 규제하는 것은 전형적인 예가 된다.

한편 규제정책을 Ripley와 Franklin(1982:69~76)은 다시 보호적 규제정책과 경쟁적 규제정책으로 나누어 설명하고 있다. 보호적 규제정책(protective regulatory policy)은 사적인 활동을 제약하는 조건을 설정함으로써 일반대중을 보호하려는 것이며, 대중에게 해로운 것은 금지하고 도움이 되는 것은 적극 지원하는 정책이 된다.

반면에 경쟁적 규제정책(competitive regulatory policy)은 많은 수의 경쟁자들 중에서 몇몇 개인이나 집단에게 일정한 재화나 용역을 공급할 수 있도록 제한하려는 정책이나 사업인 바, 승리한 경쟁자에게 공급권을 부여하는 대신에 공공이익을 위해서 서비스 제공의 일정한 측면을 규제하려는 것을 말한다.

3) **자기규제정책** : 이는 위에서 기술한 규제정책과 마찬가지로 특정 집단에 제한과 통제를 부과하지만, 규제를 받는 대상집단이 자기의 이익 보호나 증진을 위한 전략으로 오히려 규제를 요구하고 지지하는 정책을 말한다. 예를 들어 전문직업의 면허제도, 자격제도 등의 제한을 요구하는 경우가 많은데 바로 여기에 해당된다. 즉 대학입학 정원정책에 있어서 법과대학이나 의과대학의 입학

정원 혹은 사법고시나 의사고시에 대하여 관련 이익집단들이 교육부나 관련 부처에 대해 압력을 가하는 경우가 여기에 해당된다. 이 정책유형의 특징은 직접적으로 다른 집단에게는 피해를 입히지 않는다는 점이며, 특정 다른 집단과 갈등을 갖지 않는다는 점이다.

4) **재분배정책** : 고소득층으로부터 저소득층으로의 소득이전을 목적으로 하는 정책으로 누진세에 의하여 고소득층으로부터 보다 많은 조세를 징수하여 저소득층에게 사회보장 지출을 하여 소득의 재분배를 도모하는 정책을 말한다. 재분배정책은 다음과 같은 특징을 지니고 있다.

첫째, 계급대립적 성격을 지니고 있다는 점이다. 둘째, 앞에서 기술한 규제정책이나 분배정책과는 달리 재산권의 행사에 관련된 것이 아니라 재산 자체를 그리고 평등한 대우가 문제가 아니라 평등한 소유를 문제로 삼고 있다는 점이다.

5) **구성정책** : 정치체제의 구조변화나 수요를 받아들이고 제도의 변화를 목표로 하는 정책을 말한다(Lowi, 1972:300).

이러한 Lowi의 분류와는 달리 Almond와 Powell(1980)은 정치체제의 산출에 초점을 두면서 정책의 유형을 배분, 규제, 추출, 상징정책으로 분류하고 있다. 여기서 배분정책과 규제정책은 Lowi가 제시한 것과 유사하며, 추출정책(extractive policy)은 자원을 민간부문에서 추출되는 내용을 지닌 것을 의미한다.

그리고 상징정책(symbolic policy)은 정치지도자들이 전통, 역사, 평등, 민주주의 등과 같은 것에 호소를 하거나 미래의 업적 또는 보상을 약속하는 것 등을 의미한다고 할 수 있다. 상징정책은 정부가 제공하는 일종의 분배적 성격을 지니고 있지만, 엘리트로서는 직접적인 비용을 지출하지 않으면서 그 성과가 국민들의 신념, 태도, 소망 등에 달려 있다는 점에서 특이한 성격을 지니는 정책이라고 할 수 있다.

 이와 같이 상징정책은 국민들 사이에 정치체제 및 정부의 정통성에 대한 인식을 좋게 하고, 다른 정책에 대한 순응을 확보하기 위해서 필요한 정책이라고 할 수 있다. 따라서 추출정책이나 상징정책은 정치체제에 대한 일반국민으로부터의 지지를 확보하기 위한 정책이다.

 Sabatier(1975:305~307)는 Lowi의 정책유형론에 기초하여 정책산출의 본질 및 비용과 편익의 의도적 혹은 권위적 분배상태에 따라 정책을 4가지 유형, 즉 자율정책, 분배정책, 규제정책, 재분배정책으로 구분하고 있다.

 이상의 정책의 유형분류에 대해 정정길(1990:79~82)은 그 약점을 기술하면서 다음과 같이 정책 유형을 분류하고 있다. 즉 그는 정책의 유형을 크게 요구충족정책과 지지획득정책으로 분류한 뒤, 요구충족정책에는 규제정책(일부의 횡포로부터 타인의 보호)와 배분정책(서비스와 재화의 공급)을 포함하고 있다. 그리고 지지획득정책에는 추출정책(징병, 조세 등 인적·물적 자원획득)과 순응기반 확보정책(상징정책, 구성정책, 여론조작정책 등)으로 구분하고 있다. 정정길은 정책의 유형을 이와 같이 분류하면서 소득재분배정책은 위의 다른 여러 정책과 중복되기 때문에 정책유형 분류에서 제외시켰음을 밝히고 있다.

 정책유형에서 Weber의 사회행동(social action)유형을 적용하면 공공정책을 이해하는 데 매우 유용하다고 할 수 있다. 먼저 Weber의 사회행동유형을 살펴본 후, 정책유형에 적용하여 기술한다. Weber의 사회행동유형은 크게 전통적, 감정적, 가치합리성 및 수단적 합리성으로 구분된다(Miller, 1990:880).

 1) 전통적(traditional):이는 습관으로부터 비롯되는 행동으로서 과거에 수행되었던 방식이 현재의 업무를 수행하는 전략을 고려하는 준거가 된다는 점이다. 우리가 일상생활에서 하는 대부분의 행동은 여기에 속한다. 전통적 행동은 Weber(1968:25)가 지적한 '모방의 반응형태'로서 습관적인 자극에 대한 자동적인 반응으로서 한계적 의미를 지니게 된다. 그러나 습관적인 행태는 의

식적으로 강화될 수 있다.

2) 감정적(affective) : 이 행동은 정서지향적인 것으로 행동가의 구체적인 정서나 감정 상태에 의해 결정된다. 정서적 행동은 공포감, 환희, 감정 손상, 분노, 죄책감 등에 대한 반응일 수 있다. 감정에 근거한 개인의 경험과 행위는 의식적으로 관계를 인지하지 않을 수 있다.

3) 가치 합리성(value-rational) : 여기서 행동이란 특정 가치 그 자체와 가치에 대한 확신에 의해 결정된다. 이는 행동을 지배하는 궁극적인 가치의 자의식적인 형성과 이러한 가치에 대한 명백하고 지속적인 계획 지향성에 의해 나타나게 된다. 행동이나 행위의 대상이 가치 신장이나 가치에 따른 조건 수정의 성공 여부에 관계없이 가치 그 자체를 위해 행동한다는 점에서는 감정적 행동과 유사한 점이 있다. 그러나 가치 합리적 행동에는 다분히 윤리적, 심미적, 종교적 가치들이 내포·지향되어 있다. 개인적으로 소요되는 비용을 고려하지 않고 의무나 명예, 충성, 신의 등에 의해 요구되어지는 신념을 실행하는 사람이 이 행동을 지향하게 된다.

4) 수단적 합리성(instrumentally rational) : 이 행동유형은 사회적 환경에 대한 공리주의적 지향성과 밀접한 연관성을 지닌다. 목표와 수단 관계에서의 행동이 타인의 행동에 대한 기대에 의하여 결정되며, 여기서 타인은 자신의 합리적으로 계산된 목표를 달성하는 수단으로 간주된다. 이러한 의미에서의 행동은 수단, 목적, 결과 등이 고려되며, 이 경우 사람은 '수단 – 목적'이라는 면에서 매우 합리적으로 행동한다는 것이다.

이러한 Weber의 사회행동유형 범주를 앞에서 기술한 Lowi의 정책유형과 연계시켜 제시하면 다음 〈표 1-1〉과 같다.

〈표 1-1〉 사회적 행동에 따른 정책유형

통제방식	수단적 합리성	가치합리성
처벌 (stick)	경제적 규제	사회적 규제
수혜 (carrot)	분배적	재분배적

Lowi가 제시한 첫번째 정책유형인 분배정책은 Weber의 모형에서 수단적 합리성의 세계관과 자신의 이익과 물질적 축적의 가치를 지향하는 행위자에 의하여 지배받는다. 규제정책은 정책행위 (담당)자가 자신의 이익을 추구하지만 그의 이익이 대립되는 다른 행위자에 직면할 때 발생하게 된다. 규제정책은 보다 광범위한 가치합리성과 수단적 합리성 정향이 혼합된 논거가 표명되고 청취된다.

Lowi가 제시하고 있는 세번째 정책유형인 재분배 공공정책은 가치(평등성, 사회 정의 등)에 대한 논쟁이며, 일반적 이익과 관련된 것이라고 할 수 있다. Weber의 가치 합리성, 변화추구 성향은 재분배정책에서 실행될 가능성이 높다. 그리고 Lowi가 제시한 정책유형 중 구성적 정책은 정부가 고려할 제도적 장치나 제재의 속성을 부분적으로 결정하는 것을 말한다. 이는 확립된 정부 구조에 관한 것으로 Weber의 전통적 행동성향의 맥락에서 논의된다.

4. 교육문제의 본질 및 한국의 교육문제

공공문제의 수는 너무 많기 때문에 이루 다 헤아리기가 쉽지 않다. 다원화, 다양화 사회에 살고 있는 사람들이 사회환경 내에서 일어나고 있는 문제, 사건, 쟁점 등을 어떻게 보느냐에 따라 공공문제로 취급하느냐의 여부는 관점에 따라 달라질 수 있다. 교육문제는 워낙 다양하기 때문에 모두 공공문제로 취급되지 않을 경우도 있다. 먼저 교육문제의 본질이 무엇인가를 기술한다.

배천웅 외(1984:23~25)는 Stufflebeam이 제시하고 있는 요구의 4

가지 관점 (차이적 관점, 집합적 관점, 진단적 관점, 분석적 관점)에 기초하여 교육문제를 다음과 같이 정의하고 있다. 즉 첫째, 교육문제는 하나의 불만족한 현상을 나타내며 현재의 교육에 대한 부정을 의미한다. 교육기관의 교육목표와 이에 따른 제반 활동의 과정도 사회 변화에 따라 새롭게 변화되어야 하는데 이러한 과정이 원활히 이루어지지 않을 경우 사회와 교육간의 괴리, 교육목적과 그 수행과정간의 불일치 등의 현상이 발생하게 되며 이것이 곧 교육문제가 된다는 것이다.

둘째, 교육문제는 교육의 분야 중 지금까지 무시되었거나 간과되었던 분야의 대두를 의미한다. 교육의 의도성, 기관화는 필연적으로 교육의 선택성을 가져온다. 즉 사회 혹은 개인의 모든 요구를 동시에 교육의 목적이나 교육의 활동에 반영시키기는 어려운 실정이다. 아울러 설정한 교육목적이나 의도한 교육계획을 완벽히 달성하기란 용이하지 않다. 따라서 교육목적의 설정과 그 목적을 달성하기 위한 활동을 결정하는 과정에서 중요하고 시급하다고 판단되는 요구를 먼저 반영하게 된다. 그 결과 하나의 목적이 달성되는 경우 지금까지 소홀히 취급되었던 분야에 대해서도 주의와 관심을 기울이게 된다는 것이다.

이와 같이 교육문제를 정의하면서 한국의 교육문제를 분석하는 준거로서 다양성, 통합성, 평등성, 효율성을 설정하여 한국의 교육문제를 추출하였다. 이들이 기술하였던 한국의 교육문제로는 학교제도, 입시제도, 교육내용 및 방법, 교원, 교육환경, 교육행정 등의 6가지 영역에서 찾고 있다. 한국의 주요 교육문제는 오도된 교육관, 교육재정의 영세, 교육의 획일성 및 경직성, 그리고 비합리적인 교육정책결정에 기인한다고 밝히고 있다.

한국의 교육에서 지적되고 있는 교육문제(educational problems, issues)는 학자에 따라 다양하게 논의되고 있지만 대개 대동소이하다. 먼저 신세호(1984)는 낮은 교육비와 교육환경의 비인간화, 잘못된 교육관, 학제·교육과정, 수업체제, 학교운영의 획일성과 경직성, 교육체제의 합리적 관리노력의 미흡 및 교원의 처우 미흡과 이에 따른 교원지위의 상대적 저하 등의 5가지를 한국의 교육이 당면하고 있는 문제로 지적하였다. 한국교육개발원

(1986 : 36~44)에서 수행한 '2000년을 향한 국가장기발전구상'에서 한국 교육의 문제를 오도된 교육관, 영세한 교육재정, 저하된 교원의 사기, 부족하고 낙후된 교육시설, 정체된 교육내용 및 방법, 그리고 심화된 교육격차 등을 들고 있다.

교육개혁심의회(1987)의 보고서에서는 한국 교육의 핵심적인 문제점, 특히 위기적인 요인을 보는 준거로 교육의 생산성 및 기여도, 교육자원의 준비성, 교육과정의 적합성, 교육상황의 적절성 등의 관점에서 한국 교육의 실상과 문제점을 열거하고 있다. 즉 한국 교육이 당면하고 있는 주요 문제점으로 지나친 입시준비 위주의 교육, 개성이 무시되는 획일적인 교육, 교원의 격무 및 사기 저하, 낙후된 교육환경, 지시일변도의 교육행정, 교육격차의 심화, 인력수급의 계획성 결여, 잘못된 교육관과 교육풍토 등을 들고 있다.

그리고 정일환(1990)은 한국 교육체제의 문제점으로 과열된 입시 위주의 교육, 부적합한 교육내용 및 방법, 낙후된 교육환경, 침체된 교직풍토, 경직된 학교제도, 교육지원체제의 미흡 등을 들고 있다.

대통령 자문기구인 교육정책자문회의(1992)는 '21세기 한국 교육의 선택'이라는 최종보고서에서 한국 교육개혁의 중요 과제로서 적성과 개인차의 존중(교육이념과 목표의 재정립, 교육과정 운영의 정상화, 대학입시제도의 개선, 올바른 교육관 확립, 개성과 소질 신장을 위한 기회 확대, 체험을 통한 자율적·협동적 생활태도 배양), 교육체제의 획기적 개선(유아교육의 공교육화, 의무교육의 발전, 고등학교 교육체제의 개편, 고등교육체제의 다양화, 진로·직업교육체제의 구축, 직업기술인의 계속교육기회 확대, 특수재능교육의 조기화 및 전문화, 사회교육기관의 질적 관리체제 확립, 통일 후를 대비한 교육체제 구축, 학습하는 사회의 건설), 교육의 국제경쟁력 강화(대학교육의 질적 개선 : 대학정원의 자율화, 대학평가인정제도의 조기 정착 등 ; 과학기술교육의 강화), 쾌적한 교육환경의 개선(학교·학급 규모의 적정화, 학교시설의 현대화, 교원근무 환경의 개선, 학교영향 평가제도의 개선 등), 우수 교원의 확보, 교육재원의 확충 등 교육 전반에 대한 과제를 제시하고 있다.

그리고 신세호(1991:2~6)는 '21세기 한국 교육의 청사진'에서 한국의 교육이 지니고 있는 막중한 과제로서 다음의 6가지를 기술하고 있다. ① 민족 공동체의 대동적 번영에 대한 이상과 철학 빈곤의 문제 ② 입시 위주 교육으로 인한 교육의 본질 훼손의 문제 ③ 과학, 기술 교육 및 직업교육이 낙후하다는 점, ④ 빈한한 교육투자의 문제 ⑤ 교육정책의 경직성과 교원의 교직전문성 빈약의 문제 ⑥ 정도 있는 교육혁신정책의 결여를 들고 있다.

최근 문민정부에서는 교육개혁위원회를 설치하고, 신교육체제 수립을 위한 5.31 교육개혁방안을 제시하였다. 교육개혁위원회(1995:11. 14)에서 제시하고 있는 한국 교육의 현안문제로 ① 입시지옥 속에서 묻혀 버리고 있는 창의성 ② 값싼 학교교육과 과중한 사교육비 ③ 획일적 규제 위주의 교육행정 ④ 입시 위주 교육으로 인한 도덕교육의 상실 등을 들고 있다.

이상에서 제시한 포괄적인 측면에서의 교육(정책)문제들이 다양한 경로를 통해 교육정책 결정체제에서 구체적인 정책의 형태를 띠고 정책의제화될 경우 해결방안을 다각도로 탐색하게 되며, 이 단계에서 교육정책과정과 정책분석에서 기술한 측면을 고려하게 된다.

Ⅲ. 정책의제 설정 관련이론

정책연구(정책과정 및 정책분석 포함)에 대한 이론적 근거로서, 그리고 정책의제 설정 혹은 형성이론으로서 정치체계이론, 그룹이론, 엘리트이론, 기능과정이론, 제도적 접근이론 등을 들 수 있다(Dye, 1978 ; Anderson, 1982). 정책의제 설정에 관한 이론적 접근으로서 정정길(1991)은 Simon 등의 의사결정론, 체제이론, 다원주의와 엘리트논쟁(엘리트이론, 다원론, 무의사결정론)으로 크게 세 가지로서 설명하고 있다.

그리고 최봉기(1988)는 정책의제 형성에 관한 접근이론으로 먼저 무의사결정이론과 구분하면서 일반체계론적 접근론(general system approach),

의사결정론적 접근론(decision making approach), 집단이론적 접근론
(group theory approach), 엘리트이론적 접근론(elite theory ap-
proach), 제도론적 접근론(institution theory approach)으로 나누어
기술하고 있다. 교육정책현상을 기술하고 설명하고 분석하는 이론적인 접근으
로서도 체제이론, 의사결정이론 등이 많이 원용되고 있다(Cunningham,
1959; Kaufman, 1972; 김종철, 19990; 김윤태, 1990; 김명한 외,
1990).

그러나 본질적으로 교육정책이 다양하고, 국민의 관심도가 높으며, 아울러
교육 관련집단, 수혜집단의 다수성, 다양성, 경쟁 등이 존재하기 때문에 일반
화되는 정책이론을 정형화하기는 다소 무리가 있다. 따라서 다음에 기술되는
다양한 정책의제 설정 관련이론들이 독자적으로 명백하게 교육정책의제 설정
이나 과정을 설명하기보다는 혼용되어 적용될 가능성이 높다. 아울러 교육정
책의 유형과 중요도에 따라 교육정책문제 채택도 달라지기 때문에 이를 설명하
는 관련이론으로서 독자적인 하나의 이론보다는 종합하여 적용하여야 할 것이
다. 정책의제 설정과 관련된 제 이론들을 기술하면 다음과 같다.

1. 의사결정이론(Decision making theory)

이 이론은 의사결정자들의 지적 능력이나 합리성에 한계가 있고, 관련된 모
든 정보를 접근한다는 것은 불가능하다는 것을 지적한 Simon(1963)의 만족
모형의 의사결정과정에서 정책의제 설정과 연계시켜 볼 수 있다. 이 모형이 제
시하고 있는 기본가정은 다음과 같이 요약할 수 있다.

첫째, 의사결정과정은 문제의 확인과 진단, 문제해결을 위한 계획의 수립,
계획의 추진, 그리고 산출 및 성과에 대한 평가를 포함하는 일련의 순환성을
갖고 있다. 의사결정자는 의사결정과정에서 연속적으로 다음의 다섯 단계를
거친다는 것이다. 즉

① 문제를 인지하고 규명한다. 문제의 인지와 규명은 의사결정이 시작하는 첫 단계이다.

② 현재의 상황 속에서 당면하고 있는 문제를 분석한다.

③ 문제를 해결하기 위한 준거를 설정한다.

④ 가능한 대안의 구체화, 각 대안에 대한 결과의 예측, 심의 그리고 행동 대안의 선택을 포함하는 행동계획이나 전략을 수립한다.

⑤ 행동계획을 시행한다.

둘째, 의사결정에서 완벽하게 합리성을 확보한다는 것은 사실상 불가능한 일이다. 즉 행정에 있어서 의사결정은 매우 복잡하며, 여러 가지 이유 때문에 합리성은 제한받지 않을 수 없다.

한편, Hoy와 Miskel(1991)은 의사결정과정으로서 ① 문제의 인지와 정의 ② 현재 주어진 상황에서의 문제분석(문제에 대한 분류, 자료의 수집, 문제의 구체화, 명세화) ③ 문제해결을 위한 준거의 설정·탐색 ④ 집행을 위한 계획 및 전략의 개발(가능한 대안탐색, 결과에 대한 예측, 검토, 행동방침의 선택) ⑤ 활동계획에 대한 착수(프로그램의 구성, 의사소통, 감독 및 평가)를 들고 있다. 이를 제시하면 다음 [그림 4]와 같다.

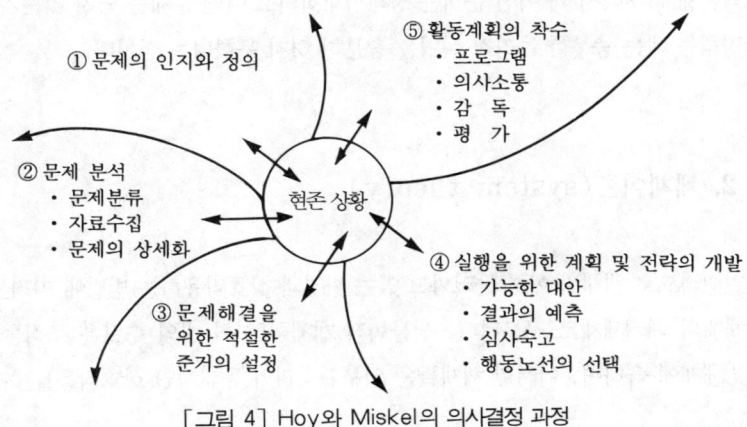

[그림 4] Hoy와 Miskel의 의사결정 과정

출처 : Hoy & Miskel(1991 : 306)

여기서 Simon이나 Hoy와 Miskel이 제시한 의사결정의 과정(decision making process)의 5단계 중에서 정책의제 설정과 관련되는 부분은 제 1, 2단계라고 할 수 있다. 물론 정책의제 설정과정과 직접적인 관련성이 있는 단계는 첫번째 단계, 즉 문제의 인지와 규명단계이지만, 정책문제를 채택하느냐의 여부를 결정하는 것은 바로 두번째 단계, 문제의 분석이다. 교육정책 결정체제의 경우 체제가 수용할 수 있는 가능한 범위 내에서의 교육문제만을 채택하여야 되기 때문이다.

정정길(1991:226~227)은 Simon이 제시한 의사결정활동의 세 국면, 즉 주의집중활동(attentive directing), 설계(design), 선택(choice)에서 정책의제 설정과 관련지어 설명하고 있다. 즉 그에 의하면 정책결정체제에서 의사결정자는 사물을 인지하는 능력에 한계가 있기 때문에 일시에 많은 문제에 대해서 주의를 기울일 수 없다. 여러 문제에 대한 주의집중을 동시에 하기 어렵기 때문에 여러 문제가 등장하면 이 중에서 몇 문제에만 관심을 가질 수밖에 없는 것이다.

따라서 일부의 문제만이 정책결정체제의 정책결정자에 의하여 정책문제로 채택된다는 것이다. Simon의 이러한 설명에 대한 비판은 무수한 사회문제나 교육문제에 대해서 왜 어떤 문제는 정책의제화되고 어떤 문제는 되지 않는가를 규명하는 데는 충분한 논리적 설명을 충분히 하지 못한다는 점이다.

2. 체제이론(system theory)

일반적으로 체제란 이를 둘러싸고 있는 환경과 상호작용하는 방법에 따라 개방체제와 폐쇄체제로 구분된다. 생물학적 개체나 사회 내의 수많은 조직들이 개방체제에 속하며, 이러한 체제들은 외부환경과의 동태적인 상호작용을 하게된다.

본 연구에서 다루는 교육문제, 교육정책문제, 교육정책의제 형성 등은 바로 개방체제에 입각한 이론 틀에서 분석이 가능하다. 왜냐하면 교육체제를 둘러싼 정치, 경제, 사회, 문화체제와 교육관련집단과의 끊임없는 상호작용 속에서 교육정책의제가 형성되기 때문이다. 그리고 상호작용과정에 외부환경으로부터 다양한 형태의 투입을 받아들이게 되며, 이러한 투입은 다시 체제의 전환과정을 통해 외부환경에 산출 형태로 되돌아가게 된다(Kast & Rosenzweig, 1970:119).

이 이론은 주로 정치학자인 Easton의 정치체제 분석에 그 근거를 두고 있다. 즉 Easton(1957; 1965)은 정치체제를 전체적인 사회체제를 구성하고 있는 몇 개의 하위체제들 중의 하나로 파악하면서 전체체제를 위한 가치의 권위적 배분이 정치체제의 주요한 기능이라고 분석하였다. 그의 정치체제의 동태적 반응모형을 제시하면 다음 [그림 5]와 같다.

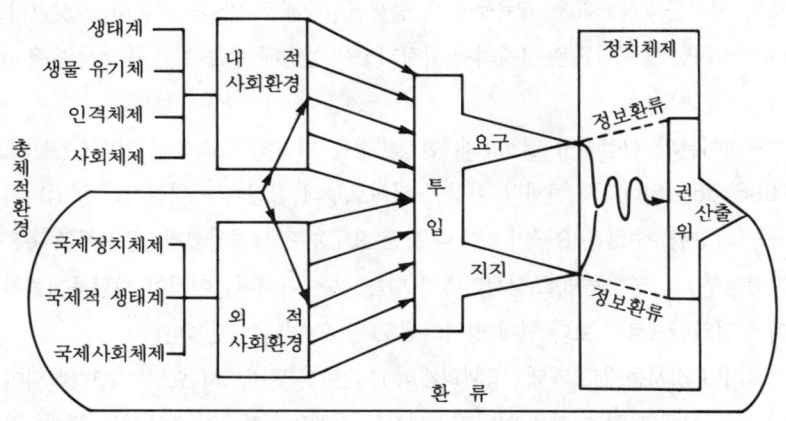

[그림 5] Easton의 정치체제 모형
출처 : Easton(1965:110).

[그림 5]에서 보는 바와 같이 환경에서 정치체제 속으로 들어가는 투입 (input)에는 요구(demand)와 지지(support)가 있다. 환경은 모든 제 조

건과 정치체제의 경계에 있는 외부적 요소들로 구성되어 있다. 여기서 요구는 관련집단이나 개인들이 자기들의 이익을 충족하기 위해 정치체제가 어떤 형태로든 행위나 조치를 취해 줄 것을 말한다. 정치체제는 사회 속에서 인지할 수 있고, 제도와 활동들은 상호관련하에서 이루어지고 있으며, 사회에 대해서는 구속력 있는(가치의 권위적 배분) 의사결정을 한다.

교육정책의제와 연계시켜 보면, 교육관련 집단이나 수혜자가 교육정책당국이나 보다 상위의 정책결정자나 체제에 대해 자기들의 주장을 요구하는 것이 된다. 그리고 지지는 개인과 집단이 대통령, 지방자치단체장, 국회의원, 지방의회 의원 등을 선출하거나, 납세 혹은 특정한 법률, 조례 등을 지키게 될 때 이루어지며 요구에 부응하여 이루어진 권위 있는 정치체제의 방침이나 의사, 행위 등을 받아들일 때 생기게 된다.

여기서 정치체제에 대한 투입의 성격을 명확히 제시하고, 이러한 투입이 체제 속에 진입하는 과정이나 메커니즘을 상세히, 그리고 체계적으로 설명함으로써 사회문제가, 혹은 교육문제가 정책결정체제로 받아들여진다는 것이다. 다시 말하면 체제이론은 정책의제 설정과정을 설명해 주는 이론 틀로서 유용하다고 할 수 있다.

체제이론의 관점에서 정책의제 설정과정을 기술하면 다음과 같다(최봉기, 1988:86~88). 즉 체제의 환경인 사회로부터 집단이든 개인이든 투입되어 오는 다양한, 수많은 요구가 있으나 모든 요구가 정책결정체제(중앙정부 혹은 지방정부)의 정책문제로 정책의제가 되는 것은 아니며, 이것이 사회문제화하여 쟁점화함으로써 보다 쉽게 정책의제로 될 수 있다는 것이다.

그러나 정책문제로 채택(정책의제화)되는 것은 반드시 요구가 쟁점화되어야 함을 전제로 하는 것은 아니다. 쟁점이 정책의제화되기 위해서는 체제(정치체제이든 교육체제이든)의 수위 혹은 체제의 문지기(gate keeper)를 통과해야 되는데 이때 체제문지기란 바로 쟁점을 체제 내로 진입 또는 차단하는 것을 결정하는 사람이나 집단, 기관이나 조직의 부서를 말한다(Easton, 1965:48).

　체제문지기들은 의도적으로 혹은 어쩔 수 없이 체제의 외부나 내부로부터 오는 요구를 선별적으로 제한하지 않으면 안된다. 예를 들어, 대통령 선거에서 교육정책에 대한 공약을 남발한 경우에 이를 집행해야 하는 교육당국에서는 그 중에서 선별적으로 택할 수밖에 없는 것이다. 수많은 요구나 쟁점들 중에서 일부는 정책의제로 채택되고, 일부는 방치하게 됨으로써 체제에 부하된 양을 줄여 체제가 생존할 수 있도록 해 준다.

　요약하면, 체제의 환경에서 작용하고 있는 사회적 제 과정들이 정책의제 설정에 영향을 미칠 뿐만 아니라 정치체제 내지 정책결정체제에 대한 투입을 창출하며, 그렇게 나타난 요구들이 구체적으로 사회문제화, 쟁점화됨으로써 체제에 투입되며, 투입되어 온 문제 중에서 체제의 문지기들이 선별하여 정책의제로 채택하게 된다.

　교육문제의 경우 신문지상에서 쟁점화되어 매일 기사화되지만 이를 모두 교육정책당국에서 정책문제로 채택하여 해결하려고 하지 않는 경우와 마찬가지이다. 교육체제의 문지기나 수문장이 의도적으로 선별하여 차단 혹은 수용하게 된다는 것이다.

　이상을 종합하여 교육정책에 대한 체제모형을 제시하면 다음과 같다.

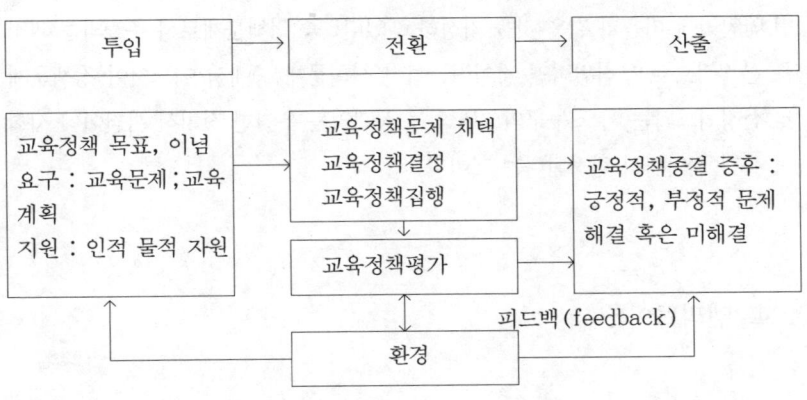

[그림 6] 교육정책의 체제모형

3. 다원론

다원론자들의 주장은 소수의 권력자들, 특히 정치적으로 선출되고 이들에 의해 임명되는 정책결정자들은 대개 어떤 특정한 문제에 대하여 일반시민이나 관련집단의 요구에 민감하게 움직이게 된다. 따라서 관련집단이나 시민 중의 일부가 어떤 사회문제로 인하여 어려움을 겪고 있다든지, 혹은 피해를 입고 있는 경우 이들로부터 지지를 얻기 위하여 적극적으로 이 문제를 정책결정체제로 끌어들여 정책의제화하려고 노력하게 된다는 점이다.

특히, 지방자치제와 교육자치제가 실시된 이후 정치적으로 선출되는 국회의원은 물론 지방의 자치단체장, 시·도의원, 시·군·구의원, 그리고 교육위원들은 중앙집권적인 교육행정체제하에서와 달리 보다 민감하게 교육관련집단들의 요구에 대해 민감하게 대응하게 된다.

Dahl(1961:164~165)의 표현처럼 어떠한 교육문제나 사회문제든지 정치체제로 침투될 수 있다는 점이다. 다시 말하면, 어떠한 사회문제든지 정책문제로 채택될 가능성은 언제든지 있다는 점이다. 정정길(1991:235)의 지적처럼 어떤 문제가 정책문제화하는가에 대한 다원론자들의 명확한 규명은 없지만 암암리에 다음과 같은 것을 가정하고 있다. 즉 정책문제로서 추출되는 과정은 본질적으로 무작위적인 것이며, 여러 사회문제 중에서 어느것이 정책문제로 선정되느냐는 어느 누구의 의도와는 상관없는 우연한 정치적 사건이나 사회적 사건에 의해서 결정된다는 것이다.

4. 엘리트이론

이 이론에 의하면, 정책은 지배 엘리트들의 가치(value)와 선호(preference)를 반영하며, 정책의제화나 정책에 대한 결정은 국민이나 관련집단의 요구에 의해 정책문제로 채택되거나 어떻게 행동을 취하도록 결정을 하는 것이 아니라는 점이다. 이 이론을 아주 적절하게 표현한 Bachrach와 Baratz (1962:948)는 "엘리트들의 권력은 단지 정책결정에서만 이루어지는 것이 아니라 자신들에게 불리하거나 해를 끼치지 않는 문제들만 정치체제가 간여해서 어떤 조치를 취하도록 권력이 행사된다."라고 기술하고 있다. 이러한 현상을 두고 권력의 두 얼굴(two faces of power)이라고 부르기도 한다.

한편, Dye와 Zeigler(1970:6)는 엘리트이론에 대해 다음과 기술하고 있다. 즉 첫째, 사회는 권력을 가진 소수와 권력을 갖지 못한 다수로 구분된다. 그리고 사회의 가치는 소수의 권력을 가진 자들만이 공유하고 그들에 의해서 배분하게 되며, 일반국민이나 대중이 공공정책을 결정하는 것은 아니다. 둘째, 소수의 지배 엘리트들은 지배를 받는 다수인들을 위해 대표하는 것은 아니다. 엘리트들은 사회계층에서 상류층으로부터 불균형적으로 배출된다. 셋째, 비엘리트 계층에서 엘리트 지위로의 상향적 이동은 매우 서서히, 점진적으로 이루어지고 있는 바, 이는 기본적으로 엘리트들의 가치에 합의하는 비엘리트만이 지배계층으로 들어갈 수 있다. 넷째, 엘리트들은 사회에서 주도하고 있는 기본가치와 체제의 유지·발전에 필요한 합의(consensus)를 공유하고 있다. 다섯째, 공공정책은 일반국민, 대중, 관련집단의 요구나 이익을 반영하기 보다는 엘리트의 지배적 가치를 반영하고 있다. 어떠한 정책의 변화는 특히 안정되고 민주화된 사회일수록 급진적으로 이루어지기보다는 점증적으로 이루어지게 된다.

끝으로, 엘리트는 일반대중에게 정책에 대하여 영향을 미치게 되며, 특히 무관심한 대중은 적극적인 엘리트에 의해서 영향을 받게 된다.

따라서 엘리트이론에 입각한 교육정책의제 설정은 리더십의 역할에 자연적으로 초점을 두게 되며, 정치체제에 있어서 소수가 다수를 지배하게 됨을 밝혀준다. 즉 교육정책에 대한 최고 책임자인 중앙교육행정기관의 교육부 장관이나 지방 교육청의 교육감의 리더십에 따라 어떠한 교육문제는 해결하려고 노력하게 되고, 혹은 그렇지 않게 된다는 것이다. 어떠한 정책문제가 공식적으로 정부의제로 채택되는 과정이나 결정하는 과정에 있어서 엘리트들은 다수의 대중에 의해 비교적 영향을 덜 받으며, 자의적으로 어떠한 행동을 취하게 된다는 점을 알 수 있다. 그리고 사회의 지배 엘리트가 수용하는 문제만이 공식적인 정부의제로서 거론이 되고 자신들의 이익을 해치는 혹은 별로 이득을 주지 못하는 경우 정책결정체제에 침투하지 못하게 한다는 것이다.

그러나 교육문제의 경우 교육에 대한 국민의 강한 열망이나 교육관련집단의 다수성, 교육정책 파급효과의 비중을 고려하게 되면 다른 정책, 예를 들어 경제정책이나 외교정책과 달리 엘리트에 의한 교육정책의제의 채택 가능성은, 물론 정책의 성격에 따라 다르지만, 다소 낮다고 할 수 있다.

5. 신엘리트주의로서의 무의사결정론(Non-decision making theory)

무의사결정의 개념을 Bachrach와 Bartz(1970:44)는 "의사결정자의 가치나 이익에 대한 잠재적인 도전을 억압하거나 방해하는 결과를 초래하는 결정"으로 정의하고 있으며, 최봉기(1988:81)는 "기존의 특권과 편익배분에 대한 변화에의 요구가 표면화되거나 관련 정책결정기관에 접근하기도 전에 그것을 억압하거나 봉쇄해 버리는 결정"으로 개념 규정을 하고 있다.

이 두 개념을 종합해 볼 때, 무의사결정이란 사회 내에서 혜택이나 특권의 기존 배분상태를 변화시키려는 요구가 표명되기 전에 억압 또는 봉쇄, 차단시키는 결정을 말한다. 의도적으로 정책결정체제 내부에서 체제 내부에 접근도 하지 못하게 막아 버린다는 것이다. 예를 들어, 전교조문제에 대해서 아예 공식적으로 거론조차 하는 것을 봉쇄해 버리는 경우와 같다.

Ⅳ. 교육정책의제 설정의 분석모형

1. 교육정책의제 설정의 개념

앞 장에서 살펴본 바와 같이, 정책의제 설정이론은 교육문제를 포함한 사회문제 중에서 왜, 어떤 문제는 정책문제로 채택되고 다른 문제는 문제로서만 남아 있고 방치되는가에 대한 경험적인 연구라고 할 수 있다. 이는 근원적으로 1960년대 초에 미국에서 한창 논쟁을 벌였던 정치적 다원론에 대한 비판이론으로 등장하여 정책연구가 본격적으로 각광받게 되자 Cobb, Elder, Crenson 등에 의하여 정책문제 채택에 관한 일반이론이 전개되기 시작하였고 정책과정 이론의 한 과정으로 체계적으로 연구되기 시작하였다(Cobb & Edder, 1972; Crenson, Eyestone,1978). 그리고 한국의 경우에도 1980년대에 들어와 발생한 사북탄광사태, 대구 택시기사 시위사건, 전교조사건 및 최근 발생한 월남 고엽제 피해자 고속도로 점거 시위사건 등을 계기로 정책문제 채택과정에 대한 관심과 연구가 진행되고 있다(정정길, 1982·1990·1991; 최봉기, 1988; 김성렬, 1993).

정책의제 설정이란 정부가 정책적 해결을 위하여 사회문제를 정책문제로 채택하는 과정 또는 행위를 의미한다(정정길, 1990:295). 즉 어떤 교육문제 및 사회문제에 대해 그 해결을 위해 정책결정체제가 능동적이고 신중하게 고려하기로 한 의제를 설정하는 과정을 정책의제 설정 혹은 정책문제 채택(agenda setting, agenda building)이라고 한다. 정책의제란 정부당국이 문제의 심각성을 인정하여 적극적인 해결책을 강구하려 하는 정책문제를 말하며, 수많은 문제 중에서 정책의제로 선택되는 과정을 정책의제 설정이라고 규정하고 있다(김신복, 1982:2). 최봉기(1988:62)는 많은 사회문제 중에서 정부가 그 해결을 위하여(스스로 요구에 의해서든) 공적으로 채택한 문제를 정책의제라 하며, 이러한 정책의제를 채택하는 과정을 정책 채택과정 혹은 정책의제 형성과정이라고 규정하고 있다.

　여기서 정책의제 설정은 일반적으로 다음과 같은 특징을 지니고 있다.

　첫째, 정책의제 설정과정은 정책과정에 작용하는 정치세력들이 처음으로 등장하는 국면이라는 점이다. 교육정책의 경우 무수히 존재하는 교육문제에 대해 어떤 해결책을 요구 혹은 강구하려는 정책과정에서 처음으로 관련집단이나 개인이 등장하는 국면이 된다.

　둘째, 정책의제 설정과정은 민주적 정치참여과정의 핵심적 성격을 지니고 있다. 교육정책 결정체제의 내외에서 어떠한 교육문제를 인지하고 그 해결책을 요구 혹은 모색할 경우 집단적인 사고과정을 통해, 그리고 합리적인 의사결정을 통해 민주적으로 이루어지는 과정과 절차의 하나라고 할 수 있다.

　셋째, 정책의제는 정부의 정책결정체제에 의해 특정화된 정책문제이며, 따라서 정책의제 설정은 정책문제의 우선순위를 결정하는 성격을 지니게 한다. 즉 제3장에서 정책의제 설정이론을 설명해 주는 다양한 이론에서 보았듯이 무수히, 그리고 다양한 문제가 존재하는 교육정책문제에 대해 어느것을 우선적으로 교육정책 결정체제가 채택하여 결정할 것인가를 정하는 계기가 된다.

　넷째, 정책의제 설정단계에서는 다음 단계인 정책결정단계에서 찾아내어야 할 정책대안들이 제시되는 경우가 있다. 교육정책문제의 선정에서도 암암리에 혹은 의도적으로 어떤 교육문제가 정책의제로 채택되어 가져올 긍정적, 부정적 파급효과와 정치적, 경제적, 기술적 실현 가능성을 고려하기 때문에 정책대안을 비교·제시하게 된다.

　다섯째, 정책의제 설정단계는 정책의제화의 양상에 따라 후속 정책과정에 커다란 영향을 미친다. 교육정책과정은 정책문제 채택에서 정책결정, 정책집행, 정책평가 및 정책종결의 과정을 거치게 되며, 특정 교육문제를 둘러싼 관련 제 집단들간의 세력 다툼은 정책문제단계를 제1라운드라고 한다면 그 이후에도 계속되는 5라운드의 경기를 펼치게 된다. 따라서 교육정책의제 설정단계에서 승부가 어떻게 진행되고, 어떤 결과를 가져왔는가에 따라 그 이후 단계에도 직접적 혹은 간접적으로 영향을 미치게 된다.

　　교육정책의제 설정의 중요성은 결국 어떤 정책이 결정되기 위해서는 무엇보다 관련된 요구 사항들이 정책결정권자의 관심영역 안으로 들어가야 한다는 점에서 찾을 수 있다. 즉 정책요구가 정책의제로의 전환에 실패하면 이는 정책화에 실패하게 된다는 것이다. 아무리 관련집단들이 중요하다고 생각하고 심각하게 받아들이는 교육문제라도 교육정책결정자들의 관심영역 안에 있지 않으면 무의미하게 된다는 것이다.

　　정책의제의 설정과정은 일반적으로 사회문제, 사회적 이슈 혹은 쟁점, 논제, 공중문제, 정부의제의 단계를 거치게 된다(Cobb & Elder, 1972:82 ~89). 이를 그림으로 제시하면 다음과 같다.

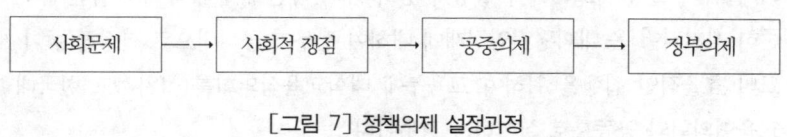

[그림 7] 정책의제 설정과정

　　사회적 문제란 교육정책 분야에서는 제2장에서 기술한 교육문제에 해당되는 바, 교육목적이나 이념과 괴리가 있는 교육실제 혹은 무시되고 간과되고 있는 것들이 해당되며, 국민이나 교육관련집단과 수혜집단으로부터 불평이나 요구사항이 있는 것을 말한다.

　　사회적 이슈, 쟁점 혹은 논제(social issue)란 문제의 성격이나 문제의 해결방법에 대해서 집단들 사이에 의견의 일치를 보기 어려운 사회문제로서 집단들간에 쟁점의 대상이 되어 있는 사회문제를 의미한다(정정길, 1990:298; Eyestone, 1978:72). 예를 들어 대학입학제도에 있어서 기부금 입학제 도입에 대한 국민들의 찬반(부유층과 그렇지 않은 층), 국립대와 사립대간의 견해 차이, 그리고 세칭 일류 사립대와 그렇지 않은 대학간에 나타나는 상반되어 있는 경우가 여기에 해당된다.

　　공중의제(public agenda)는 Cobb와 Elder가 말하는 제 의제(systemic agenda)로서 일반국민으로부터 주목을 받을 만한 가치나 필요성, 중요성이 높은 것이며, 정부가 문제해결을 하는 것이 정당한 것으로 인정되는 사회문제라고 할 수 있다. 최근 발생한 대학입시 부정사건의 경우 국민들에게, 교육계에 주는 엄청난 실망감, 당혹감, 의구심 등은 바로 정부가 이에 대한 적절한 대응책(예를 들어, 사학에 대한 재정확보방안, 사학에 대한 정부의 통제, 대학입시제도의 관리방안 등)을 강구하는 것이 당연하고 정당한 것으로 받아들이게 된다.

정부의제(governmental agenda)는 제도적 의제 또는 공식의제라고도 지칭되는 것으로 정부의 공식적인 의사결정에 의하여 심각하게 고려하기로 명백히 밝힌 문제들이다(Cobb & Elder, 1972:86). 예를 들어, 대학교육의 질적 수월성 제고, 국제 경쟁력 강화 등의 측면에서 대학 내부집단에서 꾸준히 제기되어 온 대학평가인정제에 대하여 정부가 공식적으로 결정하여 이 제도의 효율적인 집행을 위하여 교육부에 대학교육심의회를 설치하고 한국대학교육협의회와 공동으로 실시하는 경우이다.

정정길(1990:299)은 이러한 정책문제의 다양한 설정과정을 다음과 같이 도식화하고 있다. 즉 그는 정책의제 설정의 다양한 과정은 바로 민주주의 원리에 따라 사회문제가 어떻게 정부의제 형태로 발전하는가를 규명하면서 [그림 8]과 같이 도식화하고 있다.

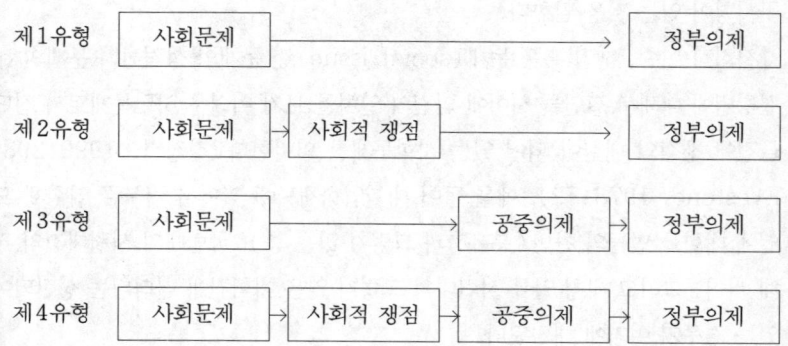

[그림 8] 정책의제 설정의 다양한 과정

이 네 유형을 보다 구체적으로 기술하면 다음과 같다(정정길, 1990:300
~301).

제1유형은 사회문제가 정책결정자에게 인지되어 바로 정부의제가 되고, 정
책결정이 따르게 되는 경우를 말한다. 제2유형은 사회문제가 사회쟁점화하여
많은 사람들에 의하여 해결방법을 둘러싸고 논란이 되고 있기는 하지만, 정부
가 이를 해결하는 것이 옳으며, 또 해결해야 한다고 많은 사람들간에 합의가
있기 전에, 즉 공중 의제가 되기 전에 정책결정자들이 먼저 이를 정부의제로
채택하는 유형이다.

제3유형은 사회문제가 갑자기 많은 대중 또는 공중에게 알려지게 되고, 이
문제해결을 위해서 정부의 조치가 필요하다는 의견이 광범위하게 확산되었을
때 나타난다. 제4유형은 네 단계를 모두 거치는 것으로 공중 및 정책결정자가
공감하는 논제의 경우를 설명하는 모형이다.

하나의 논제나 정책안은 이와 같은 4개의 과정을 거치는 차원에 따라 공중
의제(public agenda)와 공식의제(formal agenda)로 형성된다는 것이
다. 여기서 공중의제란 "정치체제가 담당·해결해야 할 것으로 간주되는 체제
의제(system agenda)이며, 높은 수준으로 공중의 관심을 모은 확산단계를
거친 논제"를 말한다. 그리고 공식의제란 "기관의제(institution agen-
da) 혹은 정부의제(government agenda)와 동일한 개념으로서 공중의제
가 정부에 진입되어 정책결정자들의 공식적인 관심사로 그 해결을 위해 채택된
논제"를 뜻한다고 기술하고 있다.

정책의제는 정부 내 행동의 특정 유형을 의미하는 것으로 정책전개의 초기
단계에서 유형들이 전개된다(Hoppe, 1969:2). Cobb와 Elder(1972:
85)는 정책의제를 체제적 정책의제(systemic agenda)와 제도적 정책의제
(institutional agenda)로 구분하였는 바, 체제적 정책의제는 "공중의 주
의를 끌 가치가 있는 것이나, 현존 정부 당국의 관할영역 내에 있는 합법적 문
제 등과 같이 정치적 공동체의 구성원에 의하여 인지되는 모든 논쟁문제"라고
규정하고 있다. 그리고 제도적 정책의제란 "권한을 가진 정책결정자들에 의해

서 적극적이고도 신중하게 검토되는 명시적 항목들의 집합"이라고 정의하면서 여기에는 문제정의 정책의제, 제안적 정책의제, 협상적 정책의제, 계속적 정책의제가 포함된다.

또한, 논제나 정책안의 성격 및 그것이 공식의제로 채택되는 접근양상의 차이에 따라 뒤에서 자세히 후술되는 정책의제 설정의 분석모형인 외부주도형, 동원형, 그리고 내부접근형으로 3가지 모형으로 구분하고 있다.

2. 교육정책의제 설정의 과정

하나의 사회문제나 교육문제가 정책결정자에 의해 정책문제로 채택되기까지에는 다양한 절차를 거치게 되며, 이 과정에서 다양한 양상과 형태를 표출하게 된다. 즉 문제의 성격에 따라서, 문제를 정책의제화하려는 주도집단에 따라서, 문제를 접하는 정책결정체제의 관점에 따라서 각 문제가 정책의제로 형성, 설정되는 과정은 다양하게 나타나기 마련이다. 이 과정은 바로 정치적 투쟁의 과정이며, 각 개인과 관련집단간의 갈등이 고도로 표출되는 활동이기 때문이다.

정책의제 설정과정에 대한 내용을 제시한 제 학자들 중에 Jones(1977; 1983), Kendrick(1974), Eyestone(1978), Cobb & Ross(1976), Anderson(1984)에 대해 보다 구체적으로 살펴보면 다음과 같다.

Jones는 정책의제 설정과정을 기능적 활동으로서 문제의 정부귀속단계로 파악하고 있다. 인지와 문제의 정의(perception & definition), 결집과 조직화(aggregation & organization), 대표(representation), 정책문제 채택(agenda setting)의 4단계를 정책의제과정으로 분류하고 있다. 즉 기능적 활동으로서 인지, 정의, 결집, 조직화, 대표가 정부를 향한 문제로서 이는 문제확인체제에 해당되며, 산출로는 요구에 대한 문제가 된다. 이를 요약하면 다음 〈표 1-2〉와 같다.

〈표 1-2〉 문제의 정부 귀속과정

기능적 활동	정부 내 귀속	체제	산출
인지 정의 결집 조직화 대표	문제의 정부 귀속	문제확인	요구에 대한 문제

여기서 Jones가 그의 저서 *An Introduction to the Study of Public Policy*(공공정책연구 개론)의 제3판에서 정책문제 채택(agenda setting)단계를 추가·기술하였는 바, 이는 앞의 3단계, 즉 문제의 인지와 정의, 결집과 조직화, 대표는 정책문제 채택(의제 채택)이라는 마지막 단계를 위해 이루어지는 과정이라는 것이다.

그리고 Kendrick(1974)은 정치참여과정의 한 국면으로 정책의제 설정과정을 세 단계로 분석하고 있다. 즉 문제진술, 의사전달, 조직화의 단계로서 이는 어떤 사회문제에 대하여 정부가 개입하여 해결해 주기를 원하는 개인이나 집단들이 그들의 의도나 요구를 관철시키기 위하여 정책과정에 참여하는 것을 말한다. 즉 정치란 희소자원의 배분에 관한 결정으로 보고, 정치참여는 바로 의제설정과정을 통한 구체적인 정치적인 쟁점에 참여함으로써 가능하다는 점이다. 이를 과정별로 기술하면 다음과 같다.

① 문제진술과정 : 특정한 사회문제가 정책결정체제에 의해 해결되기를 바라는 개인이나 집단이 그 문제를 명확하게 규정하고 진술하는 과정을 말한다.

② 의사전달과정 : 문제의 중요성과 심각성, 정책적 해결의 필요성 등을 관련공중이나 집단에 전파, 확산함으로써 정책결정자들에게 영향력을 행사하는 과정을 말한다.

③ 조직화의 과정 : 쟁점화된 문제를 보다 효과적으로 정부의 정책결정자들에게 전달함으로써 그들의 관심의 대상이 되고 아울러 정책의제로 채택하도록 하기 위하여 그 문제를 대표할 수 있는 조직을 확보하는 단계를 말한다.

한편, Eyestone(1978)은 정책의제 설정과정을 특정한 논쟁문제나 사회
속에서 공중의제(public agenda)로 전환되는 과정과 정부 내에서 공식의제
로 전환되는 과정으로 나누어 기술하고 있다. 그는 정책의제 설정과정을 인지
집단에 의한 사회문제의 인지, 문제의 사회문제 쟁점화, 논쟁문제의 공공의제
화, 그리고 논쟁문제에 관한 정부의 공식의제화(official agenda)의 4가지
과정과 그 이후의 정책결정으로 세분하여 설명하고 있다. Eyestone이 제시
하고 있는 논쟁문제 전환과정(issue translation process)을 그림으로 제
시하면 다음 [그림 9]와 같다.

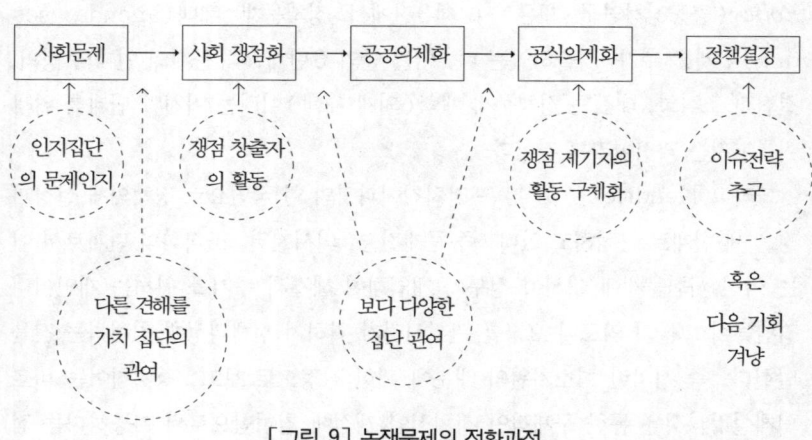

[그림 9] 논쟁문제의 전환과정
출처: Eyestone(1978:104).

Cobb, J. Ross와 M. Ross(1976)는 정책의제의 형성과정을 사회문제
가 어떻게 전개 · 확산되는가에 따라 사회문제의 쟁점, 논제나 정책안의 제기
(initiation)단계, 구체화(specification)단계, 확산(expansion)단계,
그리고 정부에의 진입(entrance)단계로 구분하고 있다.

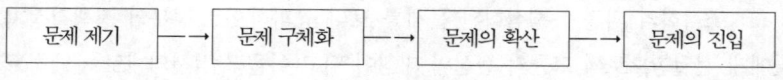

[그림 10] 정책의제 설정의 4단계

이를 토대로 교육정책의제 설정의 단계를 기술하면 다음과 같다. 이와 같은 교육정책의제 설정의 4단계는 다음 절에서 기술하는 정책의제 설정의 분석모형, 즉 외부주도형, 동원형, 내부접근형과도 밀접한 연계성을 지니고 있으며, 이에 따라 각기 다른 양상과 특징을 보이게 된다.

(1) 문제 제기단계

정책의제화된 특정 교육문제를 최초로 인지하고, 이를 정책결정체제나 집행당국(교육부 및 지방 교육청)들이 해결해 주도록 주도하는 개인이나 집단, 단체들이 문제 제기의 주도자가 된다. 교육문제를 심각하게 인지하고 주도하는 개인이나 집단들이 교육문제의 정책적 해결을 요구할 때 어떤 형태로 행동화할 것인가 구상하게 된다. 즉 교육문제를 제기하는 집단이 인적·물적 자원 동원능력이 어느 정도이냐에 따라 정책결정자에게 문제를 투입하는 행동이나 행태는 달라지게 된다.

정부의 내외를 막론하고 문제를 인지하고 이에 대한 정책적 해결을 요구함으로써 공식적 정책결정체제에 대해 정책 제안을 하기까지의 전과정을 말한다.

정부의 외부에서 인지되어 내부로 투입되어 온 문제를 정부 내의 사람들이 받아들이는 경우와 정부 내의 사람들이 스스로 사회 내의 문제를 인지하거나 예측함으로써 문제를 갖게 되는 경우이다(최봉기, 1988:297). 교육정책 제안단계는 수용된 문제를 정책적으로 해결하도록 공식적인 정책결정체제에다 정책을 제안하는 단계이다. 최초로 교육문제의 심각성을 인지하고 제기한 것이 정부 내부인가 아니면 정부 외부인가, 그리고 정책 제안자가 정책 제안을 하게 된 동기 또는 상황을 고려한다.

최초로 교육문제를 인지·예측했거나 사회로부터 문제를 받아들임으로써 정부의 공식적 정책결정체제를 향하여 정책 제안을 한 정부 내 개인이나 집단이 되며, 이들이 무슨 목적으로 어떠한 과정이나 경로를 통하여 추진하였느냐를 규명하는 것이다.

(2) 문제의 구체화단계

개인이나 소수에게 불만스럽거나 장기적으로 많은 사람에게 반복적으로 발생하는 교육문제로 이들이 정책적 해결을 요구하고 앞의 문제 제기단계에서 표명된 고충이나 어려움이 특정한 정책적 요구로 전환되는 단계이다. 그리고 교육문제가 제기되고, 그 문제가 어떠한 경로를 통해 어떠한 양상으로 일반공중이나 관련집단에게 확산되어 갔는가를 규명하는 단계라고 할 수 있다.

이미 정부 내부에서 제안되어 있는 문제에 대해 공식적인 정책결정체제 기구가 그것을 정책적으로 해결하겠다는 관심 혹은 의지의 표현을 말한다. 교육문제쟁점의 성격, 지속성, 일회성인가, 구항목인가, 신항목인가 등에 따라 문제의 구체화는 달라진다.

(3) 문제의 확산단계

사회쟁점 혹은 논제란 교육문제를 포함한 사회문제들 중에서 그 문제의 성격이나 해결방법에 대한 의견이 상반되는 쟁점적 문제를 말한다(최봉기, 1988: 271~272). 문제의 제기단계 및 사회문제화의 단계에서 그 문제의 성격, 해결방법에 대한 구체화의 정도에 따라 사회논제화가 이루어지는 데는 달라질 수 있다. 논제 형성과정에서 둘 이상의 집단들이 관여하는 갈등상황을 측정하는 범위, 강도, 가시도가 된다.

특정 교육문제에 많이 관련된 사람들의 관심이 집중되어 있으며, 당연히 정책집행당국이나 주무 부서가 해결하여야 한다고 여겨지는 사회논제가 바로 공중의제(public agenda)이다. 특히 여기에는 대중매체의 관심이나 문제와 관련된 집단 및 이익집단, 여론의 동태 등이 공중의제화 성립의 지표가 된다(Enloe, 1975). 교육문제 중에서 정부의 정책결정체제에 의해 포착된 문제, 문제 당사자간에 해결이 불가능한 문제, 문제해결을 위한 자원의 규모가 방대한 문제, 그리고 정치적 성격을 가진 문제 등에 따라 공중의제는 그 특성이 달라진다고 할 수 있다.

정부의 정책결정자들이 스스로 채택한 공식의제라 하더라도 정책결정과 집행의 효율성을 제고하기 위해 공중의 정책수용과 적극적인 추종을 위해 확산노력이 필요하다. 공중의제란 정부가 채택한 공식의제가 정부 스스로의 확산노력에 의해 많은 사람들의 관심을 모으고, 그것이 정부가 해결해야 할 정당한 역할 범위에 포함되는 것으로 인식되는 단계를 말한다. 정부가 주도하여 채택한 공식의제는 정책결정이나 정책집행의 효율성을 높이기 위해 공중의 광범한 지지를 확보하고자 정부 스스로 확산활동(공중의제로 성립시키기 위해)을 수행하게 되는 것이다.

(4) 문제의 진입단계

앞에서 기술한 바와 같이 공식의제란 수많은 교육문제 중에서 정부의 정책결정체제나 정책결정자가 그 문제의 해결을 위해 명시적이고도 능동적으로 관심과 활동을 집중시키는 문제가 된다. 어떤 교육문제가 공식의제로 채택되었다고 해서 모두 정책결정의 대상이 되는 것은 아니다. 교육문제가 관련집단이나 국민에 의해 제기되어 확산활동을 통해 사회논제로 부각되고, 궁극적으로 정부 내의 공식적인 결정체제 내로 진입해 가는 과정에서 어느 시점에서 정부의 공식의제로 채택되는가를 밝히는 것이 된다.

정부의 정책결정체제를 향해 그 해결을 요구해 오는 수많은 문제들은 문제 자체의 성격, 주도집단의 확산세력, 문제를 대하는 정부의 대응전략 등에 따라 각각 상이한 기관이나 부서들에 의해 공식의제로 채택되는 단계이다. 정부에 의해 채택된 공식의제가 공중에의 확산과정과 공중의제화의 단계를 거쳐 다시 정부가 공식적인 정책의제로 확정하는 과정에서 처음 정부가 채택한 의제의 내용에 변화가 있었는가를 검토하게 된다.

이상에서 설명한 교육정책의제 설정의 4단계가 분석모형에서 실제로 어떤 특징을 보이는가를 요약·제시하면 다음 〈표 1-3〉과 같다.

〈표 1-3〉에서 보는 바와 같이 교육정책의제 설정과정은 대체적으로 문제 제기단계, 구체화단계, 확산단계, 그리고 진입단계의 4단계를 거치면서 정부의 공식적인 정책의제로서 채택되게 된다. 여기서 교육정책의제 설정을 설

〈표 1-3〉 정책의제 설정과정의 4단계 및 특징

정책의제 설정과정	모형	특징
제기단계	외부주도형	공식적 정부구조 외부의 개인 및 집단에 의한 불만 표출
	동원형	정책결정자에 의한 새로운 정책이나 프로그램 발표
	내부접근형	정책결정체제 내부의 결정자, 집단, 기관, 부서들에 의한 불만 표출 및 새로운 정책 제기
구체화단계	외부주도형	표출된 불만, 피해가 구체적인 요구로 전환
	동원형	새로운 정책이나 프로그램에 대해 공중의 반응을 통해 구체적으로 탐색
	내부접근형	불만, 정책안을 제기한 집단들이 다른 부서 및 결정자를 상대로 정책안을 구체적인 제안으로 전환
확산단계	외부주도형	사회 내의 관련집단들에게 논제의 확산 정책결정자들의 관심 및 압력 유도
	동원형	집행의 효율성 확보를 위한 관련 공중에 대한 정책의 유용성 홍보 및 확산
	내부접근형	제한적 확산 노력
진입단계	외부주도형	확산단계에서 성공한 논제가 공중의제화 되고, 정책결정자에 의한 공식의제(정부의제)로 전환
	동원형	정책결정체제가 주도 확산단계가 성공하여 공식의제가 공중의제로 전환
	내부접근형	공식의제로 성립

명하는 분석모형을 기술하기 전에 각 단계별로 그 특징을 제시하였다. 다시 말하면, 사회문제나 교육문제가 공식적으로 교육정책결정체제에서 채택되기까지 거치게 되는 단계는 분석모형에 따라 다른 양상이나 특징을 보여 주고 있음을 나타내 준다.

3. 교육정책의제 설정의 분석모형

Cobb 등(1976)은 사회문제나 정부에서 제안하는 정책안의 성격, 그리고 이러한 것들이 공식의제로 채택되는 접근양식의 차이에 따라, 즉 의제설정을 누가 주도하느냐에 따라 정책의제 설정은 다음과 같이 3가지 모형으로 집약하고 있다. 즉 정부를 중심으로 체제의 외부 혹은 내부를 기준으로 외부주도형, 동원형 및 내부접근형으로 구분하고 있다. 이러한 세 가지 모형은 본 연구에서 교육정책문제를 채택하는 과정을 설명하는 데 매우 중요한 분석 틀로서 사용된다. 왜냐하면 정부의 다른 정책과는 달리 교육정책문제는 특히 교육의 특수성, 즉 교육투자 회임기간의 장기성, 교육투자 효과측정의 비가시성, 교육수혜집단에 대한 다수성, 평등성 등으로 인하여 교육열이 어느 나라 국민보다도 높은 우리의 경우 가장 민감한 문제, 정책 중의 하나라고 할 수 있기 때문이다.

교육수혜집단이나 관련집단의 적극적인 교육정책 개입, 관여의 요구가 다른 정책보다 높으며, 새로운 정부가 들어설 때마다 상징적으로 가장 국민들에게 호응받고 공감받을 수 있는 교육정책을 주요 정책으로 내세우는 경우가 많다. 교육정책의 성격이나 유형에 따라 교육정책의제 설정의 모형은 달리 적용된다.

(1) 외부주도형(Outside initiative model)

공식적 정부구조의 외부, 즉 환경으로부터 비정부조직(NGO:Non government organization)에 의해 논제가 제기되어 공중에게 확산됨으로써 일차적으로는 공중의제(public agenda)가 되고(정정길의 분류 제3유형), 최종적으로는 정부의제(governmental agenda)로 채택되는 정책의제 형성과정을 설명하는 모형을 말한다. 즉 문제가 정책결정체제 외부에서 제기되어 정책결정체제 내부로 향해 투입되는 과정을 설명하게 되며, 따라서 문제의 공개성, 대중의 참여도가 높으며, 공중의제화의 단계와 공식의제화의 단계가 순차적으로 이루어지게 된다. 이를 도식화하면 다음과 같은 형태로 이루어지게 된다.

사회문제 ————→ 공중의제 ————→ 정부의제

이 모형은 일반적으로 민주사회, 평등한 사회에서 찾아볼 수 있으며, 정책의제 설정에서 제시된 Dahl 등이 주장하는 다원론과 그 맥을 같이 한다고 할 수 있다. 이 모형은 의제, 논제가 비정부집단 혹은 비정부 단위에서 발생하여 대중의제가 형성되고 공식의제에 도달하는 의제형성과정을 설명하고 있다. 이 모형에서의 의제형성은 정책결정체제 밖에 있는 집단들이 자신들과 관련된 문제에 대하여 불만을 표시하는 주도단계와 표출된 불만이 다양한 방법을 통하여 구체적 요구사항으로 전환되는 구체화단계, 그러한 요구들이 이슈화하여 보다 많은 대중의 관심과 지지를 얻게 되는 확산의 단계를 거쳐 최종적으로 공식의제, 정부의제로 채택되는 진입의 단계에 이르게 되는 과정을 거친다.

대립하는 집단 사이의 갈등으로 이슈가 발생하고 이 이슈가 널리 공중에 확장되어 공중의제의 지위에 오르게 되면 이는 정책결정자의 관심을 끌게 되어 정부의제에 도달하게 된다. 이슈가 발생하여 공중으로 확장되는 확장경로와 공중의제에서 정부의제로 오르는 진입경로에는 이슈경로를 촉진시키거나 방해하는 수많은 변인들이 나타난다. 이슈 제기는 공식적 정부구조 외부에 있는 한 집단에 의해 매우 일반적인 용어로 고충이 표명되는 단계이다. 이슈 제기에서 표명된 일반적인 고충은 특정한 요구로 바뀌게 된다. 정부 외부집단의 이슈를 정부의제에 올리려면 정책결정자가 압력을 느끼거나 관심을 갖도록 하여야 한다. 이에는 다양한 방법이 있겠지만 이슈를 보다 큰 공중으로 확장하고 이전에 존재하던 이슈들과 결부시킴으로써 가능하다. 그러나 이슈가 확장되어 가는 도중에 보다 강력한 집단이 나타나 애초의 집단이 경시되어 배제될 가능성도 있다. 일단 이슈 확장에 성공하면 이슈는 공중의제가 되고 많은 사람의 관심을 끌게 되는데 이때 사람들은 정부의 응답이 필요하다고 보게 된다. 진입이란 이와 같이 공중의제에 이른 이슈가 정부의제로 이동하는 것을 말한다. 이러한 교육정책 결정체제의 외부에서 제시되어 공식의제화 되어가는 소위 외부주도형의 교육정책의제 설정과정을 제시하면 [그림 11]과 같다.

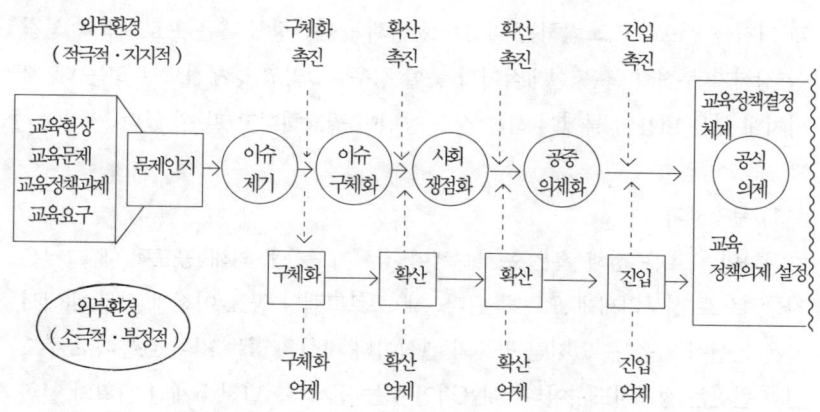

[그림 11] 교육정책의제 설정과정의 분석모형 (외부주도형)

(2) 동원형(Mobilization model)

어떤 교육문제가 정책결정체제의 내부에서 제기되었을 때, 거의 자동적으로 공식의제로 채택되는 과정과 그것이 정책으로 입안되고 난 후, 정책의 정당성, 합리성, 성공적인 집행 등을 위해서는 공중의 적극적인 지지와 협력이 필요하게 된다. 이를 위해 공식의제를 역으로 공중의제화하는 과정을 이론적으로 설명해 주는 모형이다. 다시 말하면, 정책결정체제 내부에서 제기된 문제가 곧바로 공식의제화되고 관련공중의 이해와 지지를 얻기 위해 정책결정체제 외부로 확산되는 과정을 설명하는 모형이라고 할 수 있다.

사회문제 ────→ 정부의제 ────→ 공중의제

동원모형은 정책결정자가 정책과 프로그램에 내포되어 있는 이슈를 정부의제에서 공중의제로 이동시키고자 하는 경우를 설명해 주는 모형이다. 이러한 이슈는 정책결정자나 측근에 의해 정부의제에 올려진 것이고 사전에 공중에까지 확장된 적은 없다. 확장은 정책결정 이후에 이루어져야 하는 바, 그 이유는 정책 혹은 프로그램의 성격상 효과적인 정책집행을 위해 국민들의 지지와 협력이 필요하기 때문이다. 즉 동원모형에서는 주로 정책집행을 위해 필요한 관심과 지지를 얻으려고 노력하는 과정을 설명해 준다. 정책 혹은 프로그램의 성격상 강제가 부적절 혹은 실제적이지 못할 경우, 그리고 강제적으로 하는 데 지나치게 많은 비용이 들어야 하는 경우 동원이 필요하다고 할 수 있다.

1) 문제 제기

하나의 새로운 정책 혹은 프로그램이 정치지도자에 의해 공표될 때 그것은 자동적으로 정부의제에 오르게 된다. 새 프로그램의 공표 이전에 정부 내에서 많은 논쟁이 있을 수 있지만 공중의 관심이나 지식은 없는 것이 보통이고 주도권의 원천은 정치지도자이다. 대표적인 예는 경제사회발전 5개년 계획의 일환으로서 교육부가 주도하는 교육부문 5개년 계획이라고 할 수 있다.

2) 구체화

새로운 정책이 공표될 때 아주 구체적인 사항까지 공표되는 일은 별로 없고 공표를 한 후 정치지도자들과 막료들은 공중의 기대사항, 협조 또는 지지, 물질적 자원, 노동, 행동양식의 변화 등을 구체적으로 정하게 되고, 국민들은 정책이나 프로그램의 내용을 제대로 이해하고 정부에 협조하게 된다.

3) 확장

새로운 정책이나 프로그램은 공표된 순간부터 정부 정책으로 되기는 하지만 이것이 효율적으로 집행되기 위해서는 공중이 이를 수용하고 적극적으로 지지하는 태도의 변화가 있어야 할 것이다.

4) 진입

많은 공중이 정부가 발표한 새로운 정책이나 프로그램이 중요한 문제를 다루는 것으로 인식함에 따라 정부의제에서 공중의제로 이동하는 것을 말한다.

 이 모형은 정부의 국정 책임자, 교육정책의 최고 책임자와 교육관련집단이
나 수혜집단간에 거리가 있는 계층적인 사회에서 흔히 일어난다고 할 수 있다.

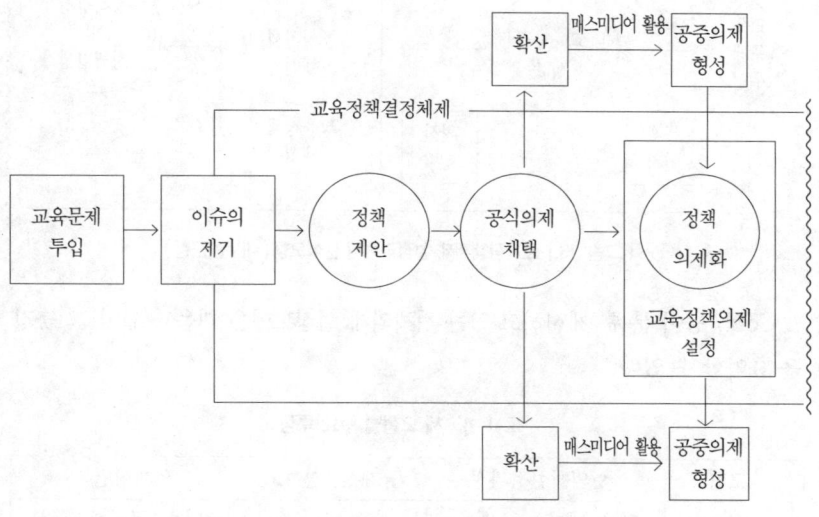

[그림 12] 교육정책의제 설정과정의 분석모형(동원형)

(3) 내부접근형 (Inside access model)

 이 모형은 어떤 논제나 의제, 정책안들이 정책결정체제 내부에서 제기되어
공식의제로 채택되는 경우를 설명해 주는 모형이라고 할 수 있다. 동원모형과
다른 점은 논제를 정책결정체제 영역 밖의 일반대중에게 확산되기를 원하지 않
기 때문에 공중의제화단계를 거치지 않고 바로 공식의제로 채택되는 경우를 설
명하는 모형이라고 할 수 있다(정정길 분류 제 1유형).

사회문제 ————→ 정부의제

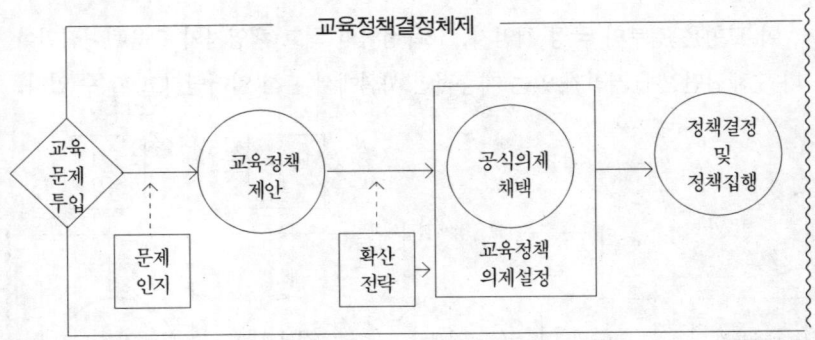

[그림 13] 교육정책의제 설정과정의 분석모형(내부접근형)

Cobb 등이 분류·제시하고 있는 정책의제 설정모형은 다음과 같이 그 특징을 요약할 수 있다.

〈표 1-4〉세 모형별 주요 특징

모형	의제설정과정	공개성/참여도	의제성립
외부주도모형	의제 제기 → 구체화 → 확산(공중의제화) → 전입(공식의제화)	높음	공중의제 : 구체화, 확산 공식의제 : 진입단계
동원모형	신정책공표(공식의제화) → 공표된 정책의 세목결정 → 확산 → 공식의제화	중간	공중의제 : 확산단계 공식의제 : 제기단계
내부접근모형	문제 제기 → 비공개 → 제한적 확산 → 공식의제화	낮음	공중의제 : 불성립 공식의제 : 제기단계의연속

출처 : 최봉기(1988:119).

이상에서 제시한 정책의제 설정의 3가지 분석모형은 교육정책문제 채택과정을 분석·설명하는 틀로서 사용될 수 있다. 본 연구에서 Cobb Elder의 정책의제 설정 분석모형을 기초로 수정·제시한 교육정책의제 설정 분석모형은 제5항에서 기술되는 주요 교육정책 채택과정을 분석하는 이론적인 모형이 된다. 제1장 연구의 제한점에서도 밝혔지만, 교육정책연구에서 다소 정립되지

않은 교육정책의제 설정에 대한 제 이론 및 모형을 소개함으로써 교육정책과정
을 이해하는 데 도움이 될 것이다. 아울러 교육정책과정 중에서 정책의제 설정
과정을 명확히 규명·기술하는 데는 교육정책 결정자 및 교육정책 집행자들의
합동적인 연구도 필요하다고 할 수 있다.

4. 교육정책의제 설정에 영향을 미치는 요인

교육정책문제 채택에 미치는 요인들은 다양하다. 교육정책결정체제는 물론
이를 둘러싼 환경적인 요인들이 직접 혹은 간접적으로 무수히 존재하는, 산적
해 있는 우리의 교육문제에 대해 정부가 공식적으로 관심을 표명하고 심각하게
받아들여 해결책이나 개선방안을 강구하도록 하는 데 영향을 미치고 있다. 이
를 주도자와 참여집단, 정치 및 행정적인 요소, 문제의 특성과 사건 등으로 구
분하여 기술한다.

(1) 주도집단과 참여자 (공식조직)

정책의제 설정의 공식적 조직으로서는 대표적으로 행정부, 입법부 등을 들
수 있다. 행정부는 중앙교육행정조직인 교육부, 청와대의 교육담당부서와 지
방교육행정 조직인 시·도 교육청과 시·군·구 교육청을 들 수 있다. 그리고
입법부 조직으로서는 국회, 국회의 교육청소년 상임위원회, 시·도의 지방의
회, 시·군·구 의회, 교육·학예에 관한 심의기구로서의 교육위원회를 들 수
있다.

공식적으로 교육정책의제 형성에 관여하는 기구와 조직 이외에 여러 가지 형
태로 참여하고 있다.

① 교육정책 결정자 : 교육정책의제 설정에 영향을 미치는 대표적인 집단은
바로 교육정책을 직접적으로 결정하는 대통령, 국회, 교육부 장관, 지방의회

의원, 교육위원, 교육감, 교육장들이라고 할 수 있다. 앞에서도 기술한 바와 같이 무수한 교육문제 중에서 교육정책문제로 채택하는 것은 교육정책 결정자라고 할 수 있다. 교육정책의제화로 만드는 과정에는 물론 관련 수혜집단, 일반대중, 공중, 혹은 엘리트들이 영향을 미치게 된다. 그러나 최종적으로 교육문제 중에서 정부에서 해결해야겠다고 최종적으로 선택하는 것은 결국 교육정책 결정자나 집행자로 구성되어 있는 교육정책결정체제라고 할 수 있다.

② 교육정책 집행자 : 교육정책을 문제화하는 데 교육행정이나 교육정책을 실제로 집행하는 중간관리층 담당자에 의해서 영향을 받게 된다. 실제 행정업무를 담당하는 교육행정가, 교육전문직들에 의해서 어떤 교육문제들은 정책의 제로 채택되고, 또는 그렇지 않은 경우가 발생하게 된다. 왜냐하면, 교육정책 결정자가 어떤 교육문제를 채택한다고 하더라도 집행과정에서 의도적으로 효율적인 집행을 방해하는 경우가 많기 때문이다. 예를 들어 정권이 교체되는 시기나, 교육부 장관에 대한 경질성이 있을 때, 교육부 장관이 어떤 교육문제에 대해 적극적으로 해결책을 강구하라고 담당자에게 지시한 경우 집행자의 입장에서 차일피일 미루어 차기의 정권이나 차기 장관이 임명될 때까지 의도적으로 지연하는 경우도 생긴다는 것이다.

③ 언론(매스컴) : 가장 최근에 사회적으로 쟁점화되고 있는 대학입시 부정(대리시험, 컴퓨터 조작 등에 의한 부정입학)에 대해 맹렬히 여론화하고 만성적으로 지니고 있는 고질적인 한국병 중의 하나인 대학입시제도, 선발방법에 대해 정부에서 적극적으로 개입하여 해결하도록 정책문제화, 정책의제화 하는 데 언론의 역할은 매우 컸다고 할 수 있다. 연일 집중적으로 사설, 뉴스, 지상 토론회 등을 통하여 강하게 교육정책의제화로 만들었던 것이다. 이와 같이 교육문제에 대한 매스컴의 집중적인 보도는 관련집단이나 국민들의 관심을 촉진시키게 되고 정부가 이 문제의 해결책을 강구하는 것을 자극하는 중요한 역할을 하게 된다. 신문이나 TV 등의 보도에 대한 파급 효과는 대단히 크며, 필요에 따라 정부가 전략적으로 언론을 이용하는 경우도 많이 있다.

④ 이익집단 : 한국교원단체총연합회(대한교육연합회)와 같은 교직단체

를 포함하여 교육관련 이익단체가 교육정책의제 형성에 관여하게 된다. 교육
정책의 대상이 매우 포괄적이며, 그 성격도 다양하기 때문에 이익집단이 다양
하다. 교총, 대학교육협의회, 사학재단연합회, 사립중고등학교장연합회, 전
문대학교육협의회 등 다양한 이익집단들이 각기 구성원의 이익을 위해 교육정
책을 의제화하는 데 직접적으로 혹은 간접적으로 영향력을 행사하게 된다.

⑤ 연구기관 : 현존하는 교육문제, 향후 예상되는 교육문제를 직접적으로
다루는 연구기관은, 특히 한국교육개발원은 교육정책의제 설정에 영향을 미치
는 중요한 기관이라고 할 수 있다. 매년 40종 이상의 정책연구, 기초연구의
연구결과는 교육문제를 채택하는 결정기관인 교육부에 직접적으로 영향을 미
치게 된다. 상당수의 연구주제는 교육부나 일선 교육청, 혹은 청와대에서 요청
한 과제이니만큼 교육정책의제로 채택될 가능성은 매우 높다고 할 수 있다. 예
를 들어 졸업정원제, 고교평준화 보완정책, 교육자치제, 실업교육정책, 교육
세 등 굵직한 교육정책들에 연구기관인 한국교육개발원이 직접·간접적으로 관
여하여 영향을 주었다고 할 수 있다.

(2) 정치·행정적 요소

이는 정치·행정체제가 어떠한가 및 경제적으로 선진국인가 후진국인가에 따
라 정책의제 설정에 다르게 영향을 미칠 수 있다. 정정길(1991:242)에 의
하면, 후진국에서는 정부의 공식결정자가 정책의제 설정에서 미치는 영향이
선진국보다는 압도적이라고 할 수 있다. 그리고 정치·행정체제가 중앙집권적
이고 권위주의적일수록 정책의제 설정은 정책의제 설정모형에서 살펴본 바와
같이 내부접근형, 동원형 중심이 되어 정책문제가 채택된다는 점이다.

한편, 선진국일수록 정치·행정체제가 분권화될수록, 이익집단이 강하게 영
향을 미칠수록 외부동원형이 중심이 되어 관련정책문제를 정책결정체제가 채
택하도록 주도한다는 것이다. 행정국가화현상으로 행정 기능이 강화됨에 따라
교육정책문제가 관료제하에서 행정적·계층적인 정책의제 설정과정을 거치는
경우가 많게 된다. 물론 교육정책문제의 성격이 달라질 수 있음을 배제할 수

없다. Simon(1955)도 지적한 바와 같이 조직에서 상위직일수록 목표선택에 따르는 '가치판단'을, 하위직으로 갈수록 목표의 실행에 따르는 '사실 판단'을 강조하게 되어 관료제의 상층부에서 목표선택에 의한 정책의제를 채택할 가능성이 높다고 할 수 있다.

(3) 문제의 특성과 사건

문제의 중요성 정도, 문제의 파급효과의 정도에 따라, 그리고 문제의 외형적, 내용상 특성에 따라 정책의제 설정에 영향을 미치게 된다. 이러한 문제의 특성에 대해서 특히 우리나라와 같이 국민의 교육열이 높은 경우 교육문제의 수혜집단이나 관련집단의 규모가 큰 교육정책문제의 경우 다른 여타 사회문제보다 정책의제화 가능성은 항상 높다고 할 수 있다.

예를 들어 1993학년도 대학입시에서 발생한 대리시험, 사학재단, 교수의 관여 등의 엄청난 사회적 문제를 유발한 극적 사건(event)이 발생한 경우 문제의 중요성, 파급효과가 크기 때문에 교육정책결정체제는 물론 정부의 최고 책임자까지도 이를 정책문제로 채택하여 종합적인 대학입시제도 개선방안을 강구할 가능성이 커다는 점이다. 이러한 극적 사건의 발생으로 정책의제화시키는 것을 Kingdon(1984)은 점화장치(triggering device)로 표현하고 있다.

V. 주요 교육정책의 사례선정 및 분석

1. 교육정책의제의 사례선정

제4장에서 기술한 바와 같이 교육정책의제 설정단계와 과정은 교육문제 쟁점 혹은 논제 및 정책안의 제기(initiation)단계, 구체화(specification)단계, 확산(expansion)단계, 그리고 정부에의 진입(entrance)단계를 거

치면서 정부의 공식적인 의제, 즉 정책의제로 채택된다. 혹은 무의사결정론에서 주장하는 바와 같이 공식적인 교육정책결정체제에서 의도적으로 정책문제로 채택하는 것을 기각하기도 한다.

본 연구에서는 교육정책 설정의 이론적 모형으로서 Cobb와 Elder 등이 제시한 모형에 기초하여 교육정책결정체제를 중심으로 내부에서 혹은 외부에서 이루어지는가에 따라 외부주도형, 동원형, 내부접근형으로 분류하였다. 이러한 교육정책의제 설정의 세 가지 이론모형은 정책의제 설정의 4단계에 따라 각각 다른 양상 및 특징을 나타내고 있음을 기술하였다.

본 연구에서 선정한 교육정책 사례는 사회적으로 큰 관심을 끌고, 우리나라 교육 분야에서 중요한 정책적 변화를 가져왔던 것을 중심으로 기술되었다. 교육정책의제의 사례는 교육영역별, 학교단계별, 기능별, 시기별 등을 고려하여 선정하였는 바, 학교단계별에 따라 중등학교 교육정책과 관련된 것으로 고교평준화 보완정책, 대학교육과 관견된 정책으로 과외 해소 및 졸업정원제, 대학평가 인정제를 선정하였다. 교육영역별 혹은 기능별로 보면, 교육재정영역으로 교육세 신설, 교육행정제도로서 광역단위 교육자치제, 그리고 교원문제와 관련된 교원노조 불인정정책을 선정하였다. 이러한 교육정책의제 사례는 교육정책과정 중 정책의제 설정에 관련된 내용을 중심으로 다루어진다.

교육정책에 대한 사례분석은 정책의 유형과 교육정책의제 설정의 이론모형에 기초하여 교육정책유형과 정책의제 설정의 주체를 중심으로 이루어진다. 다시 말하면, 주요 교육정책에 대하여 정책의제 설정과정별로 개괄적으로 선행 연구 및 관련자료를 토대로 사례를 분석하여 본 연구에서 도출된 이론모형에 따라 교육정책을 적용·탐색하고자 한다.

2. 교육정책의제의 사례

사례 1. 과외 해소 및 대학졸업정원제(김영철 외, 1980 ; 최봉기, 1999 ; 정태수, 1991)

이 정책은 당시 심각한 사회문제로 부각되어 있던 대학입학 재수생의 누적현상과 대학에 합격하기 위한 고액, 과열과외문제를 해결하기 위하여 1980년 7월 30일 국가보위비상대책 위원회(이하 국보위)의 문화공보분과 위원회(위원장 : 오자복)가 주도하여 결정한 이른바 '교육정상화 및 과열과외 해소방안'의 하나로 실시된 정책이라고 할 수 있다. 그 동안 대학입학정원에 의한 정원정책으로는 대학교육에 대한 국민의 과열된 교육적 욕구를 충족시키기 어려웠으며, 나아가 늘어나는 재수생의 심각한 사회문제의 대두, 국력의 낭비 등이 제기되어 대학교육기회의 확대, 대학의 면학분위기 풍토 조성, 고등학교 교육의 정상화 등 몇 가지 취지에 의해 이루어졌던 정책이라고 할 수 있다.

이 정책사례는 '고3병'과 '대입'의 학교문제가 사회문제로 비화되었던 것이다. 과열과외의 현상은 교육적인 측면에서 교육과정의 변칙운영, 학교교육상의 불균형, 생활지도 및 진학지도의 소홀 등을, 경제적인 측면에서는 가계부담의 압박가중, 국가경제의 낭비 초래, 그리고 정치·사회적 측면에서는 사회분화와 이동의 저해요인을 가져왔다는 점이다(김영철 외, 1980).

따라서 과열과외는 모든 국민의 자녀 대학진학에 대한 경쟁의식을 날로 고조시키고 학교교육을 무력화시키는 등 교육적인 문제일 뿐만 아니라 사회문제로 대두되어 계층간의 위화감을 조성하고, 가계의 압박요인이 되어 학부모의 부담을 가중시키는 절대적인 요인이 되었던 것이다. 그 당시의 교육상황을 "고등학교는 교외의 과외공부에 학생과 교사를 빼앗기고, 대학은 스스로 대학이기를 포기한 그야말로 반교육적, 망국적 과외병에 시달리는 중환자적 국면"이라고 진단하고 있다(정태수, 1991:31).

7·30 교육개혁의 실무팀으로 중요한 역할을 담당하였던 정태수 당시 문교부 대학교육실장은 이 정책의 의의를 "돌발적으로 선언된 돌발개혁이 아니라

유구한 한 민족의 역사와 교육개혁사 중에서 나올 때가 되어 나온 것이며, 당시의 우리의 정치·경제·사회 문화적인 여건 속에서 나타나야 할 시기에 나타난 것"이라고 피력하고 있다(정태수, 1991:17). 과외 해소 및 졸업정원제 정책은 교육 외적 주도세력과 내부적 교육세력의 협동에서 이루어졌다. 누적된 교육계의 현안문제를 교육 외적인 힘, 즉 개혁주체들의 강한 힘을 이용하여 해결하려고 노력했음을 알 수 있다.

다시 말해서 당시 재수생의 누증과 고액 과열과외의 성행은 여러 가지 청소년문제를 야기시켰으며, 가계의 엄청난 경제적 부담과 사회계층간의 위화감을 조성함으로써 커다란 사회문제로 대두되었다. 이처럼 학교와 사회의 암적 존재로 물의를 빚었던 과열과외의 해소와 대학교육의 질적 수준 향상에 있었다. 그 동안 대학정원에 있어서 적용되었던 입학정원제는 대학에 일단 합격한 학생에 대한 선별 기능이 약했으며 '입학＝졸업'의 등식을 성립시킬 정도로 자동적으로 거의 모든 학생이 졸업하는 실정이었다. 따라서 대학교육의 학문적 수월성을 제고하기 위한 측면과 앞에서 기술한 여러 문제들을 해결하고자 국보위에 의해 추진된 정책이라고 할 수 있다.

당시의 졸업정원제는 각 대학별로 정해진 졸업정원에서 일률적으로 30％(전문대학은 15％)를 가산한 수를 입학 인원으로 하여 학생을 모집할 수 있도록 하고 초과 모집 인원은 재학중에 중도 수료시킴으로써 졸업시의 인원을 졸업정원에 맞추도록 되어 있었다. 그러나 졸업정원제정책의 형성 및 결정은 대학의 자율성을 고려한다든지 대학의 여건(교수확보율, 시설확보율 등)을 고려하지 않은 채 일방적으로 이루어졌다고 할 수 있다.

국보위 문공위원회가 '과외수업 해소'라는 시대적 과제를 안고 오자복 위원장, 김행자, 정태수 위원 등이 개혁에 처음 착수한 것은 1980년 6월 중순부터이다. 이 계획에 대한 연구는 한국교육개발원(당시 이영덕 원장;연구책임자 김영철 정책부장)이 맡아 수행하고 연구계획서를 작성하여 7월 4일 국보위에 제출하였다. 이후 국보위 주최로 소규모 세미나를 문교팀 분과 내부세미나(7월 8일)와 외부 관련 전문가와의 세미나(7월 11일)가 열렸다. 여기

서 '과열과외 해소 대책안'으로 졸업정원제가 나왔던 것이다. 이후 교육개발
원의 중간 연구결과 보고서인 '교육정상화를 위한 과열과외 해소 대책연구'가
7월 19일에 국보위에 제출되었다.

이러한 추진과정중에 1980년 7월 16일 이규호 문교부 장관은 KBS와의
대담을 통해 정치·경제적 시련을 극복하고 대학교육의 발전을 위하여 대학교
육개혁방안을 연구중이라는 자리에서 대학졸업정원정책을 처음으로 밝혔다.
이 정책에 대한 연구는 한국교육개발원 김영철 박사팀이 중심이 되어 연구기획
위원회(강신표 외 9명)와 더불어 수행되어 1980년 7월 22일 오후 2시 세
종문화회관에서 '교육정상화 및 과열과외 해소방안'에 대한 공청회를 개최하
였다(최종 보고서는 1981.1.발간). 공청회로부터 각계 각층으로부터 좋은
반응을 받은 개혁주도세력(국보위 중심)에 의해 소위 7·30 교육개혁조치를
내렸던 것이다.

사례 2. 교육세(윤정일, 1992; 정영수 외, 1986; 김철수, 1990)

제 3, 4공화국의 박정희 정부하에서는 경제성장 우선주의에 따라 교육부문
에 대한 투자는 국가발전정책에서 밀려나고, 특히 1972년 8·3 경제긴급조
치 이후 교육재원은 급격히 떨어지게 되었다. 8·3 조치는 교육세 신설에 대한
문제의식을 유발시킨 직접적인 원인으로 작용하였다. 이 조치로 1973년부터
지방교육재정 교부율은 법정교부율 12.98% 이하로 내려갔다. 이후 교육정
상화 및 과열과외 해소를 골자로 한 7·30 교육개혁안을 성공적으로 추진하는
데 필요한 재원을 확보하기 위하여 1981년 12월 5일 법률 제3459호로 제
정·공포되고 1982년 교육세를 징수하기 전까지 교육현장에서 심각히 나타나
고 제기되었던 문제는 바로 재정부족으로 인한 과밀학급, 과대학교, 노후시설
의 증가 등 교육여건의 악화라고 할 수 있다. 이와 같은 문제를 해결하고 개선
하기 위해 교육계에서는 이에 소요되는 교육재원의 확보가 절실히 필요함을 인
식하게 되었다.

이와 같은 문제인식은 쉽게 획기적인 교육재원 확보방안으로서 교육세의 신

설을 제기하게 되었다. 이에 한국교육개발원은 1980년 9월 '한국 교육 발전을 위한 재원 확보' 세미나를 통하여 교육세 신설의 필요성을 여론화시켰으며, '한국의 교육과제와 재정'의 연구보고서를 발간하여 관련 정부부처 (경제기획원, 재무부 등)와 언론기관에 배포하였다. 또한, 대한교육연합회는 1980년 11월 교육재정 확보에 관한 호소문을 관계요로에 발송하였다. 1981년 2월 27일 문교부는 '초·중등 교육정상화'를 위한 교육재정 확보방안을 수립하여 동년 5월 4일 10개년 계획으로 확정하여 이 계획의 정책의제로 채택할 수 있도록 경제기획원, 내무부, 재무부 등의 관련부처에 협조를 요청하였다. 이 안에서는 교육세 징수 기간을 10년으로 하고 그 총액을 3조 8,360억 원 (연평균 3,836억 원)으로 하여 그 전에 수립한 계획에 비해 액수와 규모가 크게 감소하였다.

그러나 경제기획원에서는 교육세를 제5차 경제·사회개발 5개년 계획에 포함시켜 5년 동안에 2조 2,100억 원 (연평균 4,420억 원) 규모의 안을 수정하였다. 이에 문교부는 최종적으로 제5차 경제사회개발 5개년 계획 기간인 1982년부터 1986년 사이에 교육세 부담을 1조 5,280억 원 (연평균 3,056억 원) 규모로 하는 안으로 양보하여 확정하였다. 문교부의 최종적인 안은 1981년 9월 25일 국무회의에서 의결되어 10월 2일 정기국회에 제출되었다. 국회 재정위원회의 세법심사 소위원회에서는 정부의 교육세법안 중 재산세에 부과하기로 된 2,940억 원을 금융·보험에 부과하는 것으로 수정하여 12월 1일 국회 본회의에 상정하여 12월 5일 법률 제3459호로 교육세법이 공포되었다.

사례 3. 고교평준화 보완정책

1968년부터 시행된 '교육혁명'이라고 불리었던 중학교 무시험제도에 이어 1974년부터 도입된 고교평준화제도는 서울, 부산 2개 지역에서 시작, 1980년 21개 대도시지역까지 확대되었다. 고교평준화제도가 시행된 이후 재원의 한계 때문에 고교간의 격차는 쉽사리 해소되지 못해 사학이 위축되고 학교수업이 효율성을 거둘 수 없다는 비판이 계속 제기되었다. 이에 문교부는 1978년 한국교육개발원에 위촉하여 평준화정책에 대한 평가를 의뢰하였다. 교육개발원의 김윤태 팀은 평준화실시 이후의 학력저하에 초점을 두고 추적하였으나 이에 대한 증거를 찾을 수 없다고 하여 결과적으로 성과가 좋다는 결론을 내렸다(김윤태 외, 1978). 이를 토대로 문교부는 이 정책을 계속 추진하여 1979년에는 전주, 대전 등의 7개 도시에 확대·실시하였다. 그러나 1986년까지 전국에 걸쳐 실시하고자 했던 이 정책계획은 여러 가지 현실적인 문제에 봉착하여 1980년 이후에는 확대실시를 전면 보류하기에 이르렀다. 이는 지역별로 고교 수용능력이 남아 도는 곳이 있는 반면에 도시 주변지역 출신은 해당지역에 고등학교가 없어서 진학의 길을 막는 결과를 초래하였던 것이다. 아울러 소도시지역은 추첨배정이 오히려 불편을 주는 경우도 발생하였다.

고교평준화시책에 대하여 1990년 목포, 군산, 안동시가, 그리고 1992년 춘천, 원주 및 이리시 등 6개 지역에서 이를 폐지, 경쟁에 의한 '지원선발제'를 채택함에 따라 15개 지역으로 축소되었다. 또한, 충북 교육청이 지원선발제를 기초로 한 고교입시제도를 1994학년도부터 실시할 방침을 세우고 여론수렴작업만 남기고 있는 데다 부산시 교육청도 '학군별 지원선발제' 등으로 내부방침을 굳히고 여론수렴을 거쳐 구체적인 평준화개선책을 모색하고 있다.

충북 교육청 관계자는 1993년 1월 28일 "1, 2, 3지망까지 학생들의 지원을 받아 공동시험을 거쳐 성적순으로 사정하고 미달되는 고교에 대해 탈락한 학생들을 대상으로 추첨배정할 예정"이라며 여론수렴을 거치겠다는 계획을 세우고 있다. 이 관계자는 교장단 등 지역교육계 인사들은 진작 시행되었어야 할 제도라고 환영하고 있다면서 학생들의 선택권, 학교의 선발권 등을 보장하고 영재교육 차원은 물론 성적이 떨어지는 학생들도 동일집단끼리 모여서 학습할 수 있으므로 오히려 민주적인 제도라는 점을 들고 있다. 부산시 교육청은 현행의 학군제를 유지하면서 학군 내에서 지원에 의해 선발하는 한편, 탈락자들을 대상으로 미달학교에 대한 추첨배정방식으로 내부방침을 정해 놓고 여론수렴 작업에 들어가 구체적인 실행방침을 모색하고 있다.

서울시 교육청은 이와는 반대로 선발고사제를 폐지, 내신성적만을 근거로 고교를 배정하는 방안을 검토하는 중이다. 서울시 교육청 관계자는 "현행의 고교입시가 거의 1대 1의 경쟁률을 보임에 따라 선발고사의 의미를 상실했다면서 내신에 의한 선발을 검토, 평준화정책을 강화하는 방향으로 개선책을 모색하고 있다"고 밝히고 있다. 교육부는 각 시·도 교육청의 개선안이 들어올 경우 이들 안에 대한 여론수렴과정 등을 분석, 교육부령을 고쳐 허용을 검토할 것으로 알려지고 있다.

그러나 교육부 한 관계자는 "현행의 고교입시제도가 교육의 수월성 등 많은 문제점을 안고 있는 것은 사실이지만 교육정상화에 이바지했다는 사실 하나만으로도 이같은 문제들을 충분히 상쇄할 수 있다"며 교육의 수월성문제는 현행의 평준화제도를 유지하면서 특수목적 고등학교 등의 효과적인 운영을 통해 극복할 수 있다는 것이다.

고교평준화정책은 소위 '중3병'을 치료, 중학교 교육정상화를 촉진하고 교육기회 확대에 크게 기여하는 한편, 고교간 학생의 질적 평준화와 지방학생의 대도시 집중 억제 및 교통문제 완화에 크게 기여한 것으로 평가되고 있다. 그러나 교육여건의 평준화를 실현하지 못해 서울의 8학군, 부산의 금정학군, 대구의 수성학군이라는 '특구'를 탄생시켜 사회·경제적 요인에 의한 교육의 불평등이 조장되고, 학력수준이 다른 이질적인 학생들을 한 학급에 편성함으로써 교수─학습의 질을 떨어지게 했다는 점에서 '하향 평준화'의 부정적인 평가가 이루어지고 있다. 또한 사학의 독자성과 자율성 위축 및 헌법상 보장된 교육받을 권리인 교육선택권 침해라는 비판과 함께 대학교육의 가수요를 증가시켰다는 지적을 받고 있다.

이상에서 기술한 바와 같이 시행 20년째를 맞고 있는 고교평준화가 지방교육자치제의 실시와 맞물려 변화와 새로운 전기를 맞고 있다. 학군별 추첨배정에 의한 고교입학제도인 고교평준화는 '일류병'과 '치맛바람'을 고등학교에서 몰아내는 한편, 때이른 입시지옥에서 중학생들을 해방시켜 교육정상화에 이바지했다는 점에서 긍정적으로 평가를 받아 왔다. 그러나 키가 큰 사람은 잘라

죽이고 키가 작은 사람은 늘려 죽이는 그리스 신화의 '프로크루스테스의 침대'
처럼 학생들을 하향평준화시켰다는 점에서 그 비판과 이에 대한 개선책 마련을
끊임없이 제기되고 있다. 더욱이 국가적으로 치열한 국제경쟁사회에서 살아
남기 위해 영재교육의 필요성이 한층 요구되는 시점에서 지방교육자치제 실시
에 따른 지역교육발전 우선주의와 맞물려 고교입시제도는 지원선발제로 가일
층 확대될 전망이다. 그러나 대부분의 교육전문가들은 선발제 고교입시 부활
을 반대하는 가운데 서울시 교육청은 현행의 고입시험을 폐지해 내신성적만으
로 고교진학을 사정, 추첨을 통해 배정하는 등 평준화를 강화해 나가려는 방안
을 강구해 가고 있다(문화일보, 1993년 1월 29일자).

1993년 2월 18일 국무회의에서 교육법 시행령 개정안을 의결하여 비평준
화지역 내에 있는 고등학교를 교육부 장관이 지정하는 학교는 다른 고등학교와
입시일이나 선발방법은 각 학교마다 자율적으로 정해 신입생을 선발할 수 있도
록 하였다. 현재 서울, 부산 등 6대 도시를 포함하여 전국 15개 시를 제외하
고는 모두 비평준화지역이다.

최근 교육개혁위원회는 고등학교 교육여건의 개선, 학교교육의 질적 향상
및 입학시험제도로 개선 등의 개혁조치를 발표함으로써 고등학교평준화정책에
있어서 새로운 전기를 맞고 있다.

사례 4. 광역단위의 교육자치제 실시

교육자치제는 교육행정의 지방분권을 통하여 주민의 참여의식을 높이고, 각
지방의 실정에 적합한 교육정책을 강구·실시하도록 함으로써 교육의 자주성,
전문성, 정치적 중립성을 확보할 수 있도록 하는 제도라고 할 수 있다. 1991
년 2월 7일 제152회 임시국회를 통과하여 3월 8일 법률 제4347호로 제정
·공포된 '지방자치에 관한 법률'은 1950년대 실시되었던 교육자치제 실시
이후 새로운 지방화시대에 발맞추어 교육계에서 성취한 민주화의 한 작품이라
고 할 수 있다.

먼저 우리나라 교육자치제의 변천과정과 특히 이 법의 전신인 1988년 4월

6일 제정된 내용을 살펴보면 다음과 같다(윤형원, 1991:1~9). 우리나라
의 교육자치제도는 일반행정의 자치제와는 달리 형식적인 골격은 주민자치의
형태라고 할 수 있다. 1952년부터 5·16 이전까지 시, 군을 교육구로 하여
실시하던 교육자치제도(당시 시는 시의회에서 10인 선출, 군은 읍·면에서
1인씩 선출)가 1964년 지방교육자치에 관한 법률이 제정되기 이전에 실시되
었던 특별시, 직할시와 도를 단위로 하던 교육자치제(엄밀히 이는 지방의회의
부재로 중앙집권적인 교육행정제도이며, 명목상 합의제 집행기관형태의 교육
자치제라고 불렀음)가 시행되었다.

이와 같이 과도기적인 도단위의 교육행정제도는 제6공화국에서도 그 기본
골격은 변화 없이 유지되어 왔다. 제5공화국은 지방자치의 활성화를 위하여
헌법 제8장에 지방자치에 관한 사항을 규정하였으며, 1982년 3월 20일에
개정된 교육법에서 교육자치제의 실시를 법적으로 뒷받침하게 되었다. 정부에
서는 1987년부터 재정자립도가 높은 지역부터 단계적으로 지방자치제를 실시
할 계획으로 1985년 국무총리 산하에 지방자치 실시 연구위원회를 설치하고,
지방자치제 실시방안에 관한 연구를 수행하였다. 제6공화국에 와서 지방자치
법은 여러 번 개정을 거쳐 1991년 상반기에 지방의회 의원을 선출하였다.

그러다가 1988년 제12대 국회가 해산되기 전에 졸속으로 통과시킨 교육법
제15조 내지 72조(1988년 4월 6일 제4009호로 제정·공포된 법률)로
확정되었다. 그러나 여러 가지 정치적인 이유로 인하여 지방자치제가 연기됨
에 따라 교육자치제의 실시도 일단 유보되었다. 그러다가 여야간에 정치적인
타협이 이루어짐에 따라 지방자치제가 실시되어 시·도 광역자치의회의 의원,
시군구 기초자치 의원을 선출하였고 이들에 의한 교육위원들이 선출됨으로써
교육자치제의 막은 열렸다. 즉 1991년 3월 8일 지방교육자치에 관한 법률
이 제정(법률 제 4347호), 공포되었다.

지방자치제가 연기됨에 따라 교육계에서는 졸속으로 통과시킨 교육자치에
관한 법률인 교육법 제15조의 내용이 근본적으로 교육자치제의 정신을 살릴
수 없음을 인식하게 되었다. 문교부에서는 '교육자치제 실시 기획단'이 구성

되어 제도적·법적인 실무작업을 추진하고 있었다. 민자당에서도 교육자치제에 관한 정책토론회(1990. 5)를 개최하여 기본적인 골격에 대한 여론을 수렴하였다. 그리고 한국교육개발원에서는 2개년(1989~90)에 걸쳐 교육자치제에 관한 종합연구를 수행하고 있었다. 연구 수행중에 각계의 전문가 및 관련집단의 의견을 수렴하기 위하여 두 차례에 걸쳐 정책토론회를 개최하였다(1989. 9; 1990. 5). 한국교총도 당시 문교부의 안이 지나치게 교원, 교육의 전문성을 고려하지 않았음을 지적하면서 정책토론회(1990. 2)를 개최하면서 여론을 환기시켰다. 그러나 최종적으로 교육계의 의견과는 다소 거리가 있게 문교부가 주도적으로 이 정책을 추진하여 이루어져 1990년 지방의회 의원의 선출로 본격적인 지방자치제의 실시로 이들에 의해 교육위원이 선출되면서 광역단위의 교육자치제가 실시되었다.

　사례 5. 대학평가인정제(권기욱, 1992; 박종렬, 1990; 한국대학교교육협
　　　　의회, 1992)

　대학평가인정제는 대학프로그램을 평가하고 그 결과를 바탕으로 인정에 관련되 지위를 부여하는 평가제도와 인정제도의 결합이라고 할 수 있다. 즉 교육기관과 교육프로그램이 교육공동체와 공공에 대하여 신뢰를 받을 수 있는 수준의 업적과 통합성, 질을 유지하고 있다는 것을 인정해 주는 제도라고 할 수 있다. 그러나 본질적으로 대학들이 대학을 자체적으로 평가하고 규제하는 제도이면서 책임 있는 교육적, 행정적 실제를 유지하기 위해 대학들이 집단적으로 설립한 제도이다.

　구체적으로, 대학들이 함께 평가준거와 기준을 설정하고, 교육의 질을 평가하고 개선하며, 교육의 질에 대해 공공적인 증거를 제공하는 활동이라고 할 수 있다. 자율적 규제는 대학교육에 책임 있는 실제를 유지하기 위해 대학의 모든 영역을 대상으로 하는 제도이다(권기욱, 1992).

　대학의 질적 수월성을 달성하기 위하여 대학에 대한 평가가 우리나라에서 본격적으로 도입되기 시작한 것은 특히 한국대학교육협의회 발족 이후라고 할 수

있다. 즉 우리나라 대학평가의 제도는 1960년대 문교부 주도의 감사형태의 평가, 1970년대 실험대학에서 제출되는 연말 운영보고서와 이를 토대로 한 현지 방문 평가가 관 주도하에 이루어졌으며, 1982년에 대학교육협의회가 발족되고 1984년부터 법이 인정하는 평가제도로 제도화되었다. 그러다가 최근에 1992년도에 한국대학교육협의회와 대학교육심의회가 주관이 되어 학과별 평가인정제도가 점진적으로 실시하도록 되어 있다.

대학교육의 내실화를 기하고 국제경쟁력을 갖출 수 있는 대학체제를 마련하기 위해서는 적극적으로 대학 및 대학교육프로그램에 대한 평가를 통해서 개선할 필요성이 높아지게 되었다. 몇 년 간의 자체평가, 대학교육협의회에 의한 평가를 걸쳐 본격적으로 대학평가인정제도(accreditiation system)이 도입된 것은 1992학년도부터이다. 우선적으로 물리학과, 전자공학과를 대상으로 대학교육프로그램을 평가하게 되었던 것이다. 대학 자체의 반발, 저항이 다소 있었지만 경쟁력이 약한 현행 한국의 대학교육으로는 산업사회에 필요한 인력조차 제대로 공급하지 못하는 결과를 가지고 있어 더욱 이 제도 도입의 필요성이 높았다고 할 수 있다.

1982년 한국대학교육협의회가 발족한 이래 그 동안 대학의 평가를 문교부 주도로 학자들이 참여하여 실시하던 것을 대학교육협의회의 사업으로 실시하여 왔다. 1984년에는 법률 제3727호로 한국대학교육협의회법이 국회를 통과하여 대학교육과 대학행정의 발전을 위하여 그에 필요한 자료를 확보하고 주기적으로 대학의 학사 및 운영 전반에 관한 평가를 실시하고, 그 결과는 지체없이 문교부 장관에게 제출하도록 법제화하였다. 이에 근거하여 매년 대학기관에 대한 평가를 실시하여 16개 영역에 관한 학문 영역별 평가와 2개 학과의 평가를 실시하였다.

이후 각종 정책연구와 교육개혁심의회(1987), 교육정책자문회의(1990)에서 대학평가인정제의 도입을 건의하였으며, 이에 따라 문교부는 전문 연구결과에 여론수렴 후 이 제도를 도입할 것을 결정하게 되었다. 최종적으로 1992년도부터 한국대학교육협의회의 건의에 따라 문교부는 대학교육심의회를 설치하고 물리학과 전자공학과를 대상으로 평가인정제를 실시하였던 것이다. 이 제도가 실시된 추진경위를 일지별로 제시하면 다음과 같다(한국대학교교육 협의회, 1991 : 71~72).

87.12 : 교육개혁심의회, 대학평가인정제 도입건의

89. 8 : 대학교육의 질 향상을 위한 대학평가인정제의 정착, 대통령에게 보고

90. 2 : 대학평가인정제 시행방안 연구의뢰(대학교육협의회)

90. 6 : 공청회 개최(대학 총·학장 및 전문가 참석)

90.11 : 평가전문교수 및 대학당국자의 설문조사

90.12 : 대학교육협의회 연구보고서 제출

　　 — 대학종합평가인정제와 학과평가인정제로 구분 시행

　　　 • 학과평가인정제는 1991년부터 10년 주기로 실시

　　　 • 대학종합평가인정제는 1996년부터 5년 주기로 실시

　　 — 평가기준 : 6개 대항목, 22개 중항목, 93개 소항목으로 평가

　　 — 평가인정의 방식 : 우수, 양호, 미흡으로 구분

91. 1 : 교육부 평가인정제 실시 대통령에게 보고

　　 — 1단계(91년) : 학과평가인정

　　 — 2단계(96년 이후) : 대학종합평가인정

사례 6. 교원노조 불인정(문교부, 1990;이대희, 1991;김성렬, 1992)

제6공화국이 들어서면서 민주화의 추세에 따라 교육계에서 가장 먼저 활동한 단체는 민주교육추진 전국교사협의회라고 할 수 있다. 교육민주화운동으로 1987년 9월 27일 전국교사협의회(전교협)가 정식으로 발족되어 가장 먼저 시작한 활동은 '해직교사 복직촉구대회'였다. 그리고 전교협은 교육법 개정에 관한 서명운동을 벌였으며, 교육자치제에 관한 의견도 제시하였다. 그리고 전교협 산하에 각 지역의 교사협의회가 결성되어 갔고, 여교사회, 교과교사협의회의 필요성도 제기되었다. 이와 같이 전교협은 교육민주화운동이 제 구실을 하기 위한 전초 기지인 조직강화에 성공하였으므로 본격적인 해직교사 복직운

동 등의 활동을 전개하기 위하여 전교협과 '민주교육 실천협의회 (민교협)'를 분리시킬 필요성을 인식하게 되었다.

제6공화국에 대한 전교협과 민교협 등에 소속된 의식화 교사들의 기대는 대단히 높았다. 국회에서 야당의원수가 과반수를 넘었기 때문에 재야세력과 이에 관련된 집단들의 기대는 매우 컸다고 할 수 있다. 제6공화국의 첫 정기국회인 1988년 9월을 겨냥하여 전교협과 민교협은 적극적인 공세를 취할 준비를 갖추었으며, 그 활동이 곧 교육악법 개정을 위한 서명운동을 전개하여 38, 600명의 명부를 국회에 제출하였으며, 정기국회 개회 전에 그들의 의견은 평민당 (현 새정치국민회의)과 민주당에 의하여 어느 정도 수렴될 가능성을 보였다. 그러나 정기국회는 교육법 중 국가공무원법에 있어서 교원에 관한 법률에 대하여 별 거론도 없이 회기를 마치자 전교협 소속 교사들은 당황하지 않을 수 없었으며 배신감마저 느끼게 되었다.

한편, 그 동안 사립학교의 재단비리문제와 국공립학교의 보충수업과 자율학습에 대한 비판이 끊임없이 일어났으며, 심지어 이미 의식화된 교사들은 교과서에 대한 부정적 비판을 서슴치 않았다. 1988년 11월 여의도에서 개최된 전교협의 교육법 개정 투쟁대회를 기점으로 전국적인 시위, 당사 점거농성 등이 끊이지 않고 계속되었다. 이 과정에서 제6공화국의 '여소야대'의 국회는 아무런 작용을 하지 못했던 것이다. 1989년 1월 전국 시·도 교협, 시·군·구 교협의 각종 연수에서는 더욱 강력한 교직단체의 필요성이 거론되었고, 그 동안 축적되어 온 교사 대중운동의 초점인 교원노동조합의 결성이 표출되게 되었다. 이러한 시도는 1989년 2월의 전국 대의원 대회에서 결의사항으로 나타났으며, '전국 교직원 노동조합 (전교조)'으로 결성하였다. 교원노조는 가입대상을 유치원, 초중등 교사, 대학강사, 교수, 사무직원과 학교 고용원을 포괄하며, 전국 조직형태는 단일 교원노조로 하고 다만 현실적 여건을 감안하여 효과적인 운영을 위한 지역 단일 교원노조를 묶는 연합체 또는 연맹의 성격을 지니고 있었으며 1989년 5월 28일 전국 교직원 노동조합이 결성되었다.

교원노조가 결성된 이후 교원노조문제가 확산되어 가는 과정에서 관찰된 의식과 교육사례, 교원노조 관련유인물 내용의 이념 투쟁 선동사례, 교원노조 교사들의 과격하고 투쟁적인 활동사례, 그리고 일부 인사의 월북에 대한 교원노조 교사들의 호의적인 반응사례 등에서 학부모와 사회 일반인들의 교원노조 결성동기의 순수성을 의심하지 않을 수 없게 되었다. 교원노조가 결성된 직후 문교부(현 교육부)는 교원노조 결성의 부당성을 지적하면서 교원노조문제가 확산되는 전체과정에서 교사들은 교단으로 돌아갈 것을 호소하며 합법적인 방법으로 교육문제의 해결을 위한 모두의 노력을 호소하였다. 그리고 1989년 6월 1일 시·도 교육감 회의에서 문교부 장관은 교원노조의 결성이 현행법에 위배된다는 점을 지적하면서 실정법을 어기는 일이기 때문에 그것은 불법이며, 따라서 반대하지 않을 수 없음을 분명히 하였다. 그러나 문교부가 교원노조에 대하여 반대하는 보다 근본적인 이유는 그것이 실정법을 어겼기 때문만이 아니라, 교육의 본질적인 면으로 보아 교원노조가 바람직하지 못하다는 입장을 밝혔다. 문교부는 '교원노조 없는 교육현장 확보'를 목표로 하여 교원노조 가입 교사들을 대상으로 교원노조를 탈퇴하도록 설득하는 한편, 미탈퇴 교사들에 대해서는 불가피하게 법적인 조치를 취하였다. 동시에 교육문제 해결 및 교원의 근무조건 개선을 위하여 정책적 노력을 하였다.

전교조측에 대한 대응은 담당 부처인 문교부와 교원 이익단체인 대한교육연합회(현 한국교총)에 의하여 이루어졌다. 초창기, 교육민주화선언(1986년 5월 10일), 호헌 철폐 서명(1987년 6월 20일)들이 제기 되었을 때를 보면, 전교조측 지지자들의 주장은 당시의 민주화 투쟁에 합류한 대 정부 투쟁의 일부로 여겨지기도 하였다. 그러나 이들은 '대한 교련 및 기존의 교육단체 = 어용'이라는 입장을 취하면서 교련 탈퇴운동을 전개하였고 전교협을 구성하였던 것이다. 이때부터 문교부와 대한교련은 일체화된 입장에서 전교협측에 대응하게 된다. 전교조 지지 교사들은 극약처방에 의한 투쟁, 즉 학교나 문교부가 아니라 기존 집권층을 상대로 투쟁을 벌였다. 기존 집권층의 대응은 문교부나 그 영향력하에 있는 대한교련, 산하 지방교육행정기관의 교육감, 교육장, 일선학교의 교장, 교감들에 의해 대리전 형태를 취하다가 끝내는 검찰을 동원해 전교조 가입자를 처벌하는, 말하자면 국가총력을 기울였던 것이다.

문교부는 학부모들과 사회 일반인들에게는 교원노조 결성의 부당성을 이해시키고 교육문제 해결을 위한 문교부의 노력을 이해시키기 위한 협조와 지원을 요청하였다. 또한, 각급 학교의 학생들이 교사들의 교원노조활동에 동요되지 않고 수업에 열중하도록 지도활동을 강화하였다. 1989년 5월 28일 결성된 교원노조는 교육현장에서 격렬한 갈등, 분열, 소요를 유발시켰고, 이런 와중에 일부 학생들이 학교건물에서 교원노조 가입 교사에 동조하여 투신자살을 하기에 이르렀다. 이렇게 교원노조문제가 심각한 양상으로 변하자 학부모들과 사회 일반인들은 걱정과 불안을 표출하게 되었고, 스스로 학부모와 자녀들이 교육권을 수호하기 위하여 직접 학교현장에 뛰어들어 교원노조문제를 해결하려고 하였다. 정부도 당시 정원식 문교부 장관의 강력한 의지로 철저하게 교원노조의 확산을 막고, 근원적으로 교육문제 해결을 강구하려 하였다. 교원노조에서의 요구는 정당성, 합법성이 인정되지 않음으로써 정책결정체제에 의해 공식적으로 인정되지 않았던 것이다.

당시 문교부는 전교조측의 주장에 대한 모순을 지적·반박하는 자료를 만들어 전국의 학교와 학부모들에게 배포하였다. 그리고 전교조의 불법성을 크게 부각시켜 그 부당함을 주장하고, 관련교사를 해직시키고, 경찰과 검찰을 동원하여 처벌하였다. 최종적으로 1991년 7월 22일 헌법재판소의 전교조 규제 조항에 대하여 합헌 결정을 내림으로써 전교조에 대한 일말의 사건은 종말을 고하였다고 할 수 있다.

정부는 교원노조 결성의 절대 불허방침을 천명하고 비합법적인 노조를 결성하거나 가입하면 관련자는 모두 의법조치한다고 발표하였다. 뿐만 아니라 노태우 대통령은 전교협에 참여하여 활동하는 교사들이 급진성향을 띠고 있고, 중고교생을 대상으로 좌경사상을 주입하고 있으므로 철저히 방지하라고 직접 문교부와 관련부처에 지시하였다. 정부는 전교조가 불법단체임을 재확인하고 주도자에 대한 구속과 처벌 등의 조치를 취하였다. 그리고 전교조 가입 교사들에게 탈퇴하도록 권유하고 탈퇴를 거부한 1,519명의 교사들을 해직하였다.

76

결국, 전교조는 교사들의 노동조합이지만 외형상 현직 교사가 아닌 해직 교사들만의 조직으로 존속해 오고 있다. 전교조 반대 교사들과 참여 교사들 사이에 논쟁이 벌어지고, 학부모들이 전교조로부터 학교를 지키겠다고 나서는 혼란스러운 상황이 전국의 수많은 학교에서 벌어졌다.

3. 교육정책의제 설정모형에의 적용성

여기서는 교육정책의제 설정의 이론모형에 기초하여 주요 교육정책에 대한 사례를 적용·분석한다. 먼저 본 연구에서 기술한 교육정책사례들이 어떠한 교육정책유형을 지니고 있는가를 규명하고, 사례분석을 통하여 교육정책의제 설정의 이론모형에 대한 적용 가능성을 탐색·제시한다.

(1) 교육정책의 유형

교육정책의 유형은 학자에 따라 혹은 관점에 따라 다양하게 논의됨을 제2장에서 기술하였다. 본 연구에서는 Lowi가 사회적 영향이나 정책이 참여·이해관계에 미치는 영향에 따라 분류·제시하고 있는 정책유형인 규제정책, 자기규제정책, 배분정책, 그리고 재분배정책으로 사례를 분류하고자 한다. 교육정책의 유형도 다양하게 구분되지만 국민의 관심과 교육 이해집단의 요구 표출이나 그 양상이 다종 다양한 우리 사회에서 늘 쟁점이 되고 있는 교육이슈나 교육정책에 참여하는 것이 어떻게 영향을 미치는가를 규명하는 것은 매우 중요하다. 이와 같은 분석은 교육정책의제의 탐색에 있어 준거가 되는 교육정책결정체제나 관련 집단들의 참여가 어떻게 이루어지고 있으며, 이들이 실제 교육정책 의제설정에 어떠한 영향을 주는가를 파악하는 데 유용한 기초가 되기 때문이다.

앞에서 기술한 1980년대 이후에 이슈화되었던 교육정책의제 사례 6가지, 즉 과외해소 및 대학졸업정원제, 교육세, 고교평준화 보완정책, 광역단위 교

육자치제, 대학평가인정제, 그리고 교원노조 불인정정책들에 대한 교육정책을
유형화하여 제시하면 다음과 같이 기술될 수 있다.

사례 1인 '과외해소 및 대학졸업정원제'정책은 국민들의 지나친 과열과외
로 인한 경제적 부담, 재수생 증가에 따른 사회적 문제, 국력의 낭비, 그리고
공부하는 대학의 면학풍토 조성을 위한 측면에서 당시 정책결정체제로서 막강
한 힘을 발휘하였던 국가보위 비상대책위원회의 문과공보분과위원회에서 결정
한 규제정책이라고 할 수 있다. 즉 국민들의 과열과외가 가져온 사회 및 교육
문제에 대한 규제장치로서 과외를 금지시켰으며, 대학교육에 대한 국민들의
교육적 욕구를 충족시키고 대학교육의 면학분위기 조성이라는 차원에서 입학
정원제에 의한 대학입시제도를 졸업정원제로 전환함으로써 대학입시제도에 대
한 대학의 선발권을 일방적으로 빼앗은 규제정책이라고 할 수 있다.

사례 2인 '교육세 신설정책' 1972년 소위 8·3 긴급조치로 인한 부족하고
영세한 교육재정 확보책의 일환으로 교육세 제도를 도입하였던 사례이다. 교
육수혜집단들에게 낙후된 교육여건, 즉 과밀학급, 과대학교, 노후시설 등을
개선하고자 보다 나은 교육적 서비스를 제공하려고 취해졌던 배분 및 재분배정
책이라고 할 수 있다.

사례 3 '고교평준화 보완정책'은 1974년 이후 실시된 고교평준화시책은
지역간, 설립별 학교간에 존재하는 여러 격차, 지역적 특성, 학교별 특성 등을
고려하지 않고 획일적으로 시행됨으로써 오히려 많은 교육적 문제를 야기시켰
다. 즉 학생의 학력이 하향 평준화되었다는 점, 소위 '8학군'과 같은 특구를
조장시킨 교육적 불평등 야기, 지역적 특수성의 미반영으로 인한 학생 선발 및
배치의 어려움 등 제도적, 교육적으로 파생적인 문제를 야기시켜 교육행정기
관에서 전면 실시하려던 당초 계획을 1980년 이후 보류하고 1993년도에 비
평준화 지역을 포함한 고교교육제도에 대한 개선을 추진한 배분정책이라고 할
수 있다.

사례 4 '광역단위의 교육자치제' 교육의 자율성, 전문성, 지역적 특수성 반
영이라는 차원에서 1990년도 지방자치제의 실시와 더불어 도입된 정책 사례

78

이다. 교육관련집단들에게 교육에 대한 질적 서비스의 제공이라는 측면에서 이 정책은 배분정책이라고 할 수 있다.

사례 5 '대학평가인정제' 대학교육의 질적 수월성 추구의 일환으로 대학의 협의체인 한국대학교육협의회가 중심이 되어 1982년부터 실시되어 온 대학평가제도를 발전시켜 도입된 정책사례이다. 1992년부터 우선적으로 각 대학의 물리학과와 전자공학과를 대상으로 학과별 평가인정제를 실시하고 향후 전 학과에 대해 이 제도를 실시하는 것으로 되어 있다. 대학체제의 국제경쟁력을 강화하고, 대학교육의 내실화를 기하기 위하여 대학교육 목표, 교육과정, 교수, 학생, 시설, 경영 및 재정 등의 6영역에 대한 평가를 통해 학과별로 등급을 매겨 대학교육심의회가 최종적으로 각 대학 및 사회에 공표하는 것으로 되어 있다. 이 정책은 대학협의체가 자율적으로 대학교육을 질적으로 규제하려는 자기규제정책이라고 할 수 있다.

사례 6 '교원노조 불인정정책'은 1989년 5월에 결성되었던 교원노조에 대하여 교원의 이익을 대변하는 단계로서는 대한교육연합회(현 한국교원단체 총연합회)만을 인정하고 교원노조로 인한 교육계의 혼란, 교육현장에서의 부정적 파급효과, 실정법 위반 등의 이유로 인정하지 않았던 사례이다. 교육정책결정기구인 문교부와 정부는 교원노조를 불법단체로 규정하고 이에 가입한 교사에 대해서는 해임하는 등 강력히 대응함으로써 교원노조에 대해 철저히 규제한 규제정책이라고 할 수 있다.

〈표 1-5〉 교육정책 사례의 유형구분

정책유형	특징	사례
규제정책	정책의 불응자에 대한 규제 정책목표 달성을 위한 관련 대상규제	과외해소 및 졸업정원제 대학평가 인정제 교원노조 불인정
배분정책	관련집단에 이익, 서비스제공	고교평준화 보완정책 광역단위 교육자치제
재분배정책	불리한 교육집단에 대한 이익제공	교육세

이상에서 기술한 교육정책의제의 사례를 정책유형별로 제시하면 앞의 〈표 1-5〉와 같다.

(2) 교육정책의제 설정의 모형

제4장에서 기술한 바와 같이 교육정책의제는 교육문제의 사회문제화, 사회 쟁점, 공중의제 및 공식의제의 과정을 다양하게 거치면서 이루어진다. 그리고 교육정책의제 설정의 이론모형은 크게 정책결정체제를 중심으로 외부주도형, 동원형, 그리고 내부접근형으로 구분된다. 또한, 교육정책의제 설정의 이론모형은 일반적으로 4단계, 즉 이슈 제기단계, 구체화단계, 확산단계 및 진입단계 등의 과정별로 설명될 수 있다. 이러한 교육정책의제 설정의 과정과 단계는 정책설정의 이론모형에 따라 각각 특징적인 양상을 지니고 있다.

여기서는 교육정책의제의 사례분석시 이미 기술하였으므로 교육문제나 정책안의 성격 및 이것이 공식의제로 채택되는 접근양상의 차이에 따른 유형만을 제시하고자 한다. 본 연구에서 설정한 주요 교육정책의제의 사례와 이에 대한 기술은 정책의제로서 채택하여 적극적으로 해결했던, 또는 기각하였던 것을 중심으로 이루어졌음은 이미 앞에서 지적하였다.

지금까지 기술되었던 1980년대 이후의 교육정책에 대해 교육정책의제 설정 분석모형에 기초하여 분석하면 다음과 같다.

사례 1 '과외해소 및 대학졸업 정원정책'은 1980년 과도기에 정책결정기구로서 막강한 권력을 행사하였던 국보위에 의해 추진된 정책이다. 즉 우리나라 교육문제 중에서 항상 지적되어 왔던 대학입시제도와 이로 인한 과열과외, 대학입학 실패에 따른 재수생의 증가 등 사회적 쟁점으로 만연되어 있던 교육적·사회적 문제를 1980년 국보위 문공분과위원회(문교부 관계관 참여)가 주도하여 결정한 정책사례로서 사회로부터 정책결정체제 내부로 투입된 문제였다. 따라서 이 정책은 교육정책의제 설정모형에서 정책결정체제 내부에서 결정된 내부접근형모형에 의해서 설명되는 사례라고 할 수 있다. 이 정책은 이미 사회적으로 광범위하게 확산되어 있었으므로 공중의제화의 단계는 거치지 않았으며, 다만 이미 작성된 정책결정안에 대한 지지확산을 위해 한국교육개발원으로 하여금 공청회를 개최하도록 하였다.

사례 2 '교육세 신설정책'은 1972년 소위 8·3 경제긴급조치로 급격한 교육재정의 감소로 날로 악화되어 가는 교육환경을 개선하고자 교원들의 이익단체인 대학교육연합회를 중심으로 교육계에서 활발히 문제를 야기시켜 온 사례라고 할 수 있다. 즉 문제를 인지하고 제기한 집단은 바로 교육수혜자, 교육관련집단들이었으며, 교육개선을 위해서는 교육재정 확보책의 일환으로 교육세의 신설이 불가피하다는 사실을 교육계, 학계, 연구기관을 중심으로 세미나, 공청회 개최를 통하여, 그리고 관계 경제부처에 호소문 발송하는 등 사회쟁점화, 공중의제화의 과정을 거쳐 정부의 공식의제로 채택되었던 것이다. 이 정책은 교육정책 결정기구인 문교부의 단독적인 결정으로 이루어질 수 없었던 사례로서 정부의제로서 채택되기까지는 9년이라는 기간이 걸렸다. 결과적으로 이 정책은 교육정책 결정체제의 외부기관인 대한교육연합회를 중심으로 이루어진 외부주도형의 사례라고 할 수 있다.

사례3 1974년 시행된 평준화정책이 그 시행과정에서 많은 문제점을 노출하여 이를 보완한 사례이다. 전국적으로 실시하려던 평준화정책은 지역적인 특성이나 여건을 고려하지 못하고 획일적으로 시행되어오다가 1990년과 1992년도에 목포, 군산 등에서 이를 폐지하고 '지원선발제'를 채택하였고, 지방자치제, 교육자치제의 실시로 각 시·도 교육청별로 이 제도에 대한 보완책을 강구하고 1993년 2월에는 국무회의에서 교육법 시행령을 개정하여 학생선발 방식을 개선토록 하는 등 평준화정책에 대하여 보완을 하고 있다. 이 정책은 시행과정에서 드러난 여러 교육적, 제도운영적 문제를 교육행정 집행기관인 교육청 중심으로 평준화 정책에 대한 보완적인 조치를 취하도록 의제화한 내부접근형의 정책사례라고 할 수 있다.

사례 4 '광역단위의 교육자치제'는 제5공화국 이후 정치권의 타협으로 지방자치제를 제안하였으며, 일반 행정 분야에서는 재무부, 내무부를 중심으로 지방자치제에 대비한 준비를 하고 있었다. 그러나 교육자치제에 대한 논의는 대한교련, 한국교육개발원, 학회 등 교육계에서 많이 제기되기도 하였다.

1990년에 제정·공포된 '지방교육자치에 관한 법률'에 근거한 광역단위 교육자치제는 1988년에 졸속으로 통과시킨 교육자치에 관한 법률에서도 드러났지만 문교부 내에 '교육자치 실시 기획단' 중심으로 이루어졌다고 할 수 있다. 물론 1986년도에 설치된 교육개혁심의회에서도 교육자치제 실시 건의는 있었지만 이도 역시 교육정책결정기구인 문교부의 관할기구라고 할 수 있다. 결국 교육계에서 제기되어 온 이 정책은 최종적으로 문교부 '교육자치제 실시 기획단'이 주도하여 추진한 것이라고 할 수 있다.

이와 같이 교육자치제에 대한 정책의제는 교육정책 결정기구인 문교부가 주도하여 이루어졌으며, 이러한 배경에는 교육자치제가 여·야 국회가 중심이 되어 벌여 온 정치적 산물인 지방자치제 실시에 따라 이루어졌기 때문이다. 즉 정책결정기구에서 지방자치제 실시의 제안과 부수적으로 교육의 자주성 측면에서 교육자치제 실시 제안이 이루어졌다고 할 수 있다. 특히 앞에서 기술한 바와 같이 1988년에 제정되어 국회에 통과되었던 교육자치에 관한 법률이 좋은 근거를 보여 준다고 할 수 있다. 정책안의 제기는 정책결정체제 내부에서 이루어졌으며, 지방자치제의 실시에 뒤이어 의제로 채택된 내부접근형의 정책 사례라고 할 수 있다.

이 과정에서 물론 대한 교련과 한국교육개발원이 정책안을 제시하였지만 이는 이미 정치권에서 지방자치제, 교육자치제를 실시하겠다는, 즉 정책안으로 제기된 것을 구체적인 정책대안에 대한 확산을 위한 공청회, 정책토론회의 개최였다고 할 수 있다.

사례 5 '대학평가인정제'정책 사례는 1982년에 설립된 4년제 대학의 협의체 기관인 한국대학교육협의회가 대학평가사업을 추진해 오다가 대학교육의 질적 수월성을 추구하고, 대학체제의 경쟁력을 강화하기 위하여 1992년부터 도입된 것이다. 한국대학교육협의회가 꾸준히 연구·도입한 평가인정제도는 협의회와 관련학회가 중심이 되고, 대학교육심의회가 심의하여 대학평가에 대한 최종적인 등급을 매기도록 되어 있다. 따라서 이 정책은 교육정책결정체제의 외부기관인 대학교육협의회가 주도하여 정책의제로 채택한 외부주도형 정책 사례라고 할 수 있다.

사례 6 '교원노조정책'에 대한 정책결정체제의 입장은 이 조직을 불법단체로서 인정하려고 하지 않았던 것이다. 1987년 민주화 이후 강하게 불어 닥친 교육계에서의 민주화운동은 결국 교원노조를 결성하게 되었고, 이에 대한 정책결정체제의 대응은 가입한 교사를 해임하는 강력한 조치를 취한 일관된 것이었다. 문교부는 교원노조의 불법성 방침에 대한 국민들의 호응을 얻고자 대한교련과 공동노선을 취하고 사회 일반인과 학부모들에게 교원노조 결성의 부당성을 이해시키고자 관련 홍보책자를 제작하여 일선학교와 학부모들에게 배포하였다.

교원노조에 대한 정책안은 공식의제로서 교원노조 불법으로, 그리고 이에 대한 학부모와 국민들의 지지를 얻기 위한 확산을 통하여 정부의 정책의제화로 다시 공중의제화로 바뀌었다고 할 수 있다. 따라서 교원노조에 대한 불법화는 교육정책의제 설정모형에서 동원모형에 의해 설명되는 사례라고 할 수 있다.

이상에서 개괄적으로 교육정책의제 사례에 대한 모형 적용성을 정리하면 다음 〈표 1-6〉과 같다.

〈표 1-6〉

접근모형	주요 정책사례
외부 주도형	교육세 ; 대학평가인정제
내부접근형	과외 해소 및 종업정원제 ; 고교평준화 보완정책 광역단위 교육자치제
동원형	교원노조 불인정

이상에서 주요 교육정책의제 사례분석을 통한 교육정책 유형과 교육정책의제의 모형 적용성을 탐색한 결과를 종합하면 다음과 같다.

첫째, 외부주도형이면서 자기규제정책으로는 대학평가인정제가, 그리고 재분배정책으로는 교육세가 해당된다고 할 수 있다.

둘째, 내부접근형이면서 규제정책으로는 과외해소 및 졸업정원제가, 배분정책으로는 고교평준화 보완정책과 광역단위 교육자치제의 사례가 해당된다고 할 수 있다.

끝으로, 동원형이면서 규제정책으로 분류될 수 있는 사례는 교원노조에 대한 불법화정책이라고 할 수 있다.

VI. 요약 및 결론

1. 요약

이 연구는 교육정책연구에서 교육정책과정에 속하는 교육정책의제 설정에 관련된 내용을 기술하고, 이러한 이론모형에 기초하여 실제 교육정책 사례를 분석하였다. 교육정책의제 설정에 관한 독자적인 이론이나 모형이 있다기보다는 최근 한국에서 정책연구에 대한 관심이 높아지고 정책학 분야에서 개발된 모형을 교육정책에 원용하여 교육정책의제 설정모형 정립 및 실제 적용성을 탐색하였다.

교육정책에 대한 이론적 배경으로서 먼저 교육정책의 개념, 유형, 공공정책의 성격 등을 살펴보고, 교육정책연구를 정책과정과 정책분석으로 구분하여 기술하였다.

교육정책과정의 시발단계로서 교육정책의제 설정 관련이론으로서 의사결정론, 체제이론, 엘리트이론과 무의사결정론, 그리고 다원론에 대해 살펴보았다. 교육정책의제 설정 분석모형을 도출하기 위하여 교육정책의제의 개념, 유형, 교육정책의제화과정 등을 살펴본 후, 교육정책의제의 분석모형을 정책문제를 채택하는 주체가 정책결정체제의 내부인가 혹은 외부인가에 따라 외부주

84

도형, 내부접근형, 동원형으로, 그리고 교육문제의 성격, 교육정책의 성격에 따라 규제정책, 배분정책, 재분배정책으로 설정하여 이 두 가지 모형을 혼합한 형태의 이론적 모형을 정립·제시하였다.

이러한 교육정책의제 설정의 개념적 분석모형에 기초하여 1980년대 이후의 주요 교육정책을 사례로 선정하여 적용·분석하였다. 본 연구에서 분석된 교육정책은 과열과외 해소 및 대학졸업정원제, 교육세, 교육평준화 보완정책, 광역단위의 교육자치제, 대학평가인정제, 교원노조에 대한 불법정책 등의 사례들이다.

2. 결론 및 제언

교육정책의 유형은 교육문제나 정책이 사회적 영향이나 참여 이해관계에 따라 배분정책과 재분배정책, 규제정책으로 구분하였으며, 교육정책의제 설정의 모형은 정책결정체제의 주체를 중심으로 외부주도형과 내부접근형, 동원형으로 유형화하여 정책사례를 적용하였다. 이러한 교육정책의제의 모형정립은 교육정책의제 설정과정과 단계분석을 통하여 이루어졌다.

본 연구에서 선정한 주요 교육정책의제 사례분석을 통한 교육정책유형과 교육정책의제의 모형 적용성을 탐색한 결과를 종합하면 다음과 같다.

첫째, 외부주도형이면서 규제정책으로는 대학평가인정제가, 그리고 재분배정책으로는 교육세가 해당된다고 할 수 있다. 둘째, 내부접근형이면서 규제정책으로는 과외해소 및 졸업정원제가, 배분정책으로는 고교평준화 보완정책과 광역단위 교육자치제의 사례가 해당된다고 할 수 있다. 셋째, 동원형이면서 규제정책으로 분류될 수 있는 사례는 교원노조에 대한 불법화정책이라고 할 수 있다.

한편, 본 연구를 통하여 교육정책설정에 관한 제 이론을 개관하고, 분석모형을 토대로 주요 교육정책 사례에 적용 가능성을 탐색하였지만 아직까지 교육정책설정에 관한 연구의 일천으로 기존의 이론모형, 즉 Cobb, Elder, Rose, 최봉기 등이 개발한 것을 토대로 교육정책 분야에 적용하는 데 초점을 둘 수밖에 없었다. 보다 많은 교육정책설정에 대한 사례개발(case development)과 이를 토대로 한 이론모형 개발이 필요하다고 할 수 있다. 그리고 보다 심층적이고 생생한 사례분석을 위해서는 관련 정책의제 형성과정에 대한 교육행정 담당자들의 협동적인 연구와 자료의 공개가 이루어져야 할 것이다.

  끝으로, 교육정책의제 설정의 과정 및 단계에서 매스컴의 역할이 매우 중요함을 알 수 있었다. 특히 정보화시대에 현존하는 교육문제를 사회쟁점화시키고, 교육정책 결정자나 집행자에게 지대한 영향을 주는 일간신문, 교육전문신문, TV 등 소위 매스컴과 정책의제 설정과정의 관계 규명에 대한 심층적인 연구가 이루어져야 할 것이다.

참고문헌

강무섭 "고교평준화정책의 전개과정," 『새교육』, 통권 406호, 대한교육연합회, 1988. 8, pp.47~55.

강무섭·정일환·민무숙(1985) 『한국고등교육정책연구』, 서울 : 한국교육개발원.

권기욱(1992) 『대학평가론』, 서울 : 성원사

교육개혁심의회(1986) 『고등학교 평준화 정책의 개선방안』

교육개혁심의회(1987) 『교육개혁종합구상』, 교육개혁심의회.

교육정책자문회의 『고등학교 평준화 정책 개선방안』, 정책자문보고 제3호 1989. 6

교육정책자문회의(1992) 『21세기 한국교육의 선택』

김신복 "한국정책연구의 유형과 과제", 한국교육학회, 1982년 년차학술대회, 교육행정학연구회분과 발표논문, 1980. 10.

김종철(1991) 『한국교육정책연구』, 서울 : 교육과학사

김철수(1991) "교육정책의제 형성과정에 관한 연구 : 교육세 신설정책을 중심으로", 계명대학교 정책개발대학원 석사학위 청구논문

노화준(1986) 『정책평가』, 서울 : 법문사

대한사립중고등학교장회(1986) 『고교 평준화제도 개선에 관한 연구』, 사학연구, 제11집

문교부(1988) 『문교 40년사』

문교부 『교직사회와 교원노조 ─'전교조' 파동의 진상─』, 1990. 9.

박종렬(1991) "대학평가인정제의 정책결정과정의 분석" 정호표 편, 『대학과 대학교육』, 서울 : 교육과학사

배천웅 외(1984) 『한국교육문제의 종합진단』, 서울 : 한국교육개발원, 1984.

신세호 『21세기 한국교육의 청사진』, 서울 : 한국교육개발원, 1991. 12.

신세호 외(1991) 『한국교육의 종합이해와 미래구상(Ⅱ)』, 서울 : 한국교육개발원

윤정일(1992) 『교육재정학』, 서울 : 세영사

윤정일·송기창(1990) 『사학진흥방안』, 서울 : 교육정책자문회의

윤정일 외(1992) 『한국의 교육정책』, 개정판, 서울 : 교육과학사

윤형원(1991) "교육자치제의 쟁점과 개선 방안" 『교육행정학연구』, 제9권 제1호

이대희 역(1984) 『정책분석론』, 서울 : 대영문화사

이대희(1991) 『정책가치론』, 서울 : 대영문화사

정범모(1990) 『교육난국의 해부』, 서울 : 나남출판사

정영수 외(1985) 『한국교육정책의 이념』, 서울 : 한국교육개발원

정영수 외(1986) 『한국교육정책의 이념(Ⅱ)』, 서울 : 한국교육개발원

정영수 외(1987) 『한국교육정책의 이념(Ⅲ)』, 서울 : 한국교육개발원

정일환 "교육정책 : 정책평가연구의 동향" 교육부 『교육월보』, 통권 제116호, 1981. 8.

정정길(1982) "정책과정과 정책문제채택" 김운태 외 『한국정치행정의 체계』, 서울 : 박영사

정정길(1991) 『정책학원론』, 서울 : 대명출판사

───── (1990) 『정책결정론』, 서울 : 대명출판사, 1990.

조석준(1971) "한국교육정책 결정과정의 제 특징" 『한국행정학보』 제5집

조 택(1985) "무의사결정론 연구", 서울대학교 행정대학원 석사학위 청구논문

최봉기(1988) 『정책의제형성론 ─ 이론과 실제 ─』 서울 : 일신사

최종운(1986) "교육정책의 통합적 분석모형 탐색에 관한 연구 : 긍정, 부정 개념 도입을 중심으로", 중앙대학교 박사학위 청구논문

최희선(1983) "한국의 교육정책결정 과정에 관한연구", 서울대학교 박사학위 청구논문

한국교육개발원(1986) 『2000년을 향한 국가장기발전구상 : 교육부문 보고서』, 한국교육개발원

한국대학교육협의회(1991) 『학과인정 편람』

한국대학교육협의회(1992) 『한국대학교육협의회 10년사』

함종한·허경희 편저(1992) 『한국교육의 새로운 선택』, 서울 : 21세기정책연구원

허 범(1982) "정책형성의 상위논리" 『한국정치학회보』, 제15집

허 범(1991) "공공정책의형성과 집행" 성균관 대학교 사회과학연구소 편, 『행정학 개론』, 서울 : 대영문화사

Anderson J. E(1979) Public Policy-making, 4th ed, New York: Holt, Rinehart and Winston.

Bacharch, P. & M. S. Baratz(1962) "Two Force of Power." *American Political Science Review*, Vol. 56.

Boyd, W. L. & J. G. Cibulka(1989) *Private Schools and Public Policy*

New York : The Falmer Press.

Bozeman, B.(1979) *Public Management and Policy Analysis,* New York: St. Martin, spress.

Cobb, R. W. & C. D. Elder(1972) *Participation in American Politics: The Dynamics of Agenda Building,* Boston : Allyn and Bacon, INc.

Cobb, R., J. K. Ross & M. H. Ross(1976) "Agenda Building as a Comparative Political Process." *American Political Science Review,* Vol. 70, pp.126~128.

Cunningham, L. L.(1959) "The Process of Educational Policy Development." *Administrator's Notebook,* Vol. vii, No.5, Chicago:Midwest Administration Center, January, 1959.

Dahl, R. A.(1958) "Critique of the Ruling Elite Model." *American Political Science Review,* LII, June.

Dahl, R. A.(1961) *Who Governs?* (New Haven: Yale University Press).

Dye, T. R.(1979) *Policy Analysis,* Alabama : The University of Alabama Press, 1979.

————(1975) *Understanding Public Policy,* Englewood Cliffs: Prentice Hall Inc.

Dye, T. R & L. H. Zeigler(1970) *The Irony of Democracy,* Belmont, Calif. : Wadsworth.

Easton, D.(1953) *The Political System,* New York:Alfred A. Knopf, 1953.

————(1965) *A Systems Analysis of Political Life,* New York : John Wiley & Sons.

Elder, C. D., & R. W, Cobb(1983) *The Political Uses of Symbols,* New York : Longman.

Hoy, W. k., & C. G. Miskel(1991) *Educational Administration : Theory, Research, and Practice,* 2nd ed, New York : Random House, 1982.

Eyestone, R.(1978) *From Social Issues to Public Policy,* New York : John Wily and Sons.

Kaufman, R. A.(1972) *Educational System Planning,* Englewood Cliffs : Prentice Hall Inc.

Kendrick, F. et al.(1974) *Strategies for Political Participation,* 2nd ed., M. A.: Winthrop Publishers.

Kingdon, J. W.(1984) *Agendaa, Alternatives and Public Policies,* Boston: Little Brown and Company.

Kogan, M.(1975) *Educational Policy-Making : A Study of Interest Groups and Parliament,* London:Allen and Unwin.

Lowi, T. J.(1964) "American Business, Public Policy, Case-studies, and Political Theory." *World Politics,* Vol. 16, No. 4, July.

Lowi, T. J.(1974) Four systems of Policy, Politics, and Choice, *Public Administration Review,* 32, pp.298~310.

Mcnay, I. & J. Ozga(eds.)(1985) *Policy-Making in Education : The Breakdown of Consensus,* New York : Pergamon Press.

Miller, H.(1990) "Weber's Action Theory and Lowi's Policy Types in Formulation, Enacrment, and Implementation," *Policy Studies Journal,* Vol. 18, No. 4, Summer. pp.997~905.

Noll, J. W.(1989) *Taking Sides : Clashing Views on Controversial Educational Issues,* Guilford: The Dushkin Publishing Group, Inc.

Ripley, R. B., & G. A. Franklin(1987) *Congress, the Bureaucracy, and Public Policy,* 4th ed., Chicago: Dorsey Press.

Schattschneider, E. E.(1975) *The Semi-Sovereign People,* Hinsdale, Illinois : The Dryden Press.

Simon, H. A.(1976) *Administrative Behavior : A Study of Decision-making Processes in Administrative Organization,* 3rd ed., New York : The Free Press, 1976.

Spitzer, R. J.(1987) "Promoting Policy Theory:Revising the Arenas of Power." *Policy Studies Journal,* Vol. 15, No. 4,pp.675~689.

Weber, M., *Economy and Society: An outline of Interpretive Sociology,* Vol 1., Guenther Roth and Claus Wittich, eds. New York : Bedminster Press.

Worthen, B. R., & J. R. Sanders(1987) *Educational Evaluation: Alternative Approaches and Practical Guidelines,* New York : Longman Inc.

교양교육과 대학교육과정정책:
이론적 추구와 실제적 추구 사이를 흐르는 논리

조무남*

I. 서론

한국 교육법은 학부생들에게 일정 비율의 자유(교양)교과를 이수토록 규정하고 있다(이 규정이 앞으로 삭제될 것이라는 다소 부정확하고 성급한 보도가 최근에 있었기는 하지만). 따라서 한국의 모든 대학은 교육법에 따라 모든 학생들에게 '자유교육'을 위한 교육과정을 이수시키고 있다. 그러나 우리가 각 대학의 자유교육의 목적, 내용, 구성원리를 자세히 살펴보면 거기에는 수많은 문제점이 노출되어 있으며, 이 모든 문제를 꿰뚫고 있는 핵심 요인은 바로 '자유교육'이라는 용어의 불분명한 쓰임새이다.

'자유교육'의 쓰임새를 확정하거나 확인하는 일은 결코 용이한 일이 아니다. 그럼에도 불구하고 우리가 이와 관련된 일을 하기로 한다면, 그 일은 이 말이 어원상 어떤 의미를 수반하는가, 그리고 역사상 어떤 변모와 발전을 해왔는가를 자세히 검토하는 일일 것이다. 특히 이 말이 교육의 역사적 흐름 속에서 어떤 시련을 겪어 왔으며 그러는 동안에 지속적으로 이 말의 쓰임새를 간섭하여 온 문제가 무엇인가를 검토하는 일은 우리로 하여금 자유교육을 보다

---

* 강원대학교 사범대학 교육학과 교수.

자세히 이해하고 그 교육과정정책 수립에서 유의할 점이 무엇인가를 확인하는 데 요체가 된다고 본다. 물론 이러한 일이 오늘날 대학 사회에 공통적으로 존재하는 자유교육에 얽힌 핵심문제들을 직접 해결할 것이라고 믿어지지는 않는다. 그러나 대학교육과정을 논하는 이 일의 순서상 '자유교육'의 쓰임새를 먼저 검토함이 없이 한국의 대학교육에서 발견되는 문제를 확인하고 그 해결의 실마리를 찾는 데 필요한 제언을 하는 일은 옳지 못하다. 더구나 특기할 사항은 한국의 각 대학교육과정을 보면, 거기에서 '교양교육'이란 말의 쓰임새와 이것의 역사적 시련, 변천 및 남아 있는 의미를 찾아보고 이것을 근거로 대학에서 자유교육과정을 계획한 흔적을 조금도 찾아볼 수 없다는 점이다. 거기에는 '자유교육'의 역사성이나 의미가 전적으로 희석되어 있을 뿐이다. 또한 거기에 나타난 것은 자유교육의 목적이나 방법에 관한 뚜렷한 비전이 아니라 오직 전문교육의 영역 확장에 따른 자유교육의 왜곡현상과 일부 교원들의 편견이나 강좌 점령에 따른 세력다툼 같은 것들뿐이다. 이것이 바로 오늘날 한국의 대학교육과정에 나타난 난맥상이다.

한국의 각 대학 자유교육과정정책은 자유교육의 역사와 의미에 대한 탐구를 결여했다는 점에서 분명히 역사성을 잃고 있다. 이런 뜻에서 각 대학의 자유교육과정은 그 설정방법에서 볼 때 매우 '우연적인' 현상임에 틀림없다. 물론 자유교육이 역사성을 준수해야 한다는 이 요청은 자유교육의 쓰임새를 고정적 관점에서 이해해야 한다거나 또는 그것을 교육의 典型으로 간주해야 한다는 뜻까지를 포함하지는 않는다. 뒤에서 밝히겠지만 이 글의 맥락은 오히려 '자유교육'의 쓰임새가 변모된다는 쪽이다. 그러나 이 글은 자유교육의 의미의 변화가 교육의 역사적 흐름 속에서—그 흐름의 의미를 검토함으로써—이루어져야 한다는 데에 초점을 맞추었다. 왜냐하면 자유교육의 논의과정에서 그 역사성의 상실은 자유교육의 의미를 우연적이고 왜곡된 것으로 변질시킬 가능성이 크기 때문이다.[1] 자유교육의 원형과 오늘날의 그것(사실 오늘날 자유교육의 전형적 모델을 제시하기는 어렵지만)을 비교할 때 그들 사이에는 유사점보다는

---

1) T. S. Eliot(1965), The conflict between aims, in: idem, *To Criticize*

오히려 상이점이 더 많다. 이 상이점은 근본적으로 줄잡아 25세기에 걸친 학문의 발달로 인하여 자유교육의 내부에서 스스로 야기시킨 결과이기도 하지만 또한 자유교육의 외적 요인이 작용한 것이기도 하다. 자유교육의 논의과정에서 역사성을 준수해야 한다는 당위적 언명은 곧 학문의 발달로 일어나는 자유교육의 내적 요인과 사회적 변화로부터 오는 외적 요인을 함께 고려해야 한다는 뜻이다.

자유교육은 원래 '지식을 그 자체의 목적으로 추구'(the pursuit of knowledge for its own sake)하는 것이었다. Plato는 『국가론』 The Republic에서 Socrates와 Ariston의 아들 Glaucon의 대화를 통해 나라일을 할 사람(Guardians)이 무슨 종류의 지식을 갖추어야 할 것인가를 논하고 있다. 그는 산수(arithmetic)는 눈에 보이는 것을 다루기도 하고 추상적인 것을 다루기도 하며, 실용적인 탐구에 사용되기도 하고 철학적인 탐구에 사용되기도 한다는 논의를 계속한다. 그러나 그는 이 논의의 끝에 가서 산수가 진리를 획득하는 데 필요한 순수한 지적, 정신적 능력에 필연적이라는 점을 들어 교육에서 가르쳐야 할 교과의 하나라고 결론짓는다.

그는 또한 같은 방법으로 기하학과 천문학이 교과로 편성되어야 하는 이유를 설명한다.[2] 이 점은 Aristotle에 있어서도 마찬가지이다. 그는 실천적 지식(practical wisdom)과 철학적 지식(philosophical wisdom)을 구분하면서 전자는 특수한 것을 대상으로 하지만 후자는 보편적인 것을 다룬다는 점에서 후자를 선호한다.[3]

그리스의 자유교육은 바로 '지식을 그 자체의 목적으로 추구'하는 교육이며

the Critic, London : Faber and Faber, p.95. 여기서 Eliot는 교육은 그것이 어떠한 것이든 역사의 산물이고 역사를 반영한다고 쓰고 있다. 그러나 교육의 목적은 때로는 소수인의 편견에 의해서 설정되고 그것이 사회에 크나큰 위험을 초래한다고 경고한다.

2) Plato(1888) The Republic of Plato (tr. B. Jowett), Oxford : The Clarendon Pres, pp. 524~527

3) Aristotle(1915), Ethica Nicomachea(tr. W. D. Ross), Book Ⅵ, Oxford University Press.

이의 지식은 물론 '이론적' 지식에 한정된다. Hirst 교수 또한 자유교육을 정의하면서 자유교육의 목적을 '지식을 그 자체의 목적으로 추구'하는 것에 두고 내용을 이론적 지식으로 규정하였다. 이런 점에서 그의 자유교육론은 논의방법만 제외한다면, 완벽한 그리스 교육사상의 현대판인 셈이다.[4] 그리고 그는 자유교육이 교육의 전형(archetype)이라는 관점을 취한다. 그러나 교육의 전형이라는 것이 있다고 믿기는 어렵다. 교육의 전형이 있다 하더라도 그것은 정의될 수 없다. 교육의 역사에 나타난 수많은 교육의 정의는 차라리 교육에 대한 다양한 관점으로 받아들이는 편이 훨씬 안전하다.

하지만 그리스에 있어서도 '지식을 그 자체의 목적으로 추구'하는 사람들이 있었는가 하면 정치가나 웅변가가 되려고 훈련받은 부류의 사람들도 많았다. 이들은 특히 '설득의 기술에 관련된 학문', 즉 논리학, 윤리학, 문학비평에 관한 내용의 교육을 받았다.[5] 이러한 경향은 로마의 교육에서 더욱 뚜렷이 드러난다. 로마의 교육은 그리스의 그것에 비하여 실제적인 것을 추구하였다. 로마의 교사들은 모든 종류의 지식을 선량한 시민과 훌륭한 웅변가를 만든다는 목적으로 가르쳤다. 그들에게 있어서 문법과 수사학은 이 실제적인 목적을 달성하는 데에 가장 중요한 것이었으며, 그래서 그들은 그 세부적인 기술적 측면을 지나치게 숭상하였다.[6] 이런 점에서 로마의 자유교육은 목적에 있어서 그리스의 그것과 다르다. 전자는 지식을 가르치되 그 목적을 실제적 추구에 두었고, 후자는 실제적 추구를 전적으로 배제한 것은 아니지만 궁극적으로 그 목적을 지식 그 자체의 추구에 두었다. 이 두 개의 상이한 교육목적은 역사를 통하여 서로 갈등을 빚어 왔고 이 갈등은 오늘날 더욱 심각하다. 현 시점에서 이 두 개의 다른 교육관 가운데 어느것이 교육의 전형인가를 찾는 일은 실제적으로도

---

4) P. H. Hirst(1965) Liberal education and the nature of knowledge, in: R. D. Archambault(ed.), *Philosophical Analysis and Education,* London: Routledge & Kegan Paul.

5) W. Boyd(1921), *The History of Western Education,* ch. 1, London: Adam & Charles Black.

6) 위의 책, 제2장.

이론적으로도 불가능하다.

교육의 전형을 찾는 일은 필요하지만, 그 일이 '이것이고 저것은 아니다'라는 식의 논법을 취한다면, 그 일은 매우 어리석은 일이 될 것이다. '교육'은 그것이 지칭하는 대상의 특성에 비추어 볼 때 정의되기 어려운 말이고, 또한 교육의 전형이라고 생각된 것이 존재한 역사가 없다. 교육의 전형이라는 것이 있다면, 그것은 아마도 서로 다른 두 교육관의 사이를 흐르는 軸에 해당되는 그 무엇일 것이다. 그리고 두 교육관은 이 축을 중심으로 서로 겹치고 엇갈리는 갈등론일지도 모른다. 교육의 역사가 바로 이 점을 시사해 주고 있다.

오늘날 전세계적으로는 물론이거니와 한국 각 대학교육과정은 위의 두 다른 교육목적론의 갈등현상을 매우 심각하게 노정하고 있다. 교육의 축을 중심으로 각각 다른 교육관이 갈등하면서 회전하는 것이 교육의 역사라는 점에서 보면, 각 대학교육과정에 나타난 갈등현상은 염려의 대상이라기보다는 오히려 필연적인 현상이다. 그러나 앞에서 이미 지적한 바와 같이, 각 대학교육과정은 '자유교육'이 어떤 역사성을 가지고 있는가에 관해서 검토된 흔적을 보여 주지 않고 있다. 그 결과로 '자유교육'의 쓰임새는 매우 혼란스럽다.

이 연구는 오늘날 대학교육과정에 비춰진 자유교육과 전문교육 사이의 갈등현상을 보다 이론적인 틀로 묶어서 분명히 드러내 보이고자 한다. 이 일은 결국 '자유교육'의 쓰임새를 다소 분명히 할 것이고, 자유교육과 전문교육 사이에 빚어지는 갈등 가운데를 흐르는 화해의 축이 있다면, 그것이 어떤 성질의 것이어야 하는가를 충분히 암시해 줄 것으로 믿는다. 이러한 연구목적과 의의에 따르다 보니 이 연구의 범위가 매우 포괄적인 것이 되지 않을 수 없었다. 사실 이 글 전체를 구성하는 하나하나의 장이 하나의 연구주제가 될 수도 있다는 점을 인정하지 않을 수 없다.

II. 자유교육의 두 기원

자유교육이 교육의 완전한 모형인가 아닌가의 문제는 결코 간단히 답할 수 있는 것이 못된다. 서양의 교육제도에서 자유교육이 그 효시를 이루는 것은 사실이다. 그러나 어떤 일에 있어서 효시로 인정받은 사실이 그 일의 전형이 된다는 보장은 없다. 오히려 그와는 반대로 시작에 나타난 것이 더욱 불완전한 것일 경우가 더 많다. 그리스에서 시작된 자유교육의 이념은 나름대로 문제점을 포함하고 있다. 이 문제점이란 바로 자유교육의 애매성이다. 그리고 이 애매성을 중심으로 당시는 물론이거니와 오늘날에도 많은 논란이 일고 있다.

1. 자유교육의 개념적 애매성

'자유교육'의 쓰임새의 혼란은 바로 대학교육과정계획에 적지 않은 혼미현상을 초래시키고 있다. 이 혼미현상은 대학사회에서 자유교육이 전문교육을 위한 기초과정이라는 견해, 사회생활을 하는 데에 필요한 지적 리더십을 갖추는 과정이라는 견해, 전문교육에 관련되는 주변적 지식을 획득하는 과정이라는 견해 등, 자유교육에 대한 다양한 견해들의 난립현상으로 나타나고 있다. 이 다양한 견해들이 대학사회에서 흔히 볼 수 있는, Hirst 교수의 말을 빌면, 이른바 '슬로건'(slogans)들이다. 대학사회에서 볼 수 있는 '자유교육'의 쓰임새의 혼란은 사실 '자유교육'이라는 말이 본질적으로 가지고 있는 개념적 애매성에 기인한다.

그리스인들이 원래 생각한 자유교육은 인간의 마음을 인위적인 통제가 아니라 이성의 자유로운 발달을 통해서 형성시키려는 것이었다. 그들이 생각하기에 이러한 교육을 받은 자—자유인—의 마음은 합리적으로 발달되어 지적으로 자유로우며 그 결과 무지, 지식의 편협성, 지적 편견 그리고 판단의 오류로부터 자유롭게 되어 궁극적으로는 행복 또는 좋은 삶(the good life)을 영위한다고 그들은 믿었다. 그들은 '마음의 자유로운 발달'을 위해서 지식을 추구하되 '지식을 그 자체의 목적으로 추구'하였으며, 여기에 해당되는 지식을 이론적 지식으로 한정하였다. 또한 그들은 이론적 지식을 추구하는 과정에 외부의 간섭 이를테면 국가, 교회, 특수한 집단의 압력이 개입되지 않는 완전한 의미의 학문의 자유가 보장되어야 한다고 믿었다. 이와 같은 그리스인들의 자유교육관은 두 가지로 요약된다 : 즉 그리스의 자유교육은 ① 지식의 편협성과 편견을 초래시키는 지식의 전문화(specialization)와 구획화(compartmentalization) 경향으로부터 벗어나게 하기 위한 汎學問的(general)인 추구였고 ② 어떤 특수한 목적을 위해서 수단으로 사용되는 실제적 지식보다는 지식 그 자체의 추구 또는 순수한 이성의 발달, 마음의 합리적 발달을 도모하는 데에 적합한 이론적 지식의 추구였다. 간단히 말해서 그리스인들이 생각한 자유교육은 '무전제의 보편적인 진리추구' 그 자체 이외에 아무것도 아니었다. 따라서 '자유교육'(liberal education)의 그리스어인 'enkuklios paideia'는 일반교육(general education)을 의미하기도 한다. 이런 점에서 이 자유교육관은 오늘날 대학사회에서 혼란스럽게 나타나고 있는 자유교육관들, 이를테면 실생활에 유용한 지식을 가르치는 교육, 전문교육의 기초가 되는 지식을 가르치는 교육, 성현들의 예지를 교화(indoctrination)시키는 덕성 훈련과는 거리가 멀다. 그것은 오로지 이성의 자유로운 구사를 통한 보편적, 궁극적인 진리탐구, 그리고 그로 인한 합리적 마음의 발달을 추구하는 교육이었다.

그리스인들의 자유교육의 전통은 외부적으로는 로마제국의 지배, 중세 교회의 압력, 주권국가들의 통제라는 기나긴 역사의 시련을 거쳐 오늘에 이르고 있다. 비록 대학 내부의 비판과 옹호의 소용돌이 속에서 시련을 받기는 하였지만 중세의 대학을 'studium generale'라고 부른 것을 보면, 자유교육의 그리스적 기원이 중세 대학의 출현과 그 발달과정에서도 상당한 영향력을 행사하였다고 보아야 한다. 우리들로부터 더욱 가까이 약 150년 전에도 그 현상은 마찬가지로 나타나서 캠브리지의 William Whewell은 1845년에 쓴 그의 저

서 『자유교육에 대하여』에서 이렇게 말하고 있다 :

　　자유교육은 단순한 지식의 축적을 일삼는 것이 아니라, 인간의 능력을 최고도
　로 이끌어 내는 것이다. 교육은 현대적 용어로 정보를 주입하는 것이 아니라 마
　음의 형성을 도모하는 것이다. 그것은 단순히 특수한 상황에 부응하는 인간행동
　을 일컫는 것이 아니라 보편적인 사고의 형성을 의미한다.[7]

　이 글에서 보는 바와 같이 그리스인들이 생각한 자유교육의 목적과
Whewell이 피력한 교육관 사이에 별다른 차이가 발견되지 않는다. 이와 같
은 생각은 미국에서도 적어도 Whewell과 같은 시기는 물론 그 이후까지도
분명하게 지속되었다. 시카고 대학 총장이었던 R. M. Hutchins에 의하면
어떤 교육도—그것이 직업교육이든 자유교육이든— 학습자의 지적 덕성을 길
러 주는 것을 최상의 목표로 삼아야 한다. 그는 Newman 추기경의 말을 인
용하면서, 자유교육이 실생활과 거리가 다소 먼 것을 가르친다 하더라도 그것
은 인간의 가장 중요한 부분이기 때문에 그 자체로 고귀한 것이라는 논지를 내
세운다. 또한 그에 따르면, 실제적 지식은 끊임 없이 변화하는 것이기 때문에,
궁극적 진리를 가르치는 것을 목적으로 하는 대학교육의 내용이 되기는 어렵
다. 교육의 목적은, 그에 의하면, 공통적인 인간본성의 요소를 이끌어 내는 것
이며 이 요소들은 언제, 어디서나 항상 같다.[8]
　그는 실제로 자유교육의 대명사로 여겨졌던 고전교육을, 그가 예일 대학 학
장으로 있을 당시 법대생들을 대상으로 실시한 바도 있다. Hutchins에 의하
면 사회가 아무리 산업사회로 변모하더라도 자유교육은 불변하는 인간의 본질
적 마음을 발달시키는 데에 목적을 두어야 한다. 그는 이런 점에서 자유교육에

---

7) W. Whewell(1845) *Of a Liberal Education in General: and with par-
　　ticular reference to the leading studies of the University of Cam-
　　bridge,* London. p.154.
8) R. M. Hutchins, General education, in: idem, *The Higher Learning in
　　America,* New Haven: Yale University Press.

대한 부정적 견해, 즉 자유교육은 산업화 이전의 교육, 과학적 탐구 이전의 교육, 민주사회 이전의 교육이기 때문에, 바쁘고 비좁은 시장의 값비싼 공간을 차지하는 쓸모 없는 중세의 유물이라고 하는 비판은 적절하지 못하다고 일축한다. 산업·기술 위주의 교육이 인간 행복의 가장 중요한 요소인 지성을 성취시켜 준다고 믿는 것은 잘못된 것이다. 그에 있어서 산업·기술능력과 지성 사이에는 아무런 논리적 관계가 없다. 이 말은 산업·기술능력이 반드시 이 사회에 善(복지사회)을 가져다 준다고 믿는 것은 어리석은 일이라는 뜻이다. 따라서 Hutchins에 의하면 교육은 시민의 인격형성을 위해 도덕적, 지적, 심미적, 정신적 발달을 도모하는 것이어야 할 뿐만 아니라, 한 국가가 아무리 산업기술의 발달을 지향한다 하더라도 직업·기술교육이 중심이 되어서는 안된다. 교육내용의 전문화는 학습내용을 제한하며 이렇게 학습받은 자는 사실 전문가로서도 부적합하다. 말하자면 교육이 전문화될수록 오히려 그 교육은 전문적인 요구에 걸맞지 않다는 것이다.[9]

다소 극단적인 Hutchins의 주장은 추측건대 전문교육은 그 교육내용이 너무 비좁아서 전문적인 일을 하는 데에 응용되는 폭넓은 지식과 창의력의 결핍을 초래시킨다는 의미로 받아들여야 할 것 같다. 그러나 분명한 한 가지 사실은 미국 대학들은 위와 같은 Hutchins 총장의 호소에 가까운 주문에도 불구하고, 당시 급성장한 미국 산업기술사회의 요구와 Dewey를 중심으로 하는 젊은 교육사상가들의 전통적 인문주의 교육에 대한 비판에 편승하여 그리스적 전통을 가진 고전적 자유교육에 만족하지 않았다는 점이다. 이러한 경향은 19세기 말에서부터 20세기 초에 그 절정을 이루었다. 시카고 대학 Harper 총장은 시카고 대학 연례 보고서에서 대학이 인간의 구체적인 삶의 세계와 지나치게 거리가 먼 세계만을 학생들에게 가르칠 것이 아니라, 실제적인 문제를 다루는 학문을 가르쳐야 하며, 전문적 영역을 탐구대상으로 하는 특수 학문분야

---

9) R. M. Hutchins(1953) *The University of Utopia*, The University of Chicago Press, pp.13~15.

가 종합대학 안에 들어와야 한다고 주장하였다.[10]

산업·기술의 발달은 19세기에서 20세기로 넘어오는 동안 인간의 가치관의 방향을 전면적으로 바꾸어 놓았다. 산업·기술의 발달이 복지사회를 이루는 관건이라고 믿게 되었고 이에 맞추어 인간의 삶의 형식도 급격한 변화를 가져오게 되었다. 이러한 경향은 영국사회에서도 일어났다. Newman 추기경이 『대학의 이념』 *Ideas of a University*에서 고전적 자유교육의 가치를 논할 때, 그는 당시 영국사회가 그가 생각한 교육의 가치, 즉 '지식을 그 자체의 목적으로 추구'하는 가치보다는 산업, 과학, 기술의 발달을 촉진시키는 지식에 가치를 두고 있다는 사실을 충분히 간파하고 있었던 것 같다.[11] 왜냐하면 위와 같은 영국의 사회적 통념이 그의 글 전체적 흐름을 여러 맥락에서 제한하고 있음이 역력히 드러나 보이기 때문이다. 그러나 Newman 추기경의 자유교육관은, 영국 국왕의 교육감독관이 되기 이전의 Mathew Arnold의 문화위기론과 더불어, 19세기 중엽에 산업화와 물질만능주의로 치닫는 영국사회의 문화적 침체와 사회적 병리현상의 늪 속에 빠져 있는 교육을 구출하려는 처방이었고, 이 처방은 교육정책이 궁극적으로 고전적 자유교육체제로 회귀해야 한다는 것이었다.

빅토리아 왕조 중엽에 영국사회에 불어닥친 물질주의적 기계론적 시민의식은 Arnold의 눈에 분명히 문화의 총체적 위기 현상으로 비춰졌을 것이다. 그가 생각한 문화는 인간의 삶에 관련되는 모든 문제, 인류 역사를 통하여 정립된 모든 가치 있는 사상의 추구 그 자체이다. 물론 이러한 일에 관심을 가진 자가 문화인(교양인)이다. 그는 이러한 폭 넓은 지적 추구가 지나치게 협소하고 전문화, 기계화된 학습으로 생겨나는 인간의 지적 편협성을 신선하고 건전한 방향으로 선회시켜 줄 것으로 믿었다.[12] 그러나 Arnold와 Newman의

---

10) Harper(1893) *Annual Register*: 1892~3, University of Chicago, p. 209 ; Haper(1902) *The President's Report,* July 1892, pp.1xxiv~1xxv.

11) R. M. Hutchins(1953) 앞의 책, p.12 ; J. H. Newman(1965) *On the Scope and the Nature of University Education,* London.

12) M. Arnold(1869) *Culture and Anarchy,* Cambridge University Press ;

고전적 자유교육관은 교육사회에 그다지 큰 영향을 주지는 못한 것 같다. 이것
이 그러한 것은 단순히 이론과 실제 사이의 괴리현상이라고 보기에는 현실적인
요구가 너무나 큰 비중을 차지하고 있었을 뿐만 아니라, 교육자들의 눈에는 고
전적 자유교육론이 지나치게 현실과 거리가 먼 부적절한(irrelevant) 이론으
로 비추어졌기 때문인 것 같다. 자유교육이 긴 전통을 가지고 있음에도 불구하
고 교육에 종사해 온 사람들 사이에는, 그들이 인식하고 있든지 그렇지 못하든
지 간에, '자유교육'의 의미에 관한 합의점이 없다. 이와 더불어 그 교육을 실
현하는 데에서 피할 수 없는 딜레마는 그 동안 고전적 자유교육에 대한 교육자
들의 부정적 관점을 더욱 고조시킨 것으로 보인다.[13]

  Peters 교수에 의하면 '자유교육'이란 말에서 '자유'라는 수식어는 '교
육'을 별로 의미있게 수식하는 말이 아니다(더구나 우리가 이 말을 '교양'이
라는 말로 대치하여 쓸 때에는 이 문제가 더욱 심각해진다). 그럼에도 불구하
고 이 수식어가 나름대로의 기능을 한다면 그것은 일반적인 '교육'을 다른 특
수한 일들, 이를테면 직업훈련이나 특별한 외재적 목적을 위해 교육과정에 특
별한 제한을 가하는 교육과 구별하는 것 이상의 것이 아니다.[14] '자유교육'은
이런 의미에서 본다면 가장 일반적인 교육유형이라는 셈이 된다. 사실 'liber-
al education'의 어원적 고찰은 이러한 생각을 특별히 뒷받침한다. 일설에
의하면 '자유교육'의 다른 이름인 '자유학예'의 라틴어는 'artes liberales'
이며, 이 말은 그리스어의 'enkuklios paideia'에 기원을 둔다. 그리고 이

G. H. Bantock(1952) *Freedom and Authority in Education,* London :
Faber & Faber, pp.86~105.

13) '자유교육'의 개념적 애매성과 자유교육의 딜레마에 관해서는 R. S. Peters의 다른
    두 논문을 참조하기 바람. Ambiguities in liberal education and the prob-
    lem of its content: Dilemmas in liberal education, in: R. S. Peters
    (1977) *Education and the Education of Teachers,* London : Routledge
    & Kegan Paul.
14) R. S. Peters(1966) *Ethics and Education,* London : George Allen &
    Unwin, p.43.
15) '일반교육'은 '자유교육' 또는 '교양교육'과 동의어이다.

말은 다시 영어에서 전문·직업교육에 우선하는 '일반교육'(general educa-tion)으로 번역된다.[15] 그러나 보편적, 일반적 교육의 내용이 왜 그리스인들의 생각, 다시 말해서 교육은 '지식을 그 자체의 목적으로 추구'하는 일이며, 이때의 지식은 이론적 지식에 한정된다는 생각을 오늘날 우리가 받아들여야 하느냐의 문제는 여전히 남는다.

고전적 자유교육관은 사실 그 의미에 있어서 애매성을 스스로 가지고 있는 교육관이다. 그것은 본래 형이상학적 가정에서 출발된 교육관이며 그렇기 때문에 선택의 여지를 스스로 열어 놓고 있다. 그리스의 사상가들에 있어서, 특히 Plato와 Aristotle에서 볼 수 있는 바와 같이, 인간의 삶의 방식은 두 가지로 나타난다. 하나는 실제적 추구를 통하여 올바른 삶에 헌신하는 유형의 삶, 이른바 bios praktikos(practical life)이고, 다른 하나는 철학자나 과학자들에게서 볼 수 있는 사색에 헌신하는 삶, 즉 bios theoretikos(theo-retical life)이다. 전자 praxis와 후자 theoria는 그리스 사상가들의 사고 체계에 붙박혀 있는 세상을 보는 두 틀이었다. 그러나 중요한 것은 그들이 이 두 틀 가운데 왜 theoria를 택했는가 하는 점이다. 이에 대한 답은 그들의 선택이 형이상학적 가정에 의존한다는 사실 한 가지를 제외하고는 별로 분명한 것이 없다.

Nettleship에 의하면 Plato에 있어서 교육은 인간의 영혼(soul)을 합당한 방법에 의하여 양육(nurture)하는 일이다.[16] 영혼은 모든 덕(virtues)의 근원이며 이것의 본질은 지식을 사랑(love of knowledge: philoso-phy)하는 것이다. 지식을 사랑하는 것은 마음(mind)과 실재(reality)를 융합하려는 영혼의 본성이다. 마음은 실재를 파악함으로써 발달하며 그 결과 사물을 종합적, 체계적으로 볼 수 있는 마음의 눈(the mind's eye)을 가지게 된다. 그리고 배움이 높은 단계에 이르면 논리적으로 논술, 논증하는 마음

---

16) R. L. Nettleship(1935) *The Theory of Education in Plato's Republic* Oxford : The Clarendon, Press, p.8 ; B. Jowett(1888) *The Republic of Plato*, Book II, Oxford : The Clarendon Press.

의 힘을 발휘하여 善의 이데아(the idea of the good)를 획득한다.[17]
Plato의 이같은 형이상학적 가정은 Aristotle의 철학에 이어진다. Plato에
있어서 이데아를 추구하는 일은 Aristotle에 있어서 bios theoretikos, 즉
사색하는 삶이다. 물론 Aristotle은 bios praktikos보다 bios theoreti-
kos를 선호하였다. 그리고 bios theoretikos와 bios praktikos 가운데
왜 Aristotle이 전자를 선호했는가는 결국 그의 형이상학에 의해서 설명될 수
밖에 없다.

그러나 Dewey는 그리스인들이 사색하는 삶을 선호한 이유를 다른 각도에
서 설명한다. 그에 의하면 그리스인들은 경험적인 것보다는 이성적인 것을 선
호하였다. Alexander 대왕의 세력 확장으로 그리스인의 지적 시야는 외부와
의 접촉이 빈번해짐에 따라 넓어졌다. 새로운 사회적 풍습과 신념은 그리스의
고유한 것들과는 엄청나게 다르다는 사실을 확인하였고, 아테네의 정치적 소
요는 풍습처럼 되었으며, 그들 도시의 운명은 당파 싸움에 내맡겨졌다. 시야의
확대와 여가의 증가는 자연에 관한 많은 새로운 사실들을 그들의 눈앞에 가져
다 주었고 호기심을 자극하였다.[18] 이러한 상황은 결국 그리스인들에게 자연
과 사회에 영원불변하는 것이 있을 수 없겠는가라는 의문을 갖게 하였다. 이
의문으로부터 그들은 결국 경험적인 것은 감각적이고 물질적인 세계에 속하
며, 이성적인 것이야말로 비물질적, 관념적, 보편적인 세계에 속한다는 생각
에 이르게 되었다. 그리하여 그리스인들은 경험적, 실제적인 것보다는 으레히
이성적인 것을 우위에 두게 되었다.

하여튼 그리스인들의 고전적 자유교육론은 그 자체 안에 이미 애매성의 요소
를 포함하고 있었던 셈이다. 왜냐하면 그들이 구분한 두 가지 삶의 형식은 선
택적인 삶이기 때문이다. 그리고 고전적 자유교육 속에 잉태되어 있는 이 애매
성은 우리가 자유교육을 논할 때마다 당면하는 문제이다.

---

17) R. L. Nettleship(1935) 위의 책, p.145 ; B. Jowett(1888) 위의 책,
Book VI, p.505.
18) J. Dewey(1966) *Democracy and Education,* N.Y. : The Free Press, p.
263

2. 자유교육의 두 기원 : 그리스와 로마

고전적 자유교육은 그리스인들이 생각한 인간의 두 삶의 형식 가운데서 사색하는 삶을 추구하는 교육이다. 그러나 만약 우리가 인간의 삶의 형식에 관해서 그리스인들과는 다른 형이상학적 가정을 취한다면, 우리는 분명히 그리스인들의 고전적 자유교육관에 동의하지 않을 수도 있을 것이다. 사실 bios theoretikos를 택하느냐, 아니면 bios praktikos를 택하느냐의 문제는 서로 다른 형이상학적 가정에 따라 결정된다. 그리고 여기에서 언급해야 할 중요한 사항은 입장을 달리하는 형이상학적 가정들은 도대체 합의될 수 없다는 점이다. 그들은, 실제로 그들이 그러한 것처럼, 배타적이다. 따라서 bios theoretikos를 선호하느냐 아니면 bios praktikos를 선호하느냐의 문제는 이 문제에 직면한 사람의 삶에 대한 특별한 관점에 따라 결정될 문제이다. 그리고 이 결정에 따라 우리는 '교육'이란 말을 bios theoretikos를 추구하는 의미로 사용할 수 있고 이와는 대조적으로 bios praktikos를 추구하는 의미로 사용할 수도 있을 것이다. 사실 교육의 역사는 '교육'이란 말에 이 두 다른 관점들이 서로 겹치고 엇갈려 사용되어 왔음을 보여 주고 있다.

우리는 보통 자유교육의 관념이 그리스인들, 특히 Socrates와 그 이후 두 그리스의 철학자들에 의해서 창안되었다고 믿어 왔다. 그리고 그 교육은 '지식을 그 자체의 목적으로 추구'하는 것이라는 점에 대해서도 별다른 의문을 제기하지 않았다.[19] 그러나 역사적으로 자유교육의 기원을 위의 세 철학자에 두어

---

19) P. H. Hirst(1974) *Knowledge and the Curriculum*, London : Routledge & Kegan Paul, pp.30~32 ; A. F. West(1901) *Alcuin and the Rise of the Christian Schools*, N.Y. : Charles Scriber's Son's, ch. 1 ; A. Johnson(1945) *Liberal Education: fact and fiction*, N.Y. : New Schools For Social Research ; F. A. Beck(1964) *Greek Education* 450~350 B. C., London : Methuen ; W. Boyd(1952) *The History of Western Education*, London : Adam & Charles Black, ch. 1.

야 하는가라는 점은 의문의 여지를 남긴다.[20]

자유교육의 기원이 그리스에 있다는 주장은 일반적으로 다음과 같은 세 가지 관점에 의존한다. 우선 자유교육은 공부할 여가를 가진 '자유인'을 위한 교육이라는 지배적인 이론이 있다. 그리고 주지하고 있는 바와 같이 이 이론은 '지식을 그 자체의 목적으로 추구'하는 것을 이상으로 삼고 있으며, 이 이상은 말할 필요도 없이 그리스의 세 철학자의 형이상학에서 비롯되었다는 것이다. 둘째는 자유교육의 그리스적 기원을 어원적 접근을 통해서 찾으려는 경향이 있다. 자유교육의 다른 이름인 '자유학예'를 일컫는 'artes liberalis'의 라틴어 'liberalis'는 '자유인에 적합한'이란 뜻을 가진 그리스어 'eleutherios'와 관련된다는 주장이 있다. 이 그리스어는 Aristotle의 교육론에서 오늘날 우리가 '자유'로 번역하는 바로 그 단어이다. 특히 이 그리스어를 artes의 그리스어 tekhnai와 결합하여 쓰면 바로 자유교육을 뜻하는 말이 된다.[21] 다른 학자들은 또한 그리스어 enkuklios paideia가 오늘날 자유교육의 뜻을 가진 liberales로 번역된다는 주장을 한다. 셋째로 enkuklios paideia의 전형은 7자유학예이며, 이것은 중세에 와서야 그 완전한 모습을 드러내 보였지만 사실은 이 기원이 고대 로마를 거쳐 Plato의 아테네까지 거슬러 올라간다는 주장이 있다. 따라서 자유교육의 대명사처럼 쓰이는 7자유학예는 그리스에서 형성된 자유교육의 교육과정이며, 이것은 그 후 로마인들에 의해서 'septem

20) H. I. Marrow(1948) *Histoire de l'Education dans l'Antiquit*, Paris : Editions du Seuil ; B. A. Kimball(1983) Founders of 'liberal education': the case for Roman orators against Socratic philosophers, *Teachers College Record*, Vol. 85, No. 2.
21) J. Burnet(1903) *Aristotle on Education,* Cambridge University Press, pp.105~111 ; P. H. Hirst(1971) Liberal education, in: L. C. Deighton (ed.) *The Encyclopedia of Education,* Vol. 5. N.Y. : Macmillan, p. 505 ; H. I. Marrow(1969) Les arts libéraux dans l'Antiquité classique, in: (Actes du Quartriéme Congrés International de Philosophie Médiévale) *Arts Libéraux et Philosophie au Moyen Age,* Montreal : Institut d'Edudes M'édiévales, pp.5~27.

artes liberalis'(7자유학예)라고 불리웠다는 것이다.

하지만 이상의 자유교육의 그리스 기원설은 그렇게 분명한 것은 아니다. 위에 언급한 자유교육의 첫번째 그리스 기원설, 즉 자유교육은 '자유인'을 위한 교육이라는 주장은 비단 자유교육의 그리스 기원설에만 해당되는 것이 아니라는 것이다. 고대 로마에서도 'liberalis'는 '자유인'을 일컫는 데에 사용되어왔다. 특히 liberalis는 로마에서 '정치적 자유', 사회적 '신분으로부터의 자유', 그리고 여가를 방해하는 '경제적 제한으로부터의 자유'를 뜻하였다. 따라서 이 말은 학문, 교육, 예술에 자유롭게 종사할 수 있는 '자유인'을 일컫는 말로 로마에서 사용하였다.[22] 자유교육의 두번째 그리스 기원설, 즉 자유교육의 어원적 접근에도 반론이 있다. 자유교육의 영문 수식어 'liberal'의 어원은 다른 어떤 주장보다 라틴어 liberalis에 기원을 둔다는 설도 간과하기 어렵다. 자유교육을 일컫는 라틴어 'disciplinae liberales', 'studia liberalia', 'doctrinae liberales', 'litterae liberales', 그리고 'artes liberales'에 붙어 있는 'liberalis'가 오히려 로마의 신 Liber 또는 '책'을 뜻하는 'liber'와 연결된다는 설도 찾아볼 수 있다.[23] 마지막으로 자유교육의 세번째 그리스 기원설, 즉 septem artes liberales(7자유학예)의 기원설도 불분명하다. '7자유학예'는 중세, 아마도 그 이전부터 교육과정의 전형을 일컫는 말로 사용되어 왔다. 그러나 고대 로마로부터 문예부흥기까지의 7자유학예가 그리스교육의 내용 그 자체라거나 또는 그것이 발달된 것이라고 단정하기 어렵다.

Boyd에 의하면 로마의 Varro(116~27 B.C)가 그의 저서 『신자유학문』 *Disciplinarum Libri Novem* 에서 7자유학예를 포괄적으로 다루고 있으며, 기원후 4세기 말에서 5세기 초에 와서 비로소 7자유학예는 표준교

---

22) B. A. Kimball(1983) 앞의 책, p. 226.
23) P. L. Dressel(1979) Liberal education: developing the characteristics of a liberally educated person, *Liberal Education,* 65 ; F. Kühnert (1961), *Allgemeinbildung und Fachbildung in der Antike,* Berlin : Deutsche Akademie der Wissenschaften, pp.4~5.

육과정으로 사용되었다.[24] 이 시기 전까지만 해도 교육과정으로서 7자유학예
의 성격이 매우 불분명한 것처럼 보인다. 로마의 St. Augustinus는 자유학
예에 관한 연구를 시도했으나 실패하였다. 이 뒤를 이어 5세기 Martianus
Capella가 그의 『학문과 웅변의 결혼』 *De Nuptiis Philologiae et
Mercurii*에서 Varro의 『신자유학문』을 모방하여 7자유학예를 각 장별로
다루었다.[25] 7자유학예가 비록 대부분의 논자들이 주장하는 것처럼 그리스에
그 기원을 둔다고 하더라도 그 말의 쓰임새에 확실한 의미를 부여한 것은 로마
에 와서였다.[26]

여기에서 주목해야 할 한 가지 사실이 있다. 그것은 자유교육이 그리스에서
어떤 의미로 쓰였든지 간에 로마의 자유교육은 '지식을 그 자체의 목적으로 추
구'하는 것이라기 보다는 '지식을 그 실제적 목적으로 추구'하는 쪽으로 그 지
향하는 바가 이미 기울어졌다는 점이다. 말하자면 로마교육에서 정립된 7자유
학예는 지식의 실제적 추구와 불가분의 관계를 가진다는 점이다. 분명하지는
않지만, St. Augustinus가 자유학예에 관한 정리를 하다가 그만둔 것은,
7자유학예가 너무나 세속적(실제적) 성격을 띠고 있었기 때문인 것이라는 일
부 논자들의 추측도 이런 점에서 완전히 일축해 버릴 수만은 없을 것 같다.
Boyd에 의하면 로마의 자유학예에 대해서 쓴 Capella의 『학문과 웅변의 결
혼』에서는 그리스의 문학과 사상을 거의 찾아볼 수 없다.[27] 그것도 그럴 것이
『학문과 웅변의 결혼』은 이론적인 것과 실제적인 것의 통합을 역설한, 다시
말해서 로마인의 교육관을 대표하는 사상이었다. 이 교육관은 자유교육의 그
리스 기원설을 옹호하는 사람들의 눈에는, 역사에서 볼 수 있는 바처럼, 이단
으로 비추어질 것이 틀림없다.[28] 그러나 적어도 Martianus Capella가 순

---

24) W. Boyd(1952) 앞의 책, ch. 2.
25) Martianus Capella(1925) *De Naptiis Philologiae et Mercurii,* (ed).
   Addtus Dick(ed.), Leipzig : Trubner.
26) 위의 책, ch. 3.
27) 위의 책.
28) 동양에서 도교와 실학이 성리학에서 이단으로 취급된 역사가 있었음은 매우 흥미
   있는 일이다.

수이론 추구로서의 학문 Philologiae(Love of Study)와 로마의 웅변가의
수호신 Mercurii를 결혼시킨 데에는 그럴 만한 이유가 있었다. 학문은 이성
의 순수이론 추구인 반면에 웅변은 청중의 감성을 불러일으키는 실천적 행동이
다. 그러나 Martianus Capella의 눈에는, 우리가 오늘날 그렇게 인식하고
있듯이, 이론적인 것은 실천을 통해서 드러나야 하며 실천은 이론과는 멀리 떨
어진 독립된 행동이 아닌 것으로 비추어졌을 것임에 틀림없다. 그는 교육사에
서 이론적인 것과 실천적인 것의 통합을 공적으로 주장한 최초의 인물일지도
모른다. Martianus Capella가 그려 낸 자유교육은, 적어도 로마에 있어
서, 그리스처럼 순수하게 '지식을 그 자체의 목적으로 추구'하는 것이 아니
다. 지식은 실제에 연결될 때 비로소 그 가치가 있으며, 실제는 그 안에 지적
인 것을 이미 포함하고 있는 것으로 Martianus Capella는 파악하였다. 웅
변은 그에게 있어서 단순한 입놀림이 아니다. 이론과 실제의 결합은 이러한 역
사적 사실에서 볼 때, 사실 20세기의 Dewey의 새로운 아이디어가 아닌 셈
이다.

Whitehead는 이론적인 것과 실제적인 것을 분리시키고 실제적인 것을 교
육의 밖으로 몰아낸 책임을 Plato에게 전가시키면서, 이것이 Plato 문화의
악덕이라고 비판한다.[29] 이것은 전적으로 Plato가 마음과 몸, 생각과 행동을
분리시키고 전자를 고귀한 것으로, 후자를 전자의 그림자 또는 비천한 것으로
잘못 묘사해 낸 데에 그 원인이 있다. 그리스에서는 이른바 '교육의 세기'
(pedagogical century: B.C. 3~4세기)라고 불리는 훨씬 이전부터 교
육목적은 德(aretê)의 추구에 있었다. 그러나 그 후 Plato는, Socrates
의 영향을 받아 순수히 지적인 것, 즉 철학하는 삶을 교육의 이상으로 삼았다.
그는 더욱 Sophia의 삶과 Philosophia의 삶을 구분하였다. Sopia는 단순
히 지식을 획득하는 삶과 관련되며 Philosophia는 순수하게 지식을 사랑하는

---

29) A. N. Whitehead(1932) *The Aims of Education,* London : Williams &
Norgate. pp.77~78.

삶, 즉 '지식을 그 자체의 목적으로 추구'하는 삶이다. 그리고 이 이상이 Aristotle에게 전해진다. Aristotle의 『니코마코스 윤리학』 *Ethica Nicomachea*은 실제적 지식의 가치를 매우 정교하게 부각시킨 고전 가운데 하나이다. 여기에서 Aristotle이 실제적 지식의 중요성을 부각시킨 것을 보면, 그가 Plato와 그 사상적 특징에 있어서 어떻게 다른가를 알 수 있지만 아직 Aristotle에게 있어서 이론적 지식의 우위성은 그대로 존속되었다.[30]

그러나 이때 이론 우위적 관념에서 실제 우위적 관념으로 넘어가는 분수령 역할을 한 것은 교육의 역사에서 볼 때 아마도 그리스의 Isocrates 학파일 것이다. Isocrates가 Sophist 가운데 한 사람으로 알려진 것은 사실이지만, Plato가 인정했던 바와 같이, 그는 다른 Sophist들과는 다른 데가 있었다. 사실 그는 Sophist들이 지나치게 수사학의 기술만을 중시하고 인간의 인격발달에 대해서 등한시했다는 점에서 Sophist들을 신랄히 비난한 사람들 가운데 하나였다. 이런 점에서 Plato와 Isocrates는 오히려 공통점을 가진다. 그러나 Isocrates는 Plato 이전과 Plato 이후 사이에 분기선을 그었다. 그는 Socrates와 Plato의 교육관이 philosophia의 삶과 sophia의 삶의 구분, 다른 말로 '지식을 그 자체의 목적으로 추구'하는 것과 '지식을 그 실제적 목적으로 추구'하는 것 사이를 분리시킨 것을 몹시도 못마땅하게 생각한 사람이었다. Isocrates는 Plato의 절대불변의 진리에 대한 사변적(speculative) 접근방법을 부정하였다. 그에 의하면 교육은 '말을 잘하고 생각을 올바르게 하는' 웅변가(orator)를 양성하는 매우 실제적인 일이다. 이런 의미에서 그는 오히려 웅변가에게 '철학자'(philosopher)라는 칭호를 붙여주어야 한다고 역설한 장본인이기도 하다.[31] 더욱이 이때는 Alexander 대왕(B.C.336~323)의 세력 확장에 힘입어 수많은 철학자와 정치가들이 활약하던 시기였고, 결국 이러한 변화의 과정에서 실제적 문제를 다루던 대부분의 사람들이 교육에

---

30) Aristotle(1966) *Ethica Nicomachea*, Book Ⅵ, Oxford : The Clarendon Press.
31) C. M. Proussis(1965) The Orator: Isocrates, in: P. Nash, et al(eds.), *The Educated Man*, N.Y. : John Wiley.

110

게 된 역사적, 정치적 전환점을 이룬 시기이기도 하다.[32] 그리고 바로 이 시기를 교육사가들이 '교육의 세기'라고 부른 것은 주목할 사항이다. 그러나 Isocrates의 교육사상이 정착하는 데에는 사실 오랜 세월이 흘러야만 하였다. 왜냐하면 교육사가들은 Isocrates가 표방한 교육사상이 구체적으로 정립·정리된 것은 기원후 5세기 로마의 Martianus Capella에 와서라고 보기 때문이다. 하여튼 이와 같은 교육의 역사적 전환점을 주시하면서 우리가 간과해서는 안될 사항이 있다면 그것은 오늘날의 많은 교육사가들이 '자유교육의 선구자' 자리에 어느 누구보다도 Isocrates를 올려놓고 있다는 사실이다.[33] 물론 Isocrates나 그 밖의 Cicero, Quintillian 같은 이른바 orator들이 취한 노선은 Socrates와 Plato 같은 Philosopher들의 노선과 그 교육방법면에 있어서도 큰 차이를 보인다. 전자들의 노선은 수사학적 설득술(rhetoric)을 통하여 인간의 정서적 반응을 불러일으킴으로써 청중을 설득시키려는 것이었는 데 비하여 후자들의 경우는 논리적 토론술(dialectic)을 통하여 이성적 판단에 호소하려는 것이었다. Plato는 교육과정에 rhetoric의 자리를 그의 『파이드로스』 *Phaedrus*에서 마지못해 인정하기는 하였지만 이 rhetoric은 고도의 사변적인 것을 일삼는 dialectic의 아랫자리로 밀려날 수밖에 없었다. 이는 Aristotle에게 있어서도 마찬가지였다. Rhetoric은 Aristotle에 있어서 인간의 정서와 감성에 호소하여 설득의 효과를 얻는 일종의 삼단논법(enthymeme)이다.[34] 따라서 rhetoric은 dialectic보다는 논리적 엄밀성이 약한 셈이다. 그러나 웅변가들은 dialectic보다 rhetoric이 그 설득의 실용성에 있어서 더 우수하다고 판단함으로써 rhetoric을 서열상 dialectic의 위에 두었다. 웅변가들의 이러한 견해가 Isocrates의 교육과정 논의에서는 물론, 그 후 로마의 Varro에 의해서 정립되기에 이른다. 그리고 마찬가지의

32) H. I. Marrou(1956) *A History of Education in Antiquity,* G. Lamb(trans), N.Y. : Sheed & Word, pp.79~101.
33) C. M. Proussis(1965) 앞의 책, p.74.
34) W. M. Grimaldi(1978) *Studies in the Philosophy of Aristotle's Rhetoric,* Weisbaden : Franz Steiner, ch. III.

물론, 그 후 로마의 Varro에 의해서 정립되기에 이른다. 그리고 마찬가지의 일이 Cicero와 Quintillian에게 있어서도 이루어졌다.[35]

그리스에서 로마로 넘어오는 이 시기의 교육과정 변화는 교육의 역사에서 획기적인 일이며 이것은 문헌으로 고찰될 수 있는 최초의 것이라는 점에서 이후에 일어난 교육과정 변화를 이해하는 하나의 중요한 틀이 될 수도 있을 것이다. 여하튼 이 시기의 교육과정은 이론적인 것과 실제적인 것, '지식을 그 자체의 목적으로 추구'하는 것과 '지식을 그 실제적으로 목적 추구'하는 것이 겹쳐진 모양을 여실히 드러내 보이고 있다. 그리고 말할 필요도 없이 이 '겹쳐진 부분'에서 심각한 갈등이 일고 있었던 것으로 보인다.

이 갈등현상은 앞에서 언급한 바와 같이 적어도 Varro와 Cicero가 7자유학예(septem artes liberales)의 표준화된 교육과정을 쓰고 그리고 기원후 5세기에 Martianus Capella가 『학문과 웅변의 결혼』을 쓸 때까지는 끊임없이 계속된 듯싶다.[36] Martianus Capella의 『학문과 웅변의 결혼』은 Isocrates의 교육사상, 즉 '언어의 올바른 사용은 참된 이해의 가장 확실한 지표'라는 신념을 그 밑바탕에 깔고 있다고 보아야 한다.[37] Isocrates는, 앞에서 언급한 바와 같이, Aristotle이 만든 dialectic과 rhetoric의 구분뿐만 아니라, 이성을 통한 관조(contemplation)와 언어적 표현의 분리에 대하여도 신랄히 비판하였다. Isocrates의 교육관에는 Plato 특유의 이분법이 없다. 웅변가들은 이론적인 것(philosophy)뿐만 아니라 그것을 효과적(실제적)으로 표현할 줄 알아야 한다는 것이 그의 주장이다. 이것은 근본적으로 Martianus Capella에 와서 이루어질 학문(이론)과 웅변(실제)의 결혼을 예언하는 서곡인 셈이었다.

---

35) Isocrates, *Antidosis*, pp.266~267 ; Cicero, *De Orators*, p.113 ; Quintillian, *Institutio Oratoria*, XII, ii 10~19.
36) 그러나 7자유학예가 이들(Varro와 Cicero)에 의해서 정리되었는지는 정확하지 않다. 왜냐하면 Varro가, 이를테면, 의학, 건축, 철학을 7자유학예에 덧붙이고 있는 것을 보면 그렇다.
37) Isocrates, 앞의 책, pp.225~226 ; Quintillian, 앞의 책 XII, III, 12.

Cicero에 의하면 위와 같은 관점은 Socrates와 Plato가 이론과 실제,
dialectic과 rhetoric을 인위적으로 갈라놓기 훨씬 앞서 고대 그리스문화
(Hellenism) 속에 이미 있어 온 것이다.[38] 더욱이 Cicero는 이들 두 아테
네인들이 oratoria(그리스어 rhetoric의 라틴어)의 의미를 단순한 입놀림
(웅변)으로만 축소시킴으로써 혀와 두뇌를 연결시키지 못하는 잘못을 저질렀
을 뿐만 아니라, 사고와 대화를 별개의 것으로 보는 연쇄적 오류를 저질렀다는
비판을 한 바 있다. 그에 의하면 웅변(실천) 없는 학문(이론)도 학문 없는
웅변도 바람직하지 못하다. 가장 완전한 것은 이 둘이 '결혼한' 상태, 곧 웅변
가이다.[39]

Isocrates와 Cicero의 사상적 대열에서 Quintillian과 그의 동시대 인물
Tacitus를 빼놓을 수 없다. 기원후 2세기의 Aulus Gellius 그리고 4세기
의 Marius Victorinus도 orator의 교육에 관해서 동일한 노선을 따랐던
인물들이다. 자유교육에 대한 그리스인들의 형이상학적 가정과 끊임없이 투쟁
해 온 이들의 교육과정 투쟁사가 5세기의 Martianus Capella의 『학문과
웅변의 결혼』에서 종결되는 것으로 역사는 말하고 있다. 그리고 Varro까지
만 해도 불확실하고 유동적인 7자유학예가 이 시기에 와서 정리(의학, 건축
의 제외)되었을 뿐만 아니라 여가를 가진 자유인의 교육에 필요한 교육과정으
로 정착된 후 중세의 기독교 시대로 넘어간 것으로 보인다.

자유교육은, 이상의 역사적 고찰에 의존한다면, 아마도 Varro와 Marti-
anus Capella 사이의 어느 시기에 그 윤곽이 잡힌 듯싶다. 이것이 사실이라
면 그것은 자유교육의 그리스 기원설과는 크게 다르다. 그럼에도 불구하고 그
후 많은 사람들은 자유교육의 로마 기원설보다 그리스 기원설을 선호하였으며
그 결과로 rhetoric보다 dialectic을 우위에 두어 왔다. 그리고 '지식을 그
자체의 목적으로 추구'하는 것과 '지식을 그 실제적 목적으로 추구'하는 것,
bios theoretikos와 bios praktikos 사이의 갈등도 고조시켰다. 이것은

---

38) Cicero, 앞의 책, Ⅲ, pp.56~61, pp.69~73.
39) Cicero, 위의 책, Ⅲ, 124~125; 같은 저자, 위의 책, Ⅰ, 1~5.

아마도 그리스인과 로마인이 취한 형이상학적 가정이 쉽사리 사라질 수 없었다는 데에 그 원인이 있었던 것 같다. 다시 말해서 '지식을 그 자체의 목적으로 추구'하는 것은 그리스적인 선택이고 '지식을 그 실제적 목적으로 추구'하는 것은 로마적인 선택이며, 그리스적인 것은 그리스적인 것이고 로마적인 것은 로마적인 것일 뿐이라는 배타적인 신념이 우리의 마음을 지배하여 왔기 때문인 것 같다. 이렇다면 '지식을 그 자체의 목적으로 추구'하는 것과 '지식을 그 실제적 목적으로 추구'하는 것은 본질적으로 배타적일 수밖에 없는가? 교육과정의 역사는 이 두 가치들이 지속적으로 대립되어 왔음을 보여 주는 반면 이 둘을 서로 연결시키려는 지속적인 노력이 있어 왔음을 또한 보여 주고 있다.

사실 로마의 Martianus Capella의 『학문과 웅변의 결혼』은 우리에게 많은 것을 시사한다. 결코 우연이 아니게도 Martianus Capella의 '학문과 웅변의 결혼'이란 의미심장한 어귀가 Whitehead의 아이디어 속에서 되살아난다. Whitehead에 의하면 전문교육과 자유교육을 상반된 것으로 분리시키는 것은 잘못이다. 이 주장을 그는 다시 이렇게 표현한다: "행하는 것과 생각하는 것의 결혼이야말로 인간의 지적 추구를 충만시키는 관건이다".[40] 물론 Whitehead의 '행하는 것'은 Martianus Capella의 '웅변'에 해당되고 '생각하는 것'은 '학문'에 관련된다. Whitehead에 의하면 '실제와 이론의 친밀한 결합'이야말로 양자에게 도움이 된다.[41] 순수히 이론적인 기하학도 실제적인 일에 연결될 때 그 실재(reality)를 바르게 드러낸다. 그렇지 못하면 그것은 한낱 요설에 불과하다. 실제적인 것은 이론적인 뒷받침을 요구하며 이론적인 것은 실제를 통하여 그 실체를 반영한다. Whitehead의 이 헤아림은 자유교육의 모든 교과가 어떠한 성격이어야 하는가를 분명히 말해 주고 있다. 그리고 이 헤아림은 Whitehead보다 15세기나 앞서 Martianus Capella가 자유교육이 목적하는 '보다 완전한 인간의 발달'이 무엇인가를 논할 때 시

---

40) A. N. Whitehead(1932) *The Aims of Education,* London : Williams & Norgate, p.74.

41) 위의 책.

사한 바로 그것이기도 하다.

3. 마음의 발달과 인간 발달 : 허스트의 전·후기 사상

'보다 완전한 인간의 발달'이란 말이 무엇을 의미하든지 간에, Socrates 와 Plato가 그랬던 것처럼, 인간의 삶의 형식을 이원론적 관점에서 분리하고 그 가운데 어느 하나를 우위에 두는 교육관은 '인간 발달'이라는 목적을 성취 하는 데에 부적합하다. '인간발달'이란 말을 인간의 지적·이성적 발달로만 사 용하는 사람이 있다면 그는 분명히 이 말의 의미를 제한하여 사용하고 있는 사 람이거나 이 말의 사용방법을 잘 모르고 있는 사람일 것이다. 그리스인들이 자 유교육의 목적을 '지식을 그 자체의 목적으로 추구'하는 것이라고 하였을 때, 그것은 분명히 전체적 인간발달을 의미하는 것은 아니었다. 왜냐하면 '지식을 그 자체의 목적으로 추구'하는 일은 인간의 지적·이성적 발달에 한정되며, 정 서적·신체적 발달은 배제되기 때문이다. 그리고 Plato의 이원론적 형이상학 이 말해 주듯이 인간은 마음과 몸, 생각과 행동으로 구분되며, 마음과 생각은 몸과 행동에 비하여 고귀하다는 주장은 교육의 목적을 '마음의 합리적 발달' 로 한정하는 교육관을 부추켜 왔다.

그리스인들의 자유교육관이 이 시대에 와서 완벽하게 반영된 것은 Hirst 교 수의 자유교육론이다. 말하자면 그의 자유교육론은 바로 그리스인들의 자유교 육관의 현대판이라고 할 만큼 그것을 철저하게 체계화하고 이론화하였다. 따 라서 그가 체계화한 자유교육은 그리스인들이 추구했던 바 '마음의 발달'(the development of mind)을 목적으로 한다.[42] 자유교육의 목적이 마음의 발 달에 있다는 주장은 전적으로 그리스인들의 철학적 교리(doctrines)에 의존 한다. 그리스의 철학자들이 가지고 있던 교리는 지식은 마음의 발달이라는 맥

---

42) P. H. Hirst(1974) 앞의 책, pp.30~53.

락에서 그 의의를 가지며, 그것은 실재(reality)를 파악하는 일과 관련된다
는 신념이다. 그러므로 그리스인들에게 있어서 지식의 획득은 곧 마음의 발달
을 의미하고 마음의 발달은 '좋은 삶'의 기본적 요소였다.[43] 이러한 교리 또는
형이상학적 가정들로부터 그리스인들은 자유교육이 무엇을 할 것인가를 쉽사
리 결정할 수 있었다. 말할 필요도 없이 그들에게 있어서 자유교육은 지식을
가르치는 일이었다. 그러나 여기서 중요한 점은, Hirst 교수가 명확히 밝히고
있는 것처럼, 자유교육에서 가르쳐야 할 지식의 범위와 내용이 진리인 지식
(knowledge what is the case), 즉 이론적 지식으로 한정된다는 사실이
다. 이 유형의 지식은 인간의 실제적 생활에 유용한 지식이나 기술, 바람직하
다고 생각되는 덕목(virtues)이 아니며 더구나 불확실한 의견이나 신념 또는
일시적인 가치도 아니다. 이 지식은 다만 '지식을 그 자체의 목적으로 추구'
한 결과로 얻어진 순수 이론적 지식이다.[44] 또한 이 지식은 인간의 합리적 마
음이 객관적 실재와 일치함으로써 만족을 얻을 때 성취된다. 그러므로 지식의
추구는, 그리스의 자유교육에 있어서, 곧 마음의 발달을 의미한다. 여기서 우
리는 그리스의 자유교육이 마음과 지식과 실재 사이의 뗄 수 없는 관계로 체계
화되어 있음을 알 수 있다.

'지식을 그 자체의 목적으로 추구'하는 것이 곧 '마음의 발달'이라는 등식
을 Hirst 교수는 그리스인들과는 달리 개념적(논리적) 관계로 파악한다. 그
에 의하면 마음의 개념과 지식의 개념 사이에는 논리적 관계를 가진다.[45] 합리
적 마음을 갖는다는 것은, Hirst 교수에 의하면, 개념체계로 구조화된 경험을
하는 것이다. 인간의 경험은 기호 또는 언어화된 개념적 도구를 통하여 체계화
된다. 그러므로 지식을 그 자체로 추구하는 것은 개념적 도구로 경험을 체계화
(구조화)하는 일이며, 이 일은 곧 마음을 형성하는 것과 개념상 동일한 의미

43) 위의 책, p.30.
44) 위의 책, p.31.
45) 위의 책, p.39.

116

를 갖는다.[46]

그러나 여기서 지적해야 할 중요한 사항은 그리스인들과 Hirst 교수가 의미하는 '마음'의 범위가 전적으로 지식의 범위에 의해서 결정된다는 점이다. 지식의 획득이 마음의 발달이라는 Hirst 교수의 주장이 이를 뒷받침한다. 비록 체계적으로 정립은 되지 못했지만 고대 그리스의 자유교육과정은 7자유학예였다. 그렇다면 그들이 생각한 마음의 범위는 7자유학예의 범위인 셈이다. Hirst 교수는 지식의 범위를 7가지 형식(forms)으로 구분하였다. 그가 지식을 7가지 형식으로 구분하는 근거는 인간의 지적 표현들을 구성하는 개념들의 특성, 개념과 개념이 연결되는 방식(구조), 그리고 표현된 진술의 검증 방식의 차이에 있다. 결국 Hirst 교수에게 있어서 자유교육은 지식의 7가지 형식을 학습하는 것이며, 그것이 발달시키려는 마음의 범위는 다시 7가지 지식의 형식에 의해서 직접적으로 결정된다. 고대 그리스인들의 자유교육관과 이것의 현대판인 Hirst 교수의 자유교육론이 전개되는 과정은 매우 엄격히 짜여져 있어서, 만약 우리가 거기에서 논리적 허점을 찾으려 한다면 아마도 그 일은 헛수고로 끝날 가능성이 없지도 않다. 그러나 우리가 이들의 이론적 전개과정에서 다른 데로 관심을 돌린다면 이들 이론에 문제가 없는 것은 아니다.

사실상 고대 그리스인들은 다양한 지식의 유형이 있음을 인정하였다. 아울러 그들은 지식을 추구하는 목적이 다양함도 인정하였다. 그러나 잘못 생각한 것은 그들 특유의 형이상학적 가정 위에서, 지식의 유형들과 지식 추구의 목적들 가운데 어느것은 우위에 두고 또 어느것은 중요한 것으로 인정하지 않았다는 점이다. Hirst 교수는 고대 그리스인들의 형이상학적 가정을 그대로 받아들이지는 않았다. 그가 이론적 지식을 자유교육의 내용으로 택한 이유는 단지 이론적 지식이 합리적 사고(마음의 발달)가 가능한 공적(public), 객관적 개념들로 구성되어 있다는 데 있다. 그러나 이 점 때문에 Hirst 교수도 이론적 지식이 아닌 지식을 고대 그리스인들처럼 자유교육의 범위 밖으로 몰아내는

---

46) 위의 책, pp.40~41.

잘못을 저질렀다. 고대 그리스인들의 생각과 Hirst 교수의 관점은 이런 점에서 아무런 차이를 드러내지 않는다. 고대 그리스인들과 Hirst 교수는 다양한 지식의 유형과 지식 추구의 다양한 목적을 인정하면서 그 가운데 특정 유형과 목적을 우위에 두었다. 그리고 자유교육이 추구할 마음의 발달을 이 특정 유형의 지식과 목적에 한정함으로써 결과적으로 자유교육이 발달시켜야 할 '마음의 범위'를 제한한 셈이다.

'마음'은 이론적 지식으로만 구성되지 않는다. '마음'의 개념은 인간행동이 보여 주는 바와 같이 다양한 속성들(attributes)로 구성된다. G. Ryle이 『마음의 개념』 The Concept of Mind을 쓰면서 그는 그 안에서 상상력(imagination), 감성(sensation), 자기인식(self-knowledge), 행동경향(disposition), 정서(emotion), 의지, 신념, 그리고 지식을 마음의 속성들로 다루고 있다.[47] 대부분의 철학자들이 마음을 그들의 연구주제로 다룰 때 Ryle이 다룬 것과 같은 속성들을 다룬다. C. McGinn도 이 점에 있어서 동일하다.[48] 마음의 범위는 지식의 범위보다 넓으며, 그것은 이론적 지식의 범위보다 훨씬 넓다. 이론적 지식의 획득은 마음이 형성·발달되는 데에 필요한 부분적 요소일 뿐이다. 다시 말해서 이론적 지식의 획득은 마음의 발달에 도움을 주지만 마음의 발달이 곧 이론적 지식의 획득이라는 등식이 성립되지는 않는다. 이런 점에 비추어 볼 때 고전적 자유교육과 Hirst 교수의 그것은 교육내용을 이론적 지식에 한정함으로써 마음의 부분적 발달만을 목적으로 하고 있는 셈이다. 이론적 지식에 의해서 부분적으로 발달된 마음은 고전적 자유교육관과 Hirst의 자유교육관에서 보듯이 마음의 '합리적' 기능에 불과하다. 이것이 Hirst 교수가 그의 논문 '자유교육과 지식의 본질'(Liberal education and the nature of knowledge)에서 규정하는(자유교육이 관심을

---

47) G. Ryle(1949) *The Concept of Mind*, N.Y. : Barnes & Noble.
48) C. McGinn(1982) *The Character of Mind*, Oxford University Press ; C.McGinn(1989) *Mental Content*, Oxford : Basil Blackwell.

두어야 할) 마음의 범위이다.[49] Hirst 교수에 의하면 합리적 마음을 갖는다는 것은 일정한 개념체계의 형식에 따라 구조화된 경험을 한다는 뜻이다.[50] 결국 그리스인들의 자유교육론과 Hirst 교수의 자유교육론이 목적으로 내세우는 '마음의 발달'은 '마음의 합리적 기능의 발달'에 한정된다.

물론 Hirst 교수가 자유교육이 다루어야 할 마음의 범위를 위와 같이 축소한 것은 전적으로 자신의 자유교육의 개념에 충실한 결과이다. 앞에서 언급한 바와 같이 그에게 있어서 자유교육은 불확실한 신념이나 의견, 가치로운 것이라고 여겨지는 덕목이나 기술을 가르치는 것이 아니라 공적 언어로 표현된 객관적, 합리적 지식을 가르치는 교육이다. 과연 인간의 마음이 추구하는 엄밀한 의미의 객관적이고 합리적인 지식이라는 것이 존재하는가라는 인식론적 문제는 잠시 접어 두고라도 Hirst 교수의 자유교육의 개념 속에는 보다 근본적인 문제가 자리하고 있다. Hirst 교수의 자유교육의 개념이 가지고 있는 문제 가운데 첫째는 교육에서 다루어야 할 마음을 총체적으로 파악하고 있지 않다는 점이다. 그가 지각이나 정서와 같은 보다 단순하고 기본적인 마음의 요소로부터 보다 추상적인 고도의 지적 요소에 이르는 마음의 요소 가운데에서 지적 요소만을 자유교육이 발달시켜야 할 대상으로 규정한 것은, 적어도 부분적으로는, 주지주의적 성향이 다분한 그리스인들의 형이상학적 가정과, 그가 밝히듯이, 그의 이론이 형성될 당시의 영국 철학의 영향인 듯싶다. 그러나 마음의 발달은 이론적 지식의 획득에 의해서만 이루어지는 것이 아니다. 우리가 신체적 발달만을 목적하는 것으로 잘못 이해하여 온 체육은 사실 마음의 발달과 깊은 관련을 가지고 있다. 체육은, 게임이 보여 주듯이, 복잡한 규칙을 포함하고 있으며 이 규칙은 다분히 지적인 것이다. 또한 인간의 몸놀림은, 어린이의 지적 발달과정에서 볼 수 있듯이, 마음의 발달의 기본적 단계이다. 마음이 하고자 하는 것과 신체적 동작이 잘 연결될 때 그 마음은 충만히 발달된다. 몸의 균형

---

49) P. H. Hirst(1974) 앞의 책.
50) 위의 책, p.39.

은 단순히 신체적, 물리적 현상이 아니라 복잡한 평형감각에 의해 유지된다. 몸놀림은 지금 펜으로 글씨를 쓰거나, 한국어를 말하듯, 일종의 마음의 표현이다. 교육이 '마음의 발달'을 목적으로 한다면 그것이 다루어야 할 마음의 범위는 포괄적이어야 한다. 그럼에도 불구하고 Hirst 교수가 자유교육이 교육의 전형이라는 주장을 하면서 교육이 간과해서는 안될 마음의 '전반적' 발달을 도외시하는 것은 커다란 잘못이 아닐 수 없다. 자유교육이, Hirst 교수와 고대 그리스인들이 정의하는 바와 같이, '지식을 그 자체의 목적으로 추구'하는 이론적 지식을 가르치는 일에 한정된다면 그것은 마음의 어느 특정 부분, 그들의 언급과 같이 '합리적'인 마음의 요소를 발달시키는 특수한(전문적인) 교육의 한 유형이 될 뿐이다.

둘째로 자유교육이 이론적 지식을 가르침으로써 합리적 마음을 발달시키는 것을 목적으로 한다면 그것은 합리주의(rationalism) 또는 주지주의(intellectualism)가 가지고 있는 약점을 그대로 수용하게 된다. '지식을 그 자체의 목적으로 추구'하면 그 결과로 발달된 마음이 인간의 실제적 삶을 이끌 것이라는 생각은 합리주의자 또는 주지주의자들의 마음을 짙게 물들여 온 신화였다. 이 신화는 또한 이론이 실제에 앞선다는 전통적 관념의 바탕이기도 하다. 이것은 또한 rhetoric보다 dialectic이 소중하다는 고대 그리스인들의 교과관, bios praktikos보다 bios theoretikos가 우월하다는 고대 그리스 철학자들의 삶에 대한 형이상학적 가정의 뿌리이기도 하다. 그러나 이론이 실제에 앞선다는 주장은 지나친 합리주의의 오류이다. 오히려 이론은 실제에서 파생된 것으로서 실제를 기술하고 설명하는 데에 쓰이는 것으로 이해되어야 할 것이다. 물론 실제에서 파생된 이론이 그 실제를 통제하는 데에 사용될 수는 있다. 그러나 이때의 이론은 실제를 얼마나 정확히 그리고 포괄적으로 기술하였느냐에 달려 있다. 이론은 실제의 반영이며 실제에 의해서 형성된다.

'지식을 그 자체의 목적으로 추구'하면 그 지식이 '지식을 실제적 목적으로 추구'함으로써 얻는 효과까지 포함할 수 있다는 가정은, Ryle이 지적하듯이, Descartes가 저지른 범주화의 오류이다. 이론적 지식과 실제적 지식은 그 문

법에 있어서 차이를 가지고 있다.[51] 명제적 지식(propositional knowl-
edge)은 방법적 지식(procedural knowledge)과 문법에 있어서 다르며,
바로 이 이유 때문에 방법적 지식이 명제적 지식에 환원되지 않는다.[52] 이론적
지식을 가지면 그 지식이 실제를 이끈다는 주장은 정말로 근거 없는 하나의 신
화에 불과하다.

하버드 대학의 자유교육 프로그램이 규정하는 마음의 범위는 Hirst 교수가
정의하는 마음의 범위보다 넓다. '하버드 위원회'는 그들이 고안한 자유교육
에서 다루어야 할 마음의 특성(traits of mind)을 네 부분으로 구성하였
다. 이를테면 그것은 효율적 사고(to think effectively), 사상의 표현(to
communicate thought), 합당한 판단(to make relevant judge-
ment), 그리고 가치의 분별(to discriminate values)이다.[53] 이 특성들
가운데에는 Hirst 교수가 정의한 '자유교육'의 범위 밖에 있는 것들이 있다.
따라서 Harvard의 자유교육은 Hirst 교수가 규정한 '마음의 발달'에 목적
을 두지 않는다. 오히려 그 교육이 목적하는 바는 그 위원회가 옳게 표현한 바
와 같이(종합적인) '인간 발달'(personal development)이다.

Hirst 교수의 자유교육론은 명백히 합리주의 또는 주지주의의 성격을 띠고
있다. 이 점 때문에 그의 이론은 그 동안 수많은 비판의 대상이 되어 왔다. 이
이론의 비판자들 가운데에는 '자유교육'을 일반교육(general education)
과 동일시하는 사람들, 교육을 합리주의·주지주의적 관점이 아니라 다양한 맥
락에서 이해하는 사람들, 특히 삶의 실제적 관점과 아리스토텔레스의 윤리학
에 의존하여 인간의 행복, 잘사는 일(well-being), 좋은 삶(the good
life)의 의미를 파악하려는 사람들이 주종을 이룬다. 이 가운데 Roland
Martin의 다음 글은 Hirst 교수의 자유교육론이 합리주의의 늪 속에 얼마나

---

51) G. Ryle(1949) 앞의 책, pp.18~23.
52) 위의 책, pp.27~32.
53) The Harvard Committee(1946) *General Education in a Free Society*,
　　Harvard University Press, pp.64~73.

깊숙이 빠져 있는가를 절실하게 보여 주고 있다:

　　Hirst의 이론에 따라서 (문맥상 원문을 변형) 자유교육을 받은 사람은 7가
지 지식의 형식이라는 렌즈를 통하여 세계를 볼 수 있도록 가르침을 받을지 모르
지만 행동하는 방법을 배우지는 않는다. 또한 그 사람은 느낌이나 정서를 풍부
히 가질 수 있게 되지도 못한다. 그의 이론에 따라 자유교육을 받은 사람은 타인
에 대한 지식을 얻게 될지는 모르지만 그들에게 친절히 행동하는 것은 고사하고
그들의 안전에 대해서 관심을 쓸 수 있도록 가르침을 받지는 못한다. 그 사람은
사회에 대한 다소 얼마간의 지식을 부여받게 될 수는 있지만 사회의 불공정성에
대해서 생생한 느낌을 갖도록, 또는 미래 사회에 대해서 관심을 갖도록 가르침
을 받지 못할 것이다. 그의 이론은 자유교육을 받은 사람을 상아탑 인간으로 잘
못 인식하고 있다. 말하자면, 이성을 사용할 줄 알지만 실제의 세계에서 발생되
는 적나라한 문제들을 해결하려는 욕구를 가지지 않는 사람, 과학적 지식을 가
지고는 있지만 그 지식의 사용에 대해서는 아무런 염려를 하지 않는 사람, 생물
학의 개념들을 파악하고는 있지만 그것을 생활화하지는 않는 사람, 타당한 도덕
적 추리는 하지만 그 결과를 효과적으로 실천하는 데 필요한 감수성과 기술을 가
지지 못한 그런 사람 말이다.[54]

　자유교육의 특성을 합리주의적 관점에 의존해서 설계한 Hirst 교수의 이론
은 결과적으로 인간의 정서적, 도덕적, 실천적 삶을 외면하였다. 사실 Hirst
교수의 자유교육론은 합리주의, 주지주의를 바탕으로 하고 있다는 점에서 약
30년 동안 비판에 시달려 왔으며, 그 자신이 쓰고 있는 바와 같이, 그 동안 그
는 이들 비판으로부터는 물론이거니와 인간의 지성을 이론 우위적 관점에서가
아니라 실제 우위적 관점에서 논하고 있는 철학자들로부터 자신의 이론을 재검

---

54) J. Roland Martin(1981) Needed: a paradigm for liberal education,
　　in: NSSE, *Philosophy and Education,* The University of Chicago Press,
　　p. 44. Roland Martin의 이 글은 Hirst 교수의 자유교육이 합리적인 것 밖의
　　다양한 인간의 마음의 특성들, 특히 인간의 삶과 밀접히 관련되는 실제적인 특성들
　　을 얼마나 제외시키고 있는가를 적나라하게 보여 주는 하나의 좋은 예이다.

토할 정도로 큰 영향을 받아 왔다.[55]

   Hirst 교수가 자신의 이론을 재검토한 것은 그의 자유교육론이 합리주의에 지나치게 의존하고 있다는 점을 인식하면서부터이다. 그는 자신의 자유교육론이 합리주의의 경향을 짙게 보인 것은 오히려 영국 교육철학의 자연스러운 흐름이었다고 술회한다.[56] 그의 이론은 1960년대와 70년대에 영국에서 분석철학과 합리주의가 주류를 이루던 시기에 탄생되었다. 그 후 영국 철학은 새로운 전환을 보이기 시작했다. 이 전환은 물론 교육철학에도 영향을 미치어 교육의 중심개념이 바뀌기 시작했다. 그 결과 교육을 전적으로 지식과 관련시켜 이해하던 전통이 마침내 (사회적) 실제와 관련시켜 이해하는 쪽으로 바뀌었다. 즉, 종래에는 교육의 목적이 '지식을 그 자체의 목적으로 추구'하는 데 있었으며 그 내용은 물론 이론적 (명제적) 지식을 가르치는 데에 있었다. 하지만 그 후 교육 및 일반 철학의 전환과 더불어 교육은 이론적 지식보다는 실제적 지식, 즉 '지식을 그 자체의 목적으로 추구'하는 것도 중요하지만 그보다는 '지식을 그 실제적 목적으로 추구'하는 것이 더 중요하다는 관점으로 기울게 되었다. 이것은 합리주의적, 주지주의적 접근에서 어쩌면 인간의 실제적 삶을 중시하는 실용주의적 공리주의로의 전격적 회귀인 셈이다. 주로 1980년대에 일어난 이 대전환이 결과적으로 Hirst 교수의 사상이 전기에서 후기로 넘어가는

---

55) Hirst에게 영향을 준 저서들은 다음과 같다: John Kekes(1988) *The Examined life,* London : Associated University Press ; Glen Langford(1985) *Education, Person and Society,* London : Macmillan ; A. MacIntyre (1981) *After Virtue,* London : Duckworth ; M. Polanyi and H. Prosch (1975) *Meaning,* Chicago University Press ; C. Taylor(1989) *Sources of the Self,* Cambridge University Press ; J. White(1990) *Education and the Good Life,* London : Kogan Page.

56) P. H. Hirst(1993) Education, knowledge and practice, in: R. Barrow and P. White(eds.) *Beyond Liberal Education: essays in honour of Paul H. Hirst,* London : Routledge, pp.184~199. *Hirst*의 이 논문은 1991년 3월 Washington에서 열린 미국 교육철학회 50주년 기념 연차대회에서 'Educational Aims: their nature and content'라는 주제로 발표되었고, 1992년 4월 26~28 영국 교육철학회 연차대회에서 다시 읽혀졌다.

분수령을 이룬 계기가 된 셈이다.

합리주의적 접근의 가장 큰 잘못은, Hirst 교수가 정직하게 시인하는 바와 같이, 이론적 지식이 합리적 실천과 '좋은 삶'의 목적과 방법을 타당하고 의미 있게 결정하는 유일한 지식의 형식이라고 간주하였다는 점에 있다.[57] 그러나 공리주의가 옳게 말하고 있듯이, 이성은 항상 우리의 관심(interests)에 의해서 방향을 잡으며 바로 이런 특성 때문에 다분히 실제적인 면도 가지고 있다. 따라서 Hirst 교수의 전기 사상에서 볼 수 있는 바와 같은 이론적 지식도 우리의 관심에 의해서 좌우되는 한 실제적 지식의 특성을 전혀 갖지 않는다고는 말할 수 없다. 그 지식은 이런 관점에서 볼 때 오히려 실제를 반영하는 지식이라고 하는 편이 옳을 것이다. Hirst 교수의 후기 사상에서 두드러지게 나타나는 점은 지식과 실제의 밀접한 관계이다. 이론적 지식은 실제의 맥락 안에서 형성되기 때문에 그 지식은 인간의 관심으로 채색된 것일 수밖에 없다.[58] '좋은 삶'의 목적과 방법은 합리주의가 주장하는 바와 같은 이론적 지식에 의해서만 성취되는 것이 아니다.

Hirst 교수는 마침내 그의 후기 사상에서 보인 이 실제와 실제적 지식의 중요성 때문에 '교육은 더 이상 합리주의적 관점에 의해서만 계획될 수 없다'는 주장을 하게 된다.[59] 이 말은 교육이 '좋은 삶'을 위한 것이라면 바로 이 이유로 인하여 그것은 이론적 지식의 획득만을 그 목적으로 설정할 수 없다는 점을 시사한다. 따라서 이제 Hirst 교수의 교육 목적은, 그의 전기사상과는 달리, 근본적으로 학습자를 삶의 실제에 입문시키는 것으로 이해해야 한다.[60] 다시 말해서 그의 자유교육의 목적은 이제 '마음의 발달'에 있는 것이 아니라 '인간의 발달'(the development of person)에 있다.[61] 물론 이론적, 학문적

---

57) 위의 책, p.193.
58) 위의 책, p.191. Hirst는 사실 1980년대에 Habermas에 큰 관심을 가지고 있었다.
59) 위의 책, p.194.
60) 위의 책, p.195.
61) 위의 책, p.195. 이 후기 사상의 교육목적이 그의 전기 사상에서 보여 주고 있는 목적과 어떻게 다른지 주의해야 한다.

지식은 '좋은 삶'에 필요한 요소이다. 그러나 그 지식은 '좋은 삶'이라는 맥락에서 볼 때 실제적 지식보다 결코 우월한 지식이 못된다.

자유교육이 추구할 목적으로서 '마음의 발달'과 '인간의 발달'은 그 범위에 있어서 큰 차이를 보인다. 그리고 전자를 위한 교육과는 달리 후자를 위한 교육은 단순히 이론적 지식을 가르치는 일이 아니다. 그것은 이론적 지식의 범위보다 훨씬 넓은 범위의 지식을 대상으로 한다.

III. 문화의 두 패러다임과 자유교육의 목적

인류의 모든 문화 요소가 다 그러한 것은 아니지만 그 가운데에서 많은 것들은 상호대립과 갈등을 빚으며 유지·발전된다. 고등교육과 관련하여 이러한 대립·갈등을 빚는 대표적 요소는 아마도 이론적 지식과 실제적 지식의 대립현상으로 벌어지는 자유교육의 목적과 전문·직업교육의 목적 사이의 갈등일 것이다. 교육의 목적 사이의 대립과 갈등은 대학에서 자유교육이 무엇을, 왜 가르쳐야 하느냐에 관하여 신중히 생각할 때 항상 제기되는 문제의 요체이다.

1. 문화 요소의 갈등과 교육

C. P. Snow 경이 올바르게 말하고 있듯이, 문화란 '마음의 발달'(the development of mind)을 의미한다.[62] 사실 '문화'를 정의한다는 것은 지극히 난해한 일이다. 그러나 이 난점에도 불구하고 '문화'를 '마음의 발달'로 정의하는 것은 그 정의의 정확성에는 다소 문제가 있을지 모르지만 그것이 주는 의미에 있어서는 크게 문제시될 것 같지는 않다. 이것이 그러한 것은 문화

---

62) C. P. Snow(1960) The 'Two Culture' Controversy, Afterthoughts, *Encounter*, Feb. 1960.

란 결국 인류 마음의 표현이기 때문이다. 또한 이 사실과 더불어 '마음의 발달'을 도모하는 것이 '교육'이라는 종래의 교육의 정의를 그대로 받아들인다면 교육과 문화는 특별한 관계를 갖는다. 만일 이러하다면 우리는 여기서 세 개념, '문화', '교육' 그리고 '마음의 발달'이 개념적으로 밀접히 관련된다는 사실을 확인할 수 있게 된다. 그리고 이것은 결코 우연한 일이 아니다.

문화와 교육과 마음의 발달의 의미상에 나타나는 밀접성은 이 가운데 어느 하나가 다른 것의 원인이 된다거나 아니면 결과가 된다는 인과론적 설명을 허용하지 않는다. 우리가 이 사실을 이해한다는 것은 매우 중요하다. 왜냐하면 문화, 교육, 마음의 발달이 개념의 3부작(a trilogy of concepts)을 이룬다는 사실은 첫째로 이들이 서로 다른 실체가 아니라는 점을 우리에게 말해 주며, 둘째로 바로 그러한 이유 때문에, 이들 가운데 어느 하나가 다른 것들을 지배한다거나 원인이 될 수 없음을 말해 줄 뿐만 아니라, 셋째로 교육이 문화 요소들 사이의 갈등과 대립을 스스로 그 안에 반영하지 아니 하고 절대적, 고정적, 폐쇄적 이상을 실현하려고 한다면, 그것은 교육 그 자체와 문화의 관계를 잘못 이해하고 있다는 점을 말해 주기 때문이다. Plato의 교육론이 그러했던 것처럼 고대 그리스의 자유교육이 관념론(Idealism)을 절대시함으로써 이론적 지식만을 그 자체의 목적으로 추구한 것은 바로 교육이 처해 있는 문화의 전체적 맥락을 잘못 이해한 하나의 예로 교육사에 영원히 남아 있게 될 것 같다. 물론 관념론이나 합리주의 또는 주지주의가 그리스 문화의 한 요소임을 부인하기 어렵다. 그러나 문제는 그것과 그 문화 속에 감추어져 있는 다른 요소 사이의 갈등을 잘못 읽었거나 아니면 무시한 데에 있었다. 교육과 문화가 짝지어 있고, 교육적 추구와 문화적 추구가 서로 다른 실체가 아님에도 불구하고 교육의 목적이 문화 요소들의 갈등을 스스로 반영하지 않는다면, 그것은 하나의 커다란 모순이 아닐 수 없다.

교육의 역사, 특히 교육과정과 교육목적의 변천을 조심스럽게 읽는다면, 우리는 문화 요소들 사이의 갈등이 이들의 변천 속에 감추어져 있음을 충분히 확인할 수 있을 것이다. 교육의 역사에서 이 갈등은 때로는 정말로 우연하고 갑

126

작스런 역사적 변고의 형태로 나타나기도 하고, 때로는 오랜 문화적 전통을 기반으로 정상적·진보적으로 발전되는 과정으로 나타나기도 한다. 급격한 역사적 변고(이른바 정치적 혁명이나 종교 개혁 그리고 전쟁의 결과)에 의한 문화 요소들 사이의 갈등은 정상적 문화 발달의 균형을 파괴하고 교육과 인간의 정상적 발달에 치명적인 상처를 입힌다. 그러나 다행스러운 점은 이와 같은 이유로 인해서 받은 문화적 상처 또는 불균형은 다소의 시간과 고통을 수반하기는 하지만 역사가 보여 주듯이 스스로 정상으로 복귀하는 이른바 자율적 치유능력을 가지고 있다는 사실이다. 문화 요소 사이의 갈등이 균형을 유지하면서 진행된다면, 그 현상을 우리는 문화의 정상적 발달로 보아야 한다.

문화 요소들 사이의 갈등은, 그것이 급격한 역사적 변고에 의해서 균형이 갑자기 파괴되지 않는다면 정상적인 변화와 발전을 결코 방해하지 않는다는 사실과, 앞에서 언급한 바와 같이, 문화와 교육과 마음의 발달이 개념의 3부작을 이룬다는 사실을 우리가 진실로 받아들인다면, 우리는 문화의 갈등과 변화를 교육이 반영하도록 해야 할 것이다. T. S. Eliot이 올바르게 지적하듯이, 어느 나라의 교육이든지 그것은 다분히 그 나라 역사의 산물이며 그 역사를 반영한다. 그럼에도 불구하고 비정상적인 역사라면 몰라도 정상적인 역사('문화'로 대치해도 좋다)를 교육이 반영하지 않는다면, 즉 역사를 구성하는 전통적인 정신적 기풍($\epsilon\theta$os), 삶의 형식, 사고의 습관, 그리고 정서에 걸맞지 않는 목적을 추구한다면, 그것은 매우 위험하다.[63] 이 말은 교육이 문화 요소들 사이의 정상적인 갈등과 변화를 반영하지 아니 하면서 정상적인 문화적 갈등의 균형을 깨는 특정 요소(또는 이데올로기)만을 반영한다면 그 교육은 정상적인 문화 발달에 역행할 뿐만 아니라 그것으로부터 스스로를 단절시키고 그것을 또한 파괴한다는 뜻이다. 교육이 정상적인 문화 발달(삶의 방식)을 파괴하고 특정 집단의 특정 목적으로 이용된다면, 그것은 그 특정 집단의 이데올로기가 획책하는 일에 교육이 이용될 뿐이다. 그러나 교육이 이와 같은 방식으로 쓰여

---

63) T. S. Eliot(1965) The conflict between aims, in: idem, *To Criticize the Critic*, London : Faber & Faber, pp.95~96.

지면 그것은 이미 교육이 아니고 다른 무엇이 된다. 왜냐하면 교육은 정상적인 문화 발달과 깊이 관련되어 있으며, 바로 이러한 맥락에서 이해하고 설명되며 실천되어야 할 것이기 때문이다.[64]

문화 요소들 사이의 정상적인 갈등이 문화의 특성이라는 사실과 문화와 교육이 개념적으로 밀접히 연결된다는 사실을 다시 받아들인다면, 교육의 목적과 내용이 문화 요소들 사이의 갈등을 반영한다는 것은 아무것도 이상할 것이 없다. 오히려 이것을 거부하고 특정한 이상만을 선호함으로써 정상적인 문화 요소들 사이의 갈등과 균형을 깨는 일이 비정상적이다. M. Arnold가 진단한 바와 같이, 이것은 분명히 문화적 疾苦이다. '문화'는 매우 포괄적인 개념이다. 그에 의하면 문화는 인간에게 아주 밀접히 관련된 '모든' 문제, 이 세상에 존재하는 '모든' 좋은 것들로 구성된 총체이다.[65] 이 정의가 시사하는 문화의 포괄성은 교육이 무엇을 해야 하는가를 논리적으로 분명하게 제시하여 준다.

2. 지식 자체의 추구와 지식의 실제적 추구

교육이 문화 요소들 사이의 갈등을 반영해야 한다는 이 당위적 언명은 문화와 교육의 개념적 관련성으로부터 나온 귀결이다. 그리고 '지식을 그 자체의 목적으로 추구'하는 삶과 '지식을 그 실제적 목적으로 추구'하는 삶은 바로 교육 안에서 갈등을 빚고 있는 두 문화 요소들이다. 그리고 이 두 삶 사이의 갈등은, 고대 그리스 문화와 로마 문화 사이에 빚어진 두 삶의 패러다임인 bios theoretikos의 추구와 bios praktikos의 추구의 경우처럼, 오늘날 우리의 교육 안에서도 심각히 재현되고 있다. 물론 문화 요소 사이의 정상적 갈등은

---

64) T. S. Eliot(1948) *Notes Towards the Definition of Culture,* London : Faber and Faber, ch. 6.
65) Matthew Arnold(1869) *Culture and Arnarchy*(ed.) J. D. Wilson, Cambridge University Press.

128

정상적인 문화 발달과정의 필연적인 현상이다. 그러나 오늘날 '지식을 그 자체의 목적으로 추구'하는 것과 '지식을 그 실제적 목적으로 추구'하는 것 사이의 대립은 자유교육이 문화 요소의 다양성을 충분히 반영하지 아니 함으로써 발생되고 있다는 데에 그 문제가 있다.

교육과정사의 시계를 조금만 뒤로 돌려 보면, C. Darwin 바로 이전, 그리고 그 후 19세기의 캠브리지 대학은 자유교육의 기본 교과로서 수학과 고전을 교육과정의 중핵으로 삼았으며 이 교과를 가르치는 목적을 '지식을 그 자체의 목적으로 추구'하는 것에 두었다. 이 사실은 캠브리지 대학의 자유교육정책에 막대한 영향을 준 W. Whewell의 『일반적 자유교육』 *Liberal Education in General*을 Fraser 誌가 해설한 데에서도 찾아볼 수 있다.

> 우리는 자유 또는 일반교육이라는 말을 할 때 무슨 의미가 이 말 속에 담겨 있는지를 알고 있다. 즉 우리가 알고 있는 바는 자유교육은 인간의 마음을 연마하는 일이라는 뜻을 함의한다는 사실이다. 마음의 연마는 우리가 숙명적으로 거부할 수 없는 또는 결국 종사해야 할 특수한 직업이나 전문영역에 관계없는 순수한 사고의 습관 그 자체를 기르는 일을 전제로 한다……[66]

Fraser 誌는 Whewell의 교육철학 핵심에 자리하고 있는 자유교육의 목적이 '지식을 그 자체의 목적으로 추구'하는 것에 있다고 해설한다. 앞에서 이미 언급한 바와 같이 Whewell이 자유교육의 목적을 '지식을 그 자체의 목적으로 추구'하는 것으로 규정한 것은 전적으로 교육에 관한 그의 독특한 관점에서 비롯되었다. 그에 의하면 교육은 단순히 정보를 마음에 축적시키는 것이 아니라 마음의 '형성'에 이바지하는 일이다.[67] 그러나 Whewell의 자유교육에 관한 이념과 캠브리지 대학의 실제 교육과정 사이에는 상당한 정도의 마찰이

---

66) Editor(1850) Cambridge University, *Fraser's Magazine*, Vol. XLI, pp. 617~623.
67) W. Whewell(1845) 앞의 책, p.154.

있었던 것으로 보인다. 하지만 당시 캠브리지 대학의 안팎에서 다양한 학문에
종사하던 다수의 학자들은 Whewell의 생각에 동조한 것으로 보인다. J.
Mill, J. H. Newman, T. Huxley가 이 부류의 대표적 인물들이다. 이들
이 당시에 보여 준 공통적인 견해는 위에서 언급한 바와 같이 자유교육의 목적
은 '지식을 그 자체의 목적으로 추구'하는 데에 있다는 점과 자유교육과정은
모든 학부생들에게 필수가 되어야 한다는 점이다.[68] Mill이 1867년 2월에
St. Andrews 대학 총장으로 취임시 피력한 대학의 이념이 이 점을 잘 말해
주고 있다.

　　한 나라에서 대학이 무엇을 해야하는가에 관해서 우리는 일반적으로 잘 이해
하고 있다. 적어도 우리 사이에는 대학다운 것과 그렇지 못한 것에 대한 일반적
합의점이 있다. 대학은 직업교육을 하는 곳이 아니라는 사실을…… 인간은 법
률가, 물리학자, 상인, 또는 기술공이 되기 전에 인간이어야 한다는 사실을 알
고 있다. 만약 대학이 학생들을 정말로 능력 있고 지각 있는 사람으로 만든다면
그들은 분명히 능력 있고 지각 있는 법률가, 물리학자가 될 것이다. 교수가 대
학의 이념을 떠나서 학생들을 교육한다면 그들은 대학에서 가르치는 사람이 못
된다. 대학은 보편적 지식을 올바르게 사용하는 방법을 가르침으로써 일반적·
보편적 문화의 빛으로 어떤 특별한 기술적 활동을 비추어 주어야 한다…… 교
육은 인간을 보다 지적인 구두 수선공으로 만드는 것이다. 만약 이것이 그의 직
업이라면. 그러나 이 일은 그에게 단순히 구두를 만드는 법을 가르쳐 주기보다
는 오직 정신적 연마를 시키고 좋은 습관을 길러 줌으로써 가능하다.[69]

68) J. S. Mill(1836) Civilization, *London and Westminster Review*, Vol. I,
　　XXV, No. 1. J. S. Mill(1867) *Inaugural Address*, London : University
　　of St. Andrews ; J. H. Newman(1965) *On the Scope and the Nature*
　　of University Education, London ; F. MacGrath(1951) *Newman's Uni-*
　　versity : Idea and Reality, London : pp.135~138 ; T. H. Huxley(1880)
　　A liberal education and where to find it, in: Lay Sermons, *Aressess*
　　and Review, London, p.73.
69) J. S. Mill(1867) 위의 책, pp.6~7.

130

사실 19세기 초의 캠브리지 대학 졸업생들은 문필가이고 정확하고 엄밀한 사고를 하며, 비판적이고 우주와 자연의 질서에 대해서 아는 것이 많았다고 연구자들은 진술하고 있다.[70] 당시 영국의 교육을 이끈 사람들이 제안한 교과를 보면 영국의 대학교육이 어떤 목적으로 무엇을 가르쳤는지 쉽게 짐작할 수 있을 것이다. J. S. Mill은 고전문학, 역사, 철학, 사회과학, 수학을 자유교육의 기본 강좌로 할 것을 제안하였고 Newman 추기경은 신학이 포함된 전통적 고전교과를, Huxley는 윤리학, 사회과학, 자연과학, 현대문학, 역사를 제안하였다. 말할 필요도 없이 이들 교과들은, 각 교과의 성격이 말해 주듯이, '지식을 그 자체의 목적으로 추구'하는 데 적합한 것들이다.

그러나 '지식을 그 자체의 목적으로 추구'하는 교육은 고대 그리스와 로마의 교육에서 그러하였듯이 중세와 19세기의 옥스퍼드와 캠브리지는 물론, 현대의 미국의 대학에서도 항상 도전을 받아 왔다. 물론 이 도전은 '지식을 그 실제적 목적으로 추구'하는 교육관 쪽으로부터 받는 도전이었다. 아마도 이 두 다른 교육관 사이의 각축현상이 교육의 역사를 이끌어 온 원동력인지도 모른다. 또한 이런 의미에서 본다면 교육의 역사는 각축하는 이 두 교육관의 사이를 흐르는 軸으로 설명될 수 있을지도 모른다.

서로 투쟁하는 두 교육관을 고대 그리스와 로마의 교육에서 명확히 볼 수 있지만 역사는 이 두 교육관 가운데 하나가 그 다른 교육관을 계속 간섭하여 왔음을 보여 준다. 아직 대학의 모습이 충분히 갖추어지기도 전에 7자유학예 가운데에서도 어떤 교과는 실용적인 교과들, 이를테면 법률이나 수사학에 의해서 교육과정의 핵심으로부터 밀려나고 있었다. 이미 13세기 중엽 '7자유학예의 투쟁'은 자유교육에서 문학을 몰아내고 고전을 구태의연한 고대인의 것으로 간주하는 분위기가 조성된 듯하다.[71] '7자유학예의 투쟁'은 이론적인 것에

<hr />

70) M. M. Garland(1980) *Cambridge Before Darwin*, Cambridge University Press, pp.134~135.
71) C. H. Haskins(1957) *The Rise of Universities*, N.Y. : Cornell University Press, ch. 2. 이 책은 1923년 Haskins가 Brown 대학에서 행한 Colver 강좌 내용임.

대한 실제적인 것의 도전이었다. 수학의 경우만 해도 당시에 캠브리지 대학에
서는 그것을 지식 그 자체의 목적으로 추구하는 것보다는 '실제적 목적으로 추
구'해야 한다는 주장이 이미 대두되기 시작했다. J. T. Merz의 기술에 의하
면, 한편으로 수학은(오늘날에도 상당한 정도로 이러한 경향을 보이고 있지
만) 단지 측정하고 셈하는 데에 사용되는 것이라는 견해, 이를테면 역학, 천
문학, 물리학, 통계학 그리고 기타 자연과학에 응용되는 것이라는 견해가 있는
가 하면, 다른 한편으로 그것은 순수한 학문으로 사랑해야 할 대상이지 그것의
응용은 진정한 수학의 관심거리가 아니라는 견해가 서로 긴장 관계를 유지하였
던 것으로 보인다.[72] 그리고 이 긴장은 실제로 영국의 물리학자 I. Newton
과 대륙의 수학자 Gauss 사이에서 나타났다. 말할 필요도 없이 전자는 수학
의 실용적 목적, 후자는 순수 목적으로 추구되어야 한다는 주장을 한 것으로
Merz는 기록하고 있다.[73] 사실 캠브리지의 수학자들은 수학의 목적을 실용성
에 두는 사람들이었다. 이 경향은 Ball이 지적하였듯이 18세기 후반 영국의
수학자들과 대륙의 수학자들 사이의 빈번하지 못한 교류 때문에 비롯된 듯하
다.[74] 영국의 물리학과 천문학도 실제적인 추구의 경향을 보였다. 천문학자
G. B. Airy는 천문학의 연구에서 사변적·이론적 탐구보다 실험적·실제적
탐구를 제창한 사람이며, C. Babbage는 그가 대학을 떠날 무렵 순수 수학
을 버리고 그것을 실제의 문제와 관련시켜 연구하였고, 자유교육의 순수성을
제창한 Whewell도 사실은 그의 교육과정 개정작업에서 순수 수학의 탐구를
구체화하는 데 실패했을 뿐 아니라 기초과학 분야에서도 결국 이론적인 접근보
다 실제적 접근으로 기울었음을 보여 주고 있다. 사실, S.E. Demorgan과
G. Peacock을 제외한 대부분의 영국 수학자들은 수학을 순수 이론 탐구가

---

72) J. T. Merz(1904) *A History of European Scientific Thought in the Nineteenth Century,* Vol. I, London.
73) 위의 책, Vol. II, pp.630~631.
74) W. W. R. Ball(1940) *A Short Account of the History of Mathmatics,* London, pp.438~439.

아닌 실제적 탐구로 간주한 것으로 보인다.[75] 이상의 사실들이 보여 주는 바는 명백하다. 이 점을 한 마디로 요약하는 것은 지나칠 정도로 사실을 단순화시키는 오류를 저지를지도 모른다. 그러나 적어도 표면상에 드러난 바는 '지식을 그 자체의 목적으로 추구'해야 한다는 목적관과 '지식을 그 실제적 목적으로 추구'해야 한다는 목적관 사이의 갈등과 투쟁이며 여기서 후자가 이기고 있다는 점이다.

대학이 탐구한 지식이 인간의 삶의 수준을 높이는 데에 기여할 수 있어야 한다는 생각은 지식 자체의 추구보다는 다분히 지식의 실제적 추구를 선호하게 되며 이 경향은 근대 18세기의 계몽주의에서 더욱 명백히 드러난다. 미국 사회에서 이 생각이 구체화된 것은 Franklin과 Jefferson에 의해서이다. 그들은 한결같이 대학과 사회의 발전은 서로 관련되며 또한 양자가 다 같이 발전되어야 한다는 주장을 하였다. 이들의 주장은 몇 가지 논란의 여지를 가지기는 하지만, 대학이 어떻게 변화되어야 하며 어떤 지식을 가르쳐야 하는가를 분명히 보여 주고 있다. Franklin과 Jefferson의 생각과 동일한 생각이 역대 미국 대학의 총장들과 미국 대학교육의 방향에 큰 영향을 준 사람들에게서도 나타났다. 이를테면, E. Ashby, H. Dodds, C. Kerr, J. Perkins, A. Whitehead, J. B. Conant 등이 이 부류의 대학 지도자에 속한다. 더욱이 1862년의 Morrill 토지 대여법은 이러한 생각을 제도적으로 뒷받침하기에 이르렀다. 이것은 전적으로 Franklin과 Jefferson의 꿈의 실현인 셈이다. 이 법으로 인하여 미국의 대학교육 목적은 영국식 전통인 '교육'과 독일식 전통인 '연구'라는 기존의 두 목적에 대학이 국가·사회에 '봉사'해야 한다는 새로운 목적을 하나 덧붙이게 되었다. 말하자면 미국 대학은 '지식을 그 실제적 목적으로 추구'한다는 목적을 기존의 목적에 추가하게 된 것이다. 그리고 하버

---

75) G. B. Airy(1859) *On the Draft of Proposed New Statues for Trinity College,* Cambridge ; M. Moseley(1964) *Irascible Genius*(Babbage), chs. III & IV, London ; I. Todhunter(1876) *William Whewell,* Vol. I, London, p.76 ; G. Peacock(1830) *Treatise on Algebra,* London.

드 대학에서 고안된 매우 절충적인 자유교육의 목적은 바로 위와 같은 미국 대
학교육의 방향이 제대로 반영된 예가 되리라 본다. 하버드 위원회는 '지식을
그 자체의 목적으로 추구'한(고대 그리스에 기원을 둔) 전통적 자유교육의
목적을 경제, 산업, 기술의 발달이라는 새로운 사회적 변화에 맞추어 수정하였
다. 그리고 그들은 다음과 같은 결론을 내렸다:

> ……교육의 목적은 개인에게 어떤 특수한 전문 직업인과 아울러 자유인 또는
> 시민이 갖추어야 할 지적으로 도야된 사람이 되도록 준비시켜야 한다. 그래서
> 두 종류의 교육이 한때는 서로 다른 사회적 계급으로 분류되었지만 이제는 함께
> 서로 유사한 것으로 취급되어야 한다.[76]

Morrill 토지 대여법으로 인하여 더욱 구체화된 미국의 대학교육 목적은 교
육의 초기에 Plato가 보여 준 교육관과는 분명한 차이를 보인다. 이 차이를
보다 넓은 교육적 시각을 가지고 길게 통시적으로 조망한다면, 그것은 '지식을
그 자체의 목적으로 추구'해야 한다는 생각과 '지식을 그 실제적 목적으로 추
구'해야 한다는 두 생각 사이의 갈등과 균형, 투쟁과 화해의 교육과정사로 분
명히 설명될 수 있을 것 같다. 하지만 이 차이를 다른 시각에서 본다면 그것은
아마도 민주주의와 산업사회라는 이데올로기적, 사회적 관점에서 이해할 수도
있을 것이다. 민주주의는 더 이상 Plato가 살던 시대에서 그러했던 것처럼 지
식을 계층구조적 관점에서 보는 것을 허용하지 않는다. 다시 말해서 이론적 지
식은 높은 데에 자리하고 실제적, 실용적 지식은 낮은 곳에 자리한다는 생각은
다분히 사회적 계층구조에 관련되는 관점이며, 이는 전적으로 민주주의 사고
방식에 위배된다.

영국의 교육·과학성은 또한 학교 교육과정 문서에서 교육의 기본 목적을,
그들의 전통적 자유교육관과는 달리, 학생들이 새로운 기술의 발달에 따라 급
진적으로 변화하는 사회에 적응할 수 있도록 하는 데에 두었다. 이 일을 위해

---

76) The Harvard Committee(1945) *General Education in a Free Society*,
   Harvard University Press, p.54.

서 학생들에게 오늘날의 영국 경제에 대한 이해 그리고 미래의 복지사회를 창
조하는 능력을 길러 주어야 한다고 그 문서는 덧붙이고 있다.[77] 이러한 교육목
적의 전환은 앞에서 살핀 바와 같이 보수적인 영국에서보다 미국에서 먼저 일
어났다. 사실 20세기의 Harvard 위원회의 보고에 앞서 이미 19세기 후반
부터 Chicago, John's Hopkins, Columbia 대학에서 볼 수 있는 바와
같이 미국 대학의 이념은 정치, 경제, 사회 등 인간의 다양한 가치들을 포용함
으로써 이미 새로운 변화의 장을 열고 있었다. 삶의 세계와 단절된 전통적 대
학교육의 이념은 사라지기 시작했고 지금까지 대학이 관여하지 않았던 분야와
방법론에 대하여 대학은 새로운 도전을 하기 시작하였다.[78] 오늘날은 산업·
기술이 고도로 발달되어 있고 이것을 추구하는 것을 특징으로 한다. 대학교육
은 그 책무상 오늘날의 사회적 특징을 등한시하기는 어렵게 되었다. 이때 대학
교육과정정책에 나타나는 두드러진 현상은 두 문화 요소, 즉 지식 자체의 추구
와 지식의 실제적 추구 사이의 갈등과 대립이다. 지금 이 양자 사이의 갈등은
교육의 역사에 비추어 볼 때 그 어느 시기보다도 심각하다.

77) Department of Education and Science(1981) *The School Curriculum*, London : HMSO ; Department of Education and Science(1985) *The Curriculum From 5 to 16: Curriculum Matters 2*, London : HMSO ; The Schools Council(1981) *The Practical Curriculum: a report from the school council*, London : Methuen Educational ; The School Council (1983) *Primary Practice: a sequal to 'The Practical Curriculum'*, London : Methuen Educational ; G. Kirk(1986) *The Core Curriculum*, London : Hodder & Stoughton.

78) John's Hopkins University(1902) *Celebration of the Twenty-Fifth Anniversary of the Founding of the University and Inauguration of Ira Remsen as President of the University*, Baltimore, pp.58~62 ; Harper(1905) *The Trend in Higher Education*, Chicago.

IV. 두 교육목적과 대학교육과정정책

교육의 역사에서 '지식을 그 자체의 목적으로 추구'하는 것은 자유교육의 목적에 부합하며 '지식을 그 실제적 목적으로 추구'하는 것은 전문교육의 목적에 부합하는 것으로 받아들여져 왔다. 그리고 이들 사이에는 교육의 역사가 보여주듯이 항상 긴장 관계가 있어 왔다. 지금 이 긴장 관계는 교육의 역사상 그 어느 때보다도 심각한 상태에 있다. 오늘날 대부분의 대학교원들은 자유교육보다 전문교육에 높은 비중을 두고 있으며 그들은 또한 대부분 전문교육기관에 소속되어 있는 사람들이다. 이들의 일부는 자유교육에 대하여 부정적, 소극적 태도를 보이기도 한다. 그 구체적인 양상은 자유교육의 불필요론과 자유교육은 전문교육의 보조 또는 기초과정이라는 견해로 나타난다. 또한 각국 정부는 과학·기술교육 (전문교육) 에 집중적 투자와 지원체제를 강화함으로써 대학교육과정정책에서 자유교육과 전문교육의 간극을 넓히고 있다. 이러한 관점에서 자유교육과 전문교육이 어떤 관계를 유지해야 하는가라는 문제가 대학의 교육과정정책상 중요한 문제로 떠오르고 있다.

1. 자유교육과 전문교육의 관계

고전적 자유교육과 전문교육의 관계는 우선 두 가지 논의의 방식에 의하여 설명될 수 있다. 하나의 방식은 자유교육과 전문교육을 양립 불가능한, 전혀 다른 두 가지의 것으로 설명하는 반면, 다른 방식은 둘을 포섭의 관계로 설명한다. 그러나 이 논의의 방식은 그 논리상 3가지로 유형화된다. 물론 이것은 사실적으로도 그러하다. 우선 자유교육과 전문교육 사이에는 아무런 논리적, 사실적 연결 고리가 없다는 유형이 있을 수 있다. 둘은 각각 독특한 특성이 있기 때문에 그 목적과 방법에 있어서 전혀 다른 부류의 인간 활동에 속한다는 주장이다. 다음은 자유교육과 전문교육 사이에 이들을 매어 주는 연결 고리가 있음을 주장하면서 동시에 자유교육이 우선이고 전문교육은 자유교육의 연장으로 생각하는 유형이다. 교육의 핵심은 자유교육에 있으며 전문교육은 부차적이거나 자유교육을 잘 받으면 전문교육이 지향하는 목표는 자연스럽게 성취된다는 주장이 이에 해당된다. 마지막의 유형 또한 자유교육과 전문교육 사이에 연결고리를 인정한다. 그러나 이 연결고리는 두번째의 것과 그 방향에 있어서 다르다. 다시 말해서 이 유형은 자유교육보다는 전문교육에 우선권을 둠으로써 자유교육을 전문교육에 포함시키거나 그것을 단지 전문교육을 보조하는 수단으로 간주한다. 이들 세 논의의 유형은 대학교육과정정책에 실제로 나타나고 있다(그것이 정부의 것이든, 대학의 자율적 소산이든). 그들은 각각 다른 이론적 배경을 가지고 있으며 이 때문에 서로 갈등을 빚고 있다. 물론 이 갈등 속에 나타나는 논쟁은 고대 그리스인들과 로마인들이 벌였던 논쟁, 즉 '지식을 그 자체의 목적으로 추구'할 것인가 아니면 '지식을 그 실제적 목적으로 추구'할 것인가의 바로 그 논쟁이다.

공교롭게도 이들 세 유형은 자유교육과 전문교육에 관련된 대학의 역사적 흐름을 그대로 말해 주는 것 같다. 교육의 초기에는, 고대 그리스의 교육이 사실을 말해 주듯이, 그 교육과정정책에 있어서 '지식을 그 자체의 목적으로 추구'하는 자유교육이 교육의 전형으로 받아들여졌으며 '지식을 그 실제적 목적으로 추구'하는 전문교육에 대해서는 배타적이었다. 이 둘은 전혀 다른 것들이었기 때문에 이들 사이를 잇는 연결 고리는 존재하지 않는다. 이러한 관점은 그 후 고대 로마와 중세를 거쳐 근대에 이르는 동안 크게 변화되었다. 그러나 그 때까지 자유교육은 교육의 근간으로 남아 있었다. 그러나 그 후, 전문교육은 이 자유교육을 바탕으로 또는 이것에 이어서, 존재할 수 있다는 생각이 지배적이었다. 말하자면 이때에는 자유교육과 전문교육 사이에 배타적인 장치가 끼어들어가 있지 않았다. 하지만 오늘날의 대학교육과정정책은 분명히 자유교육과 전문교육의 관계 유형 가운데에서 세번째 유형에 속한다. 대부분의 국가 교육정책과 대학의 교원들은 이제 전문교육에 우선권을 둠으로써 자유교육을 약화시키거나 전문교육에 필요한 특성만을 인정하여 그것을 전문교육의 수단으로 생각하는 경향이 짙다. 오늘날 자유교육은 전문교육 강화 추세로 인하여 그 본래의 의미가 사실상 상실·왜곡되어 있다.

자유교육과 전문교육을 배타적인 관계로 보는 교육관은 본질적으로 고전적 성격을 띠고 있다. Hirst 교수의 전기 사상에 의하면 자유교육의 교육과정을 구성하는 내용은 실생활에 유용한 지식이나 기술이 아니다. 그것은 순수히 실재(reality)와 일치하는(correspond) 진리인 지식(what is the case) 또는 명제적 지식(propositional knowledge)이다.[79] Hirst 교수가 확인하였듯이 철학적 맥락에서 지식의 대상이 되는 것은 세 가지로 크게 구분된다: 이를테면 '직접적 대상에 관한 지식'(knowledge with the direct object), '명제적 지식', 그리고 '방법적 지식'이 바로 그것들이다. 이 가운데에서 Hirst 교수는, 고대 그리스인들처럼 방법적 지식을 다른 두 유형의 지식으로부터 구분하였으며, 자유교육이 다룰 지식의 내용에서 그것을 제외시켰다.[80] 지식의 유형을 단순히 구분하는 맥락에서 Hirst 교수는 물론 방법적 지식의 존재와 의의를 부정하지 않으며, 방법적 지식과 명제적 지식의 관계 또한 부정하지 않는다. Hirst 교수에 의하면 방법적 지식은 사물에 대한 직접적 지식과 명제적 지식을 포함한다. 다만 전기 사상에서 그가 방법적 지식을 자유교육의 내용에 포함시키지 않은 이유는 그것이 '인지적 이해'(cognitive understanding)의 범위를 훨씬 초월하는 특성을 가졌다는 데에 있다.[81] 그러나 이 주장 속에는 명제적 지식과 방법적 지식은 인식론에 있어서 논리적으로 다른 특성을 가지고 있으며, 자유교육은 순수히 '마음의 발달'을 목적하는 것으로서 '지식을 그 자체의 목적으로 추구'해야 한다는 가정이 함축되어 있다.

이들 두 교육의 목적은 논의의 맥락에 따라 큰 차이를 드러낸다. 논의의 맥

---

79) P. H. Hirst(1965) 앞의 책, p.114.

80) P. H. Hirst(1974) Realms of meaning and forms of knowledge, in:idem, *Knowledge and the Curriculum,* London : Routledge & Kegan Paul, p.51.

81) 위의 책.

138

락을 제도에 둔다면 자유교육은 대학의 인문, 사회, 자연과학 대학과 같은 일 반적 학문을 탐구하는 것을 목적으로 하는 고등교육기관의 교육인 데 비하여, 전문교육은 특수한 전문·직업분야에 종사할 수 있는 능력을 길러 주는 목적으 로 설립된 종합대학 안의 전문대학(professional school)이나 종합대학 밖 의 기술습득 또는 훈련(training)을 주로하는 기관의 교육이다. 따라서 엄격 한 구분은 못되지만 전자는 인간, 사회, 자연에 관한 폭넓은 이해(understanding)를 목적으로 하는 반면, 후자는 특수한 분야의 문제를 개선하는 능 력(competence)을 신장하는 것을 목적으로 한다. 말하자면 전자는 사물이 어떠한가를 '보는 일'(seeing)에 관한 것이라면, 후자는 사물을 인간의 요구 에 알맞게 '만드는 일'(making)과 관련된다. 비록 국한된 분야에 관한 것이 긴 하지만 제도와 목적에 관해서 두 교육은 서로 다른 언어를 쓰고 있는 셈이 다. 자유교육은 '훈련'이라는 말을 사고가 개입되지 않은, 말하자면 창의적이 지 못한 행동의 반복을 의미하는 말로 쓰는 데 비하여, 전문교육은 '훈련'이라 는 말을 '교육'(educating)이라는 말과 별로 다르지 않거나 적어도 밀접히 연관되어 있어서 서로 바꾸어 써도 별 문제가 없는 말로 사용한다. 따라서 자 유교육론자들은 자유교육에서 기술(skill)을 가르치는 일을 허용하지 않지만 전문교육론자들은 그들이 하는 일이 기술이냐 아니냐의 문제에 관해서 관심을 갖지 아니 한다. 후자가 원하는 것은 특수한 분야에 종사할 능력을 발달시키는 데에 있기 때문이다.[82]

고전적 자유교육과 전문교육을 연결시키는 여러 노력이 있었음에도 불구하 고 고전적 자유교육론자들은 두 교육의 목적이 다르다는 관점 때문에 이들의 연결가능성을 부인한다.[83] 자유교육론자는 아무리 전문교육이 자유교육의 방 법론을 부분적으로 포함한다고 할지라도, 그것은 본질적으로 자유교육의 일부

82) M. Holt(ed.)(1987) *Skills and Vocationalism : the easy answer,* Milton Keynes : Open University Press.
83) C. Bailey(1992) Enterprise and liberal education : some reservations, *Journal of Philosophy of Education,* Vol, 26, No. 1, pp.103~104.

가 될 수 없다고 본다. 판매사원이 아무리 카운셀링의 기술을 사용한다고 해서 그를 '카운셀러'라고 부를 수 없으며, 업무상의 전자계산술이 수학을 사용한 다고 하여 그것을 수학과 동일시하거나 수학의 일부로 간주할 수 없다는 것이 다. 보편화된 기술 훈련을 자유교육과정의 기본이 되는 지식 또는 이해와 동일 시하는 전문교육론자의 주장은 이와 같은 이유에 따라 자유교육론자로부터 거 부되어 왔다. 고전적 자유교육론자는 물론 고전적 자유교육과 전문교육 사이 에 어느 정도의 공유 요소가 있다는 점을 전적으로 부정하지는 않는다. 다만 그가 주장하는 바는 두 교육 사이에 양립할 수 없는 논리적 특성이 있다는 점 이다. 말하자면 그에게 있어서 이 두 교육은 패러다임을 달리한다.

고전적 자유교육은 전문교육과 달리 실제적으로 즉시 사용할 수 있는 특수한 지식을 가르치는 것이 아니라 그 진리가에 있어서 항상성을 가진, Bailey의 말을 빌리면, 현재의 특수한 상황으로부터 인간을 자유롭게 하는 보편적 지식 을 가르치는 것을 목적으로 한다.[84] 그 이유는 자유교육이 현실을 개선하는 데 이바지하는 것이 아니라 '마음의 발달'을 도모하는 것으로 규정되기 때문이 다. 전문교육은 지식을 단순히 획득하는 것으로 보는 반면 자유교육은 비판적, 창의적 태도를 가지고 지식을 대면한다. 말하자면 자유교육은 인간의 삶을 구 성하는 다양한 요소 가운데 사려성이 있는 지성, 반성적(reflective) 사고라 는 요소를 발달시키는 일에 국한한다. 또한 전문교육이 특수한 기술을 연마시 키는 데에 '경쟁적'(competant)이지만 자유교육은 경쟁이라는 것과 거리가 멀다. 자유교육이 가르친 지식을 실제에 응용하는 데에는 경쟁이 따를지 모르 지만 그것의 한 기원, 즉 고대 그리스의 자유교육은 본질적으로 인간, 자연, 사회를 '관조'하려는 데에서 출발한 것이다. 따라서 이 교육에서는 특수한 좁 은 분야의 지식을 가르치지 아니 하고 보다 폭넓은 분야의 지식을 가르친다. Francis Bacon이 자유교육은 모든 지적 세계를 학생들로 하여금 충실하게

---

84) C. Bailey(1984) *Beyond the Present and the Particular*, London : Routledge & Kegan Paul, p.24.

답사하도록 해야 한다고 한 말이나, Daniel Bell이 Columbia 대학의 전통적 자유교육의 범위를 모든 인류 문명에 관한 것, 즉 인문학과 자연과학은 물론 예술 분야까지 확대한 것은 바로 이런 이유에 의해서이다.[85] 이와 같이 두 교육을 패러다임의 맥락에서 볼 때, 그들은 분명히 목적, 내용, 방법에 있어서 본질적인 차이를 내포하고 있는 듯하다.

대학교육과정정책에 있어서 전문교육을 자유교육의 부분으로 보는 유형은 고전적 자유교육의 범위가 실제적 지식을 포함할 수 있을 만큼 확장되어야 한다는 일종의 자유교육 확장형이다. 이 유형에 있어서 자유교육과 전문교육은 양립(compatible)한다.

오늘날과 같이 전문화된 사회는 고전적 자유교육의 내용으로 만족하지 않는다. 다시 말해서 이 유형은 고전적 자유교육의 우위성은 인정하지만 그것의 내용이 오늘날의 사회적 요구를 충족시키기에는 범위가 너무 좁다는 입장을 취하고 있다. 결국 이 견해를 따르는 자는 교육이 사회적 요구를 충분히 받아들일 만큼 그 의미와 역할이 확대되어야 한다고 주장한다. 오늘날 많은 교육기관이 사실 이와 같은 노선을 취하고 있으며, 실제적으로 이 노선에 따르는 교육과정의 변화가 교육의 여러 분야에서 일어나고 있다. 교육정책가들은 모든 사람과 지역사회가 급변하는 기술·전문사회, 즉 직업의 변화 유형과 경제, 산업의 변화 추세를 바르게 인식하고 그것에 민감하게 적응할 수 있도록 정책을 수립하고 있다. '시장정책'(the politics of market place)이라 일컫는 영국의 대처주의 노선(Thatcherism)이 바로 이런 것에 해당된다. 이러한 노선 아래에서는 교육과정이 '지식을 그 자체의 목적으로 추구'하는 고전적 모형에 '지식을 그 실제적 목적으로 추구'하는 내용을 덧붙이는 형태로 변화되게 마련이다. 기술·산업시장에 종사하는 능력은 전통적 교육과정으로 길러 낼 수 없다. 이 능력을 길러 내려면 전통적 교육과정의 범위가 확대되어야 한다. 그러

---

85) Daniel Bell(1966) *The Reforming of General Education : The Columbia College experience in its natural setting,* Columbia University Press, pp. 21~22.

나 여기에는 이 교육과정의 확대가 어떤 논리에 의해서 지지될 수 있는가의 문제가 뒤따른다.

전문교육을 자유교육의 연장으로 보는 자는 일반적으로 두 가지 관점에서 그의 주장을 정당화하려고 한다. 우선 그에 의하면 자유교육과 전문교육은 모두 인간의 삶의 개념을 충족시키는 요소라는 점에서 공통점을 갖는다. 말하자면 자유교육과 전문교육은 보다 폭넓은 삶의 개념에 포섭되는 속성들이며, 이들이 하나의 개념을 구성하는 속성들이라면 그들은 서로 공통되는 특성을 가진다는 논리이다. 사실 삶은, 다른 모든 조건이 같다면, 단일한 요소로 구성되지 아니한다. 그것은 '지식을 그 자체의 목적으로 추구'하는 것만도 아니며 '지식을 그 실제적 목적으로 추구'하는 것만으로 구성되지도 않는다. 삶의 의미를, 보다 완전하게 하려면 그리스인 특유의 삶의 고전적 의미를 보다 확장하여야 할 것이다. 이 말은 구체적으로 삶의 의미를 단순히 관조하는 삶(bios theoretikos), '지식을 그 자체의 목적으로 추구'하는 삶으로만 해석할 것이 아니라 그것에 실천하는 삶(bios praktikos), '지식을 그 실제적 목적으로 추구'하는 삶을 포함시켜서 해석해야 한다는 뜻이다. 다분히 Aristotle의 삶의 의미의 재확인으로 보이기는 하지만 John White가 개인의 자율적인 삶의 전제 조건을 관조적 삶에 한정시키지 않은 것은 바로 삶의 의미를 보다 넓게 확장시킨 예가 된다. 그에 의하면 삶의 목적을 충실히 추구하기 위해서 인간은 가능한 한 실로 다양한 삶의 방법을 터득해야 한다. 여기에는 관조적 삶뿐만 아니라 정치적 삶, 가정과 가족에 헌신하는 삶, 직업에 충실하는 삶 등이 포함된다.[86]

다음은 포괄적인 삶의 의미 속에서 '지식을 그 자체의 목적으로 추구'하는 삶과 '지식을 그 실제적 목적으로 추구'하는 삶을 연결시킬 때 이들이 포함하는 공통 요소가 무엇인가를 밝힘으로써, 전문교육을 자유교육의 연장으로 보

---

86) John White(1973) *Towards a Compulsory Curriculum*, London : Routledge & Kegan Paul, p.22

142

는 견해가 있다. C. Bailey는 고전적 자유교육론자이다. 그러나 그의 자유교육론 속에는 '사물에 유연하게 적응하고 반응하는 특성'이 자유교육의 핵심에 존재해야 한다는 주장이 담겨 있다.[87] 그가 달리 해석할 가능성을 전적으로 배제하지 못하지만 자유교육의 핵심에 '사물에 유연하게 적응하고 반응하는' 지적 요소의 자리를 그가 마련한 것은, 전문교육을 자유교육의 확장형으로 보는 자들에게 그들의 이론을 정당화하는 데 필요한 하나의 중요한 단서를 제공한 셈이 된다. 다시 말해서 자유교육 확장론자들에게 지식은 '지식을 그 자체의 목적으로 추구'하는 대상도 되지만 그것은 또한 문제를 정확하게 파악하고 개선하는 것으로도 사용할 수 있다는, 우리가 이미 상식으로 받아들이는 주장을 한다. 전문교육을 자유교육의 연장으로 보는 이 유형은, 따라서 이 두 교육을 연결하는 고리로서 '지식의 사물에 대한 적응과 반응'이라는 속성을 들고 있는 셈이다. 사실 이 지적 특성은 적어도 자유교육과 전문교육의 공통 요소이다.

'지식을 그 자체의 목적으로 추구'하는 경우와 '지식을 그 실제적 목적으로 추구'하는 경우 사이에 공통 속성으로 존재하는 지식의 특성을 우리는 여러 가지 논의를 통해서 드러내 보일 수 있다. 다소 의문의 여지는 있지만 '기술' (skills)은 단순히 손이나 기계로 사물을 다루는 일만을 의미하지는 않는다. 이 단어는 인간의 행위와 관련되는 모든 것을 지칭하는 범주적 개념으로도 사용된다. 기술은 기계를 다루는 수단뿐만 아니라 삶을 영위하는 기술(life skill), 사회적 기술, 인간관계의 기술 등을 포함한다. 영국 교육위원회는 기술의 속성으로서 정치문제를 해결하는 지식(정치과정), 과학적 자료를 설명하는 능력, 환경문제를 파악하는 능력 등을 들고 있다. 말하자면 전문교육론자들에게 기술은 단순히 아는 것(이론적 지식) 이상이며, 또한 방법적 지식 이상이다. 그것은 예기되는 결과를 성취하기 위한 '지식의 응용'뿐만 아니라 지식을 가지고 현실을 개선하는 능력과 의지까지를 포함한다.[88] '기술' 속에 포

---

87) C. Bailey(1988) What hopes for liberal education, *Cambridge Journal of Education,* Vol. 18, No. 1, p.32.

88) School Council(1981) *The Pratical Curriculum,* London : Methuen Educational, p.22.

함된 이러한 지적 특성은 분명히 자유교육이 추구하는 지식과 전문교육이 추구하는 지식이 공통으로 가지고 있는 속성이다. 논자에 따르면 이러한 속성이 결여된 지식은 '무기력한 아이디어'(inert ideas)가 될 수밖에 없다.

Whitehead에 의하면 '교육은 지식을 사용하는 기술의 획득을 목적으로 한다.[89] 단순히 사고의 활동만을 훈련하는 일은 '무기력한 아이디어'만을 주입할 가능성이 크다. Whitehead에 따르면 무기력한 아이디어는 아이디어의 사용방법과 재구성 능력이 결여된, 단순히 마음의 외부에서 부여되는 것을 일컫는다.[90] 우리가 아이디어의 참된 의미를 신중히 검토한다면, 그것은 단순한 정보나 교과서에 적힌 개념이 아니라 감각적 지각, 느낌, 희망, 욕구, 기타 정신적 활동의 복합적 특성으로 구성된 지식으로 파악될 것이다. Whitehead의 다소 웅변적인 다음 말은 이러한 뜻을 더욱 분명히 할 것이다:

> 교육에는 단지 하나의 교과가 있다. 그것은 보다 섬세하고 폭넓은 의미의 삶이다. 우리는 이 통합적 단위의 교과 대신에 학생들에게 아무것도 뒤따르지 않는 대수학, 기하학, 과학, 역사, 결코 완벽하게 구사하지 못하는 언어, 그리고 끝으로 대부분 메마른, 그래서 기억에만 남는 언어론 같은 Shakespeare의 희곡에 나오는 문학을 가르치고 있다.[91]

전문교육과 자유교육의 관계에 관한 마지막 유형은 앞의 경우와는 전면적으로 다르다. 이 유형은 전문교육 옹호론자들에 의해서 지지된다. 그들은 자유교육보다는 전문교육에 우위성을 두는 한편 자유교육을 전문교육의 필요조건 또는 수단으로 간주한다. 따라서 이들은 자유교육을 오히려 전문교육에 포함시킨다. 물론, 전문교육을 우위에 두는 이 유형은 자유교육과 전문교육이 양립될 수 있는 것으로 본다. 다만 이 유형이 제창하고 있는 것은 교육은 사회적 맥락

---

89) A. N. Whitehead(1932) *The Aims of Education*, London : Williams & Norgate, p.6.
90) 위의 책, pp.1~2.
91) 위의 책, p.10.

144

에서 끊임없이 그 목적이나 내용 그리고 방법에 있어서 변모되어야 한다는 것이다. 여기에는 따라서 교육의 典型이라는 것이 있을 수 없다. 교육의 이념과 내용 그리고 방법은 새로운 사회적 변모에 따라 항상 새롭게 대치되는 것으로 이해된다. 이 논법에 따르면 '지식을 그 실제적 목적으로 추구'하는 교육은 오늘날의 사회적 요구이며, '지식을 그 자체의 목적으로 추구'하는 것을 본질로 삼는 교육은 오늘날 부적절한 교육이므로 변모되어야 한다. 교육에 대한 이와 같은 사회적, 급진론적 관점은 이미 많은 나라의 고등교육정책에 반영되고 있으며 한국도 이 점에 있어서 예외가 아니다.

교육과 사회는 밀접한 관계를 항상 유지하여 왔다. 교육은 물론 '사회'라는 개념을 구성하는 요소이다. '교육'은 사회를 변모시킨다는 이상을 항상 간직해 온 자존심이 만만한 개념이지만, 그것은 역으로 사회적 이상에 의해서 항상 변모해 온 역사를 또한 보여 주고 있다. 그러나 오늘날의 상황은 사회적 이념이 교육의 이념에 단순히 반영되는 것을 넘어서 교육의 내용, 즉 지식의 성격까지를 통제하는 단계로 진전되기에 이르렀다. 이 상황은 주로 신교육사회학자들에 의해서 구축되어 왔으며, 일반적으로 교육과정정책에 적지 않은 영향을 미쳤다.

D. Lawton은 지식의 사회적 결정론이 다음과 같은 5가지 특징을 가지고 있음을 요약하여 제시하고 있다 : ① 지식의 분배는 사회계층의 이익에 따르며 ② 우리가 무엇을 가치있는 지식으로 사정하는가 하는 것은 지식이 사회적 발전에 어떤 공헌을 하는가에 따라 결정되고, ③ 사회적 요인이 우리가 실재(reality)를 해석하는 데에 영향을 주기 때문에 교과의 구분도 결국 사회적으로 결정되며, ④ 사회적 요인은 또한 우리의 지적 탐구의 기본 대상이기 때문에 그것들이 궁극적으로 지식을 구성하는 요소가 될 뿐만 아니라 ⑤ 지적 탐구가 따라야 하는 합리성도 사회적 관례 또는 인습(convention)에 의해서 결정된다.[92] 물론 신교육사회학자들이 주장하는 지식의 사회적 결정론을

---

92) D. Lawton(1975) *Class, Culture and the Curriculum*, London : Routledge & Kegan Paul, p.58.

Lawton이 요약한 바 그대로 받아들인다는 것은 무리이다. 지식의 획득과 진보는 물론 사회적 요인과 무관할 수 없지만 그것은 또한 탐구의 내적 논리, 즉 논리적, 인식론적 규칙을 따른다는 점도 간과해서는 아니 된다. 실제로 다수의 교육철학자들이 지식의 사회적 결정론에 회의적이다.[93] 그러나 대학의 교육과정이 사회적 변모와 이에 따른 요구에 충실해야 한다는 지식의 사회적 결정론은 전문교육의 우위성을 주장하는 자들에게는 중요한 이론적 근거가 된다.

사실 민주주의 이념으로서 자유와 평등은 고전적 자유교육, 특히 고대 그리스의 그것이 특정 사회계층을 위한 교육이 되어서는 안된다는 압력을 가해왔으며, 또한 교육과정이 일반적으로 삶의 모든 요소들로 적절히 구성되어야 한다는 필요성을 제창하여 왔다. 이와 더불어 오늘날의 산업·기술의 경쟁적 사회는 과거와는 달리 교육에 대한 요구에서 매우 급진적 성향을 보이고 있다. 이 급진적 성향은 마침내 대학의 교육과정을 기술·경제적 관점에서 통제할 수 있는 위치를 확보한 것으로 보인다. 이를테면, 다른 나라에 있어서도 똑같은 현상을 보이지만, 영국의 고등교육에 관한 최초의 녹서(green book)는 1981년부터 시행된 교육과정을 경제적 필요라는 척도로 재단하여 놓았다.[94] 그 결과 전통적 자유교육의 이념, 특히 교육에 있어서 개인의 인간적 발달이라는 교육목적은 유명무실하게 되고, Oxford의 교수들에 의해서 불만이 토로된 바 있듯이, 대학에서 산업과 기술의 발달에 직접 영향을 주지 못하는 학문은 정부의 지원 차단으로 인하여 무기력하게 되었다.

전문교육의 우위성을 주장하는 이 유형은 물론 자유교육을 전문교육의 보조수단으로 간주한다. 실제로 자유교육이 전문교육의 수단 또는 기초과정이라는

---

93) D. E. Cooper(1980) Epistemological egalitarianism, in: idem, *Illusions of Equality*, London : Routledge & Kegan Paul, ch. 4 ; R. Pring (1972) Knowledge out of control, *Education for Teaching*, Vol. 89 ; J. White(1975) The sociology of knowledge, *Education for Teaching*, Vol. 98.

94) DES(1985) *The Development of Higher Education into the 1990's*, London : HMSO.

견해는 전문교육을 중시하는 대학의 교원들에 의해서 상당한 지지를 받고 있다. 물론 독특한 전문성과 특수한 목적을 가진 모든 종류의 교육은 서로 밀접히 관련되어 있으며, 이런 의미에 어느 하나가 다른 하나의 도움이 되거나 수단이 될 수는 있다. 이런 의미로 한정하여 본다면 자유교육은 전문교육에 도움을 충분히 줄 수 있으며, 이의 逆도 성립된다고 보아야 한다. 예컨대 자유교육의 물리학 강좌는 전기·전자 분야를 다루는 전문 공학도들에게 적지 않은 도움을 줄 것이며, 순수 물리학은 공학도들이 하는 일에서 물리학의 이론이 실제에 어떻게 적용되며 무엇이 문제인가를 확인하는 데 결정적인 도움을 줄 것이다. 그러나 자유교육을 본질적으로 전문교육의 보조 수단으로 생각하는 데에는 문제가 있다. 왜냐하면 그렇게 될 경우 자유교육의 본질이 상실되거나, 그것에 대한 오해를 불러일으킬 여지가 다분히 있기 때문이다. 자유교육의 본질 상실은 자유교육을 전문교육의 일부분으로 간주함으로써 나타나는 현상이며, 자유교육에 대한 오해는, 전문교육이 자유교육을 포함한다는 주장이 논리적으로 암시하듯이, 전문교육을 받은 사람은 자유교육을 받은 사람이 된다는 매우 어색한 논법으로부터 야기된다. 물론 이 두 가지 비판은 자유교육과 전문교육의 특성이 다르다고 보는 편의 주장이다. 그러나 분명한 것은 우리가 어떤 사람을 가리켜 전문적 지식은 가지고 있으되 자유교육은 받지 못했다고 하는 말이 가능하다는 사실이다. 이 말에는 분명히 아무런 모순이 없다는 점을 주목해야 한다. 위의 말에 모순이 없다 함은 논리적으로 자유교육과 전문교육이 특성을 달리한다는 뜻이다.

만약 자유교육과 전문교육이 그들의 목적이나 특성에 있어서 조금이라도 차이를 가지고 있다면, 이들을 상보적인 관계로 파악하지 아니 하고 어느 하나의 교육이 다른 하나의 교육의 수단이 된다는 생각은 버려야 한다. 자유교육을 전문교육의 보조 수단으로 보는 자는 다분히 전문교육의 편에 서서 자유교육을 보는 시각을 가진 자일 것이다. 그리고 그는 바로 이러한 이유에 의해서 자유교육의 전체를 보는 데에 실패할 가능성도 충분히 가진 자일 것이다.[95]

---

95) 이 부분은 필자의 보고서 '교양교육과 창조적 지성인', 강원대학교 발간실, 1984 을 재인용한 바 크다.

자유교육과 전문교육의 관계는 논리적, 사실적으로 몇 가지 유형으로 구분된다. 그리고 이들 유형은 바로 교육의 역사가 보여 주고 있는 사실이기도 하다. 현시점에서는 아마도 전문교육 우위론, 또는 전문교육의 자유교육 포함론이 우세한 현상으로 부각되는 듯싶다. 그 결과 자유교육과 전문교육의 우위성 확보에 관한 투쟁은 지금까지 교육과정의 역사가 보여 준 그 어느 때의 경우에 비할 수 없을 정도로 未曾有의 심각성을 나타내고 있다. 그래서 그러한지는 몰라도 예외없이 오늘날 세계적으로 대학의 교육과정정책을 마련하는 회의장은 '지식을 그 자체의 목적으로 추구'하려는 경향과 '지식을 그 실제적 목적으로 추구'하려는 경향의 각축장이 되고 있다.

이 각축장에서 일어나는 일과 관련하여 지적해야 할 중요한 점이 하나 더 있다. 그것은 두 개의 다른 지적 추구 사이에서 일어나는 각축과 갈등은 그 지적 추구 자체의 변화와 발전을 가져온다는 사실이다. 그러나 이 변화에는 그것을 야기, 촉진하는 요인들이 있게 마련이고, 이 요인들은 사실상 두 개의 다른 지적 추구 '사이에 있는 논리'(inter-logic)와 그들의 '밖으로부터 오는 요구'(exernal needs)로 구분된다. 물론 '사이에 있는 논리'는 지적 추구의 변화 발달의 원인이 특성을 달리하는 두 지적 추구의 '사이에' 있으면서 그들의 지적 추구 자체의 변화와 발달을 촉진하는 순수한 논리적 필연성을 뜻하며, '밖으로부터 오는 요구'는 그들 지적 추구의 밖에서 변화와 발달을 자극하고 촉진하는 요인을 뜻한다. 그런데 문제는 '지식을 그 자체의 목적으로 추구'하려는 경향과 '지식을 그 실제적 목적으로 추구'하려는 경향이 세력 다툼을 하는 각축장을 보면 그 각축의 논법이 전적으로 이들 지적 추구의 '밖으로부터 오는 요구'에만 의존되고 있다는 점에 있다. 불행하게도 교육의 역사에서 우리는 두 경향의 각축이 그들 '사이에 있는 논리'에 따랐다는 흔적은 전혀 찾아볼 수 없다.

교육사에서 두 지적 추구의 각축장에 적용되는 논리는 오늘날 우리가 경험하는 바와 같이 다분히 '밖으로부터 오는 요구'들이다. 즉 사회적 이념, 정치적 이데올로기, 종교적 신조, 경제적 필요성과 같은 요인들이 교육과정정책의 조정 요인들로 흔히 등장한다. 그래서 이 논의에서는 어떤 지적 추구가 사회에 보다 효과적으로 공헌할 수 있는가를 항상 중요한 정책적 지표로 삼아 왔다. 물론 '외부로부터 오는 요구'에만 의존하는 교육과정정책에 대해서 부정적인 견해를 가진 사람들도 많다. 그들은 고등교육이 아무리 사회적 발달이라는 측면과 불가분의 관계에 있다 할지라도 지적 추구의 변화와 발전은 그들 '사이에 있는 논리'에 따라야 한다고 믿는다. 지적 추구의 변화는 어느 특정 요소에 의해서만 이루어질 성질의 것이 아니다. 이 말은 지적 추구의 변화를 자극하는 '밖으로부터 오는 요구'가 전적으로 배제되어야 한다는 것을 의미하지는 않는다. 다만 여기서 언급하고자 하는 것은 지적 추구의 변화와 발전을 촉진하는 요인들로서 지적 추구들 '사이에 있는 논리'와 그들의 '밖으로부터 오는 요구'가 공존한다면 이 두 가지 요인들이 함께 고려되어야 한다는 점이다. 왜냐하면 그렇지 않을 경우 교육과정정책에서 어느 하나의 요인이 다른 하나를 지배하는 위험을 초래하고, 결국에는 지적 추구 자체를 왜곡시키는 결과를 가져올 것으로 보이기 때문이다. 그렇기 때문에 대학의 교육과정정책은 당장의 현안 문제만을 해결하려는 목적으로부터 시작되어서 그것으로 끝나서는 안된다. 이렇게 볼 때 지적 추구의 변화 요인들 사이에서 벌어질지도 모르는 지배와 피지배의 논리가 가져다 줄 지적 추구의 왜곡현상을 피하기 위해서 대학의 교육과정정책 결정자들이 해야 할 일은 다소 분명해진다. 구체적으로 표현하여 앞에서 논의한 바와 같이 '지식을 그 자체의 목적으로 추구'하는 것과 '지식을 그 실제적 목적으로 추구'하는 것 사이에 존재하는 세 가지의 관계 유형 가운데 세번째 유형은 다분히 지배와 피지배의 논리가 강하게 작용한다는 사실이다. 따라서 정책결정자들은 정책결정과정에서 적어도 이 세번째 유형에 각별한 주의를 기울여야 한다. 이들이 해야 할 것은 지적 추구의 변화를 자극하는 '밖으로부터 오는 요구'에 무관심할 수는 없지만 적어도 두 개의 다른 지적 추구들 '사이에 있는 논리'를 면밀히 검토하는 일이다. 그렇게 될 경우 지배의 논리에 의해서 야기될지도 모르는 어느 하나의 추구가 다른 하나의 추구를 수단(means)으로 사용하는 위험으로부터 벗어나고 그래서 두 개의 다른 지적

추구 '사이를 흐르는 논리'를 따라 두 지적 추구의 균형을 유지하는 軸을 그을
수 있을 것으로 믿는다.

2. 이론적 추구와 실제적 추구의 '사이'

'지식을 그 자체의 목적으로 추구'하는 고전적 의미의 자유교육과 '지식을
그 실제적 목적으로 추구'하는 전문교육의 '사이에 있는 논리'가 무엇인가를
묻는 질문은 곧 이들이 어떤 관점에서 연결될 수 있는가를 묻는 질문이다. 이
질문에 답하려면 우선 두 지적 추구를 전혀 서로 다른 활동으로 보는 이분법적
견해를 버려야 한다. Whitehead에 따르면 자유교육과 전문교육은 이분법에
의해서 분리되지 않는다. 그가 이렇게 보는 것은 두 교육이 인간의 전체적 삶
의 맥락 또는 포괄적인 '마음'의 개념 안에서 조화를 갖추어야 한다고 믿기 때
문이다.[96] 삶의 의미 안에서 본다면 분명히 두 교육은 서로 분리될 수 없는 것
으로 이해된다. Spencer를 비롯한 많은 철학자 또는 교육학자들이 학교 교
육에서 학생들에게 가르칠 '가장 가치 있는 지식은 무엇인가?'(What know-
ledge is of most worth?)라는 질문을 던졌다. 하지만 이들의 논의를 자
세히 살피면 이들은 지금까지 문제로 다룬 어느 하나의 지적 추구만을 가치 있
는 지식으로 보는 배타적인 논법을 따르지는 않았다는 점을 우리는 충분히 알
수 있다. 결국 위의 질문에 대해서 답하는 논법은 도구로 유용하게 사용되는
지식의 추구와 본질적으로 가치 있는 지식의 추구를 이원론적으로 구분하는 대
신에 우리의 총체적 삶에 의미를 부여할 수 있는 추구가 어떤 것인가를 음미하
는 일이 된다. Degenhardt가 시사하고 있는 바와 같이 삶의 개념 안에서 어
떤 지식이 가치 있는 지식인가를 찾으려 한다면 두 유형의 지적 추구 가운데

---

96) A. Whitehead(1932) 앞의 책.

어느 하나만으로는 좋은 삶(the good life)의 의미를 만족시킬 수 없다.[97]
그렇다면 우리는 '지식을 그 자체의 목적으로 추구'하는 것만이 가치 있는 추
구라고 보는 관점을 피해야 할 뿐만 아니라, 동시에 '지식을 그 실제적 목적으
로 추구'하는 것만이 가치 있는 지적 추구라고 보는 관점도 피해야 한다. 이
말은 양 극단론을 피해야 한다는 뜻이다. 이 양 극단론을 피하는 논리는 위에
서 언급한 바와 같이 삶의 개념, 삶의 목적 안에 두 지적 추구를 포함시키는 방
법이다. 이때 지적 추구는 그 자체만으로 가치로운 것이 아니며, 또한 그것은
어떤 밖에 있는 목적을 위한 수단으로 가치로운 것도 아니다. 다만 그것은 삶
의 의미를 풍부하게 충족시킨다는 관점에서 가치로운 것이 된다.[98] 고대 그리
스사상이 분리시켰던 bios theoretikos와 bios praktikos는 이 사상이 분
석한 대로 각각 독특한 삶의 특성들이기는 하지만, 사실에 있어서 이들은 하나
의 삶이라는 유개념(genus) 속에 들어 있는 種개념(species)들일 뿐이다.
한 인간의 삶을 이들 다른 특성들의 결합으로 이해하지 아니 하고 한 사람이
때로는 bios theoretikos를 영위하다가 때로는 bios praktikos를 영위하
는 분열증적 삶을 산다고 말하는 것은 정말로 이상한 일이며, 더구나 어느 한
사람은 순수히 bios theoretikos를 영위하고 다른 사람은 순수히 bios
praktikos를 영위한다고 말하는 것 또한 상상조차 하기 어렵다. 이 사실로부
터 역으로 우리는 두 삶의 특성은 한 인간의 삶 전체를 구성하는 요소들이며
이 요소들이 전체적 삶 속에 융합될 때 보다 완전한 의미의 삶이 된다는 점을
충분히 시사받을 수 있다. 인간의 삶은 물론 bios theoretikos와 bios
praktikos의 결합 이상의 것이다. 그러나 다소 명백하게 밝힌 바와 같이 종개
념인 두 특수한 삶을 類개념인 삶의 포괄적 맥락 안에 끌어들이지 않는다면,
그 둘 사이의 관계에 관한 우리의 해석은 항상 배타성 또는 지배와 피지배의
논리로부터 벗어날 수 없을 것이다.

---

97) M. Degenhardt(1982) *Education and the Value of Knowledge*, Lon-
    don : George Allen & Unwin.
98) 위의 책, pp.81~93 참조.

물론 삶의 포괄적(generic) 의미 속에 두 특수한 삶이 포함된다고 하여, 두 특수한 삶의 유형이 동일하게 된다거나 그들 사이에 갈등이 전혀 발생하지 않는 것은 아니다. Eliot이 옳게 지적한 바와 같이 인간의 삶 속에는 여러 가지 특수한 삶의 추구가 있고, 이 가운데 어느 한 유형의 삶에 충실하다 보면 그것은 다른 특수한 삶을 간섭·방해하게 마련이다.[99] 그러나 종개념으로서의 두 특수한 삶을 일반적 삶 속에 포함시켜서 이해한다면 분명히 두 특수한 삶은 서로 연결될 수 있는 논리적 끈을 가지게 된다.

Hirst와 Phenix 교수가 지식의 형식(forms of knowledge)과 의미의 영역(realms of meaning)만을 자유교육의 교육과정을 구성하는 내용으로 택한 것은 명백하게도 삶의 일반적 의미를 고려하지 않은 탓이다.[100] 類개념으로서 삶 속에 포함되는 두 순수한 삶 가운데 bios theoretikos만을 자유교육이 추구하는 삶으로 간주함으로써 그들은 교육이 추구해야 할 포괄적인 삶의 의미를 상실하고 있다. 그러나 II 장에서 언급한 바와 같이 Hirst 교수의 후기 사상은 다행스럽게도 그의 전기 사상에서 간과하였던 인간의 다른 특수한 삶, 즉 bios praktikos를 포괄적 의미의 삶 속에 포함시키고 있다.[101] 교육이 보다 완전한 의미의 삶을 추구하려면 Hirst 교수의 후기 사상에 의존하여야 할 것 같다. 그리고 이때의 교육과정은 두 특수한 삶이 독특성을 보이기는 하지만 공통성을 가지고 있다는 관점에서 짜여질 것이며, 그 결과 그 교육과정은 두 삶의 추구가 균형을 유지할 수 있을 만큼 넓은 폭을 가진 것이 될 것이다. 여기서 두 특수한 삶은 논리적으로 양립될 수 없는 서로 각축하는 패러다임들이 아니라 서로 상보적인 것들로 이해되어어야 할 것이다.

이론적 추구의 삶과 실제적 추구의 삶이 포괄적인 의미의 삶 속에서 서로 결

---

99) T. S. Eliot(1950) The aims of education, in: idem(1965) *To Critcize the Critic,* London : Faber & Faber, pp.77~107.

100) P. H. Hirst(1974) 앞의 책 및 P. H. Phenix(1964) *Realms of Meaning,* N.Y. : McGrow-Hill 참조.

101) P. H. Hirst(1993) 앞의 책.

합된다면 이 둘은 개념적으로 연결된다는 논리적 귀결에 이른다. 그러나 이 연결이 실제로 어떤 연결고리에 의해서 이루어지는가를 밝히는 일은 용이한 일이 아니다. 하지만 두 삶의 유형이 결합될 수 있다는 논리적 가정이 어디에서 나왔는가를 주의 깊게 검토하면, 그리고 그 논리적 가정에 충실히 의존한다면, 구체적으로 그들이 어떻게 결합될 수 있는가를 밝히는 일이 그리 절망적인 것이 되지는 않을 것이다.

이론적 추구의 삶과 실제적 추구의 삶이 그 목적에 있어서 특성을 달리하지만 이들 두 삶이 그들의 類개념 속에 포함된다면, 이들 두 삶은 서로 배타적인 삶이 아니라 서로 결합·연결된다는 것이 두 삶의 결합가능성을 제안한 출발점이었다. 이 제안 속에 담겨 있는 두 삶의 결합가능성은 순수한 논리적 가정이다. 따라서 이때 두 삶의 결합 가능성은 '개념적'인 측면에서 그러하다. 다시 말해서 두 특수한 삶이 개념적으로 '공통 속성'을 가진다는 뜻이다.

'지식을 그 자체의 목적으로 추구'하는 고전적 자유교육은 '마음의 발달'을 목적으로 한다. 그것은 우리가 결국에는 그 속으로 들어가지 않을 수 없는 운명을 가진 실제적인 세계나 전문적인 세계에는 관계없이 단순히 사고의 습관을 형성하는 일을 하는 것이었다.[102] 19세기의 Whewell이나 현대의 Hirst 교수의 전기 사상이 규정한 이 전형적인 고전적 자유교육은 전적으로 이론적 추구의 삶을 목적으로 한 대표적인 예이다(공교롭게도 이 두 사람은 Cambridge인들이다). 이때의 이론적 추구는 실제적 추구와 결합될 수 있는 공통 속성을 가지지 않는다. 왜냐하면 그것은 Whewell이 규정하듯이 실제적인 것과는 관계없는 지적 추구이기 때문이다. Richard Pring에 의해서 정확하게 지적된 바와 같이, 고전적 자유교육은 순수한 주지주의적 학문에만 뿌리를 둔 교육이며, 따라서 경험적·실제적 탐구를 통한 지적 탐구를 등한시하였을 뿐만 아니라 이것을 개념적으로도 자유교육의 방법론에서 제외시켰다.[103] New-

---

102) W. Whewell(1850) Liberal education in general, *Fraser's Magazine*, Vol. XLI, pp.617~623.
103) R. Pring(1993) Liberal education and vocational preparation, in: R.

man 추기경의 경우도 이와 다를 바 없다. 이들이 규정한 자유교육의 내용은 실제적 추구와는 무관하며 따라서 이들에게 있어서 이론적 추구와 실제적 추구 사이의 공통 속성을 찾는 일은 불가능하다.

그러나 지식의 발생론적(genetic) 관점에서 보면 사정은 이와 달라진다. 지적 실제(intelligent practice) 안에는 이미 이론이 잉태되어 있다는 생각은 지식의 실제적 추구의 가능성과 그 가치를 정당화하는 데에 직접적으로 도움이 될 뿐만 아니라 이론과 실제, 이론적 추구와 실제적 추구 사이의 관계를 밀접히 하는 그럴 듯한 하나의 기본적인 아이디어가 된다. 이론이 실제와 별개의 것으로 존재한다거나 실제와 무관하게 형성된다는 생각은 인간의 삶의 맥락을 떠나서만 가능하다. 삶은 실제 속에서 이루어지는 행위이며, 인간은 실제가 포함하고 있는 문제와 가치에 대하여 반성적(reflective) 검토를 함으로써 그것을 이론화한다. 따라서 이 경우 이론은 실제에 우선하는 것이 아니라 실제로부터 파생되는 것으로 이해된다. 실제 속에서 인간은 실재들(realities)을 지각하고 언어에 의존하여 지각한 바를 관념(ideas)의 세트(set)로 묶는다. 말하자면 이론을 만든다. 바로 이러할 때 실제는 합리적, 또는 지적 속성들을 포함한다. 다시 말해서 실제 속에 포함된, 실제를 구성하는 지적 속성들이 이론을 구성한다고 보면 이론과 실제는 서로 별개의 것이 아니다. 그렇다면 여기에서 만들어진 이론이 순수한 이론으로 그치느냐 그것이 실제를 개선하는 데에 다시 응용되느냐의 문제는 이 맥락에서 별로 중요한 문제가 아니다. 다만 여기에서 주시해야 할 사항은 우리가 추구하는 것이 이론적인 것이든 실제적인 것이든 그것은 실제를 구성하는 지적 속성들을 공통 요소로 하여 구성되는 지적 활동이라는 점이다.

합리적 실제(rational practice)는 이론이 만들어지는 場이 되기도 하고 그 이론에 의해서 새롭게 재구성되는 대상이기도 하다. 그러나 합리적 실제를

Barrow and P. White(eds.), *Beyond Liberal Education,* London : Routledge, pp.54~55 ; J. Newman(1852) *The Idea of a University,* London : Longman, Green & Co. p.120.

구성하는 지적 속성들이 어떻게 쓰이는가는 전적으로 그 실제와 관련된 인간행동의 동기에 관련된 문제일 뿐이다. 어떤 사람은 합리적 실제를 구성하는 지적 요소들을 개념으로 묶어 단지 단순화·체계화하려는 의도를 가지고 그 요소들을 다룰 것이며, 다른 사람은 지적 요소들의 관계를 파악함으로써 그 실제를 자기가 바라는 방향으로 개선하려고 할 것이다. 그러나 이 둘은 지적 요소들을 다루는 방식에 있어서 차이를 두지 아니 한다. 실제적 판단(practical judgement)의 논리는 이 점을 우리에게 분명히 보여 준다. 실제적 판단의 전제 가운데 하나는 반드시 이론적 탐구에 해당되는 사실적 판단이다. 이론적 추구와 실제적 추구는 이런 의미에서 공통 요소를 갖는다. 오늘날 기술 선진국은 기초과학교육의 육성에 많은 관심을 갖는다. 그것은 기술과학이 기초과학적 지식을 필요로 하기 때문일 것이다. 그런데 우리는 여기서 이 제안을 기술이 기초과학을, 또는 실제적 추구가 이론적 추구를 수단으로 한다는 지배논리로 이해할 것이 아니라, 그보다는 이론적 추구가 이론적 추구 그 자체와 실제적 추구의 공통 요소라는 점을 시사하는 것으로 받아들여야 할 것이다. 이 점은 공학도(technologist)가 하는 일이나 匠人(craftsman)이 하는 일에 있어서도 매한가지이다. 장인이 하는 실제적 활동을 공학도가 하는 일에 비하여 이론이 덜 포함되었다거나 전혀 포함되지 않은 단순 기술로 이해한다는 것은 잘못이다. 물론 장인이 하는 일은 Aristotle이 분류한 바와 같이 praxis(doing something)보다는 poiesis(making something)에 해당된다.[104] 그러나 장인이 하는 일을 엄밀히 살펴보면 그들이 하는 일에도 분명히 지적 속성이 개입되어 있다. 다만 그 지적 속성들이 이론적으로 명백하게 드러나 있지 않을 뿐이다. 장인들이 하고 있는 일에 들어 있는 지적 속성들은 본질상 언어화(articulation)되기 어려운 것들이다. 왜냐하면 그것은 속성들이 언어화되지 못할 만큼 조잡한 수준이기 때문이 아니라, 그들의 하는 일이 표현의 한

---

104) Aristotle(1915) *Ethica Nicomachea*(ed. W. P. Ross), Oxford University Press, 1140a.

계를 가진 언어로 포착하기 어려울 만큼 섬세하고 복잡하기 때문이다. 이 속성
들에 대해서 장인들은 무엇인가를 알고 있다. Polanyi의 언어를 빌려 말하면
장인들의 이 앎은 비언어적 지식(tacit knowledge)이다. 정도와 유형의 차
이는 있을지 모르나 공학도가 하는 일이든 장인이 하는 일이든 그 활동에는 분
명히 지적 속성들이 내재되어 있다.[105] 합리적 실제는 다분히 지적 속성들로
구성되며 이것들을 가지고 인간은 이론적 추구를 하기도 하고 실제적 추구를
하기도 한다.

　이론적 추구와 실제적 추구는 Michael Oakeshott에 있어서도 인간의 활
동 속에 함께 포함되는 것들이다.[106] Oakeshott에 따르면 이 둘은 구분되지
만 그들은 구체적인 인간의 활동에서 서로 분리될 수 없다. 그들이 분리될 수
없는 것은 그들이 함께 작용하기 때문이다. 실제적 추구는 이론적 추구를 포함
하며 이의 逆도 마찬가지로 성립된다. 이론적 활동을 면밀히 관찰하면 거기에
는 문제를 제기하고 결정하는 실제적 활동이 개입되고 있음을 알 수 있으며,
또한 실제적 활동은 그 과정에서 사물에 대한 이해, 신념, 법칙, 원리들을 밑
바닥에 깔고 진행된다. 사실이 이러하다면 이론적 추구와 실제적 추구를 서로
대립되는 두 다른 활동으로 규정하는 고답적 생각은 버려야 한다. 이러하기 때
문에 고대 그리스와 로마에서 분리되었던 dialectic과 rhetoric 또는
Philologiae와 Mercurii를 '결혼'시킨 Martianus Capella의 아이디어
는, 비록 그의 주장이 이들 두 추구의 공통 요소를 구체적으로 제시하면서 정
당화하지 않았기 때문에 설득력이 다소 미약했다고 보이기는 하지만, 사실 오
늘날 매우 의미 있는 것으로 재평가된다. 이론적 추구와 실제적 추구의 결합은
'밖으로부터 오는 요구'에 의해서도 요청되는 사실이지만, 지금까지 논의를 계
속하여 온 바와 같이, 이들 두 추구의 '사이에 있는 논리'에 의해서도 충분히

105) 이 부분은 M. Polanyi(1958) *Personal Knowledge,* London : Routledge
　　 & Kegan Paul, chs. 4 & 5에 의존한 바 크다.
106) M. Oakeshott(1962) *Rationalism in Politics,* London : Methuen, pp.7
　　 ~13.

가능하다. 사실 많은 이론들이 이를 지지하고 있다. Dewey는 방법론적 관점에서 이론적인 것과 실제적인 것이 교육에서 이원론적으로 분리되지 않아야 한다는 주장을 그의 『민주주의와 교육』에서 일관성 있게 이끌어 가고 있다. 그에 의하면 교육에서 실제적인 것과 이론적인 것은 분리되지 않는다. 그가 『민주주의와 교육』의 여기 저기에서 실제적인 것을 강조하고 때로는 구체적으로 '일'(work)의 중요성을 제시한 것은 전문교육의 우위성을 주장하고자 한 것이 아니었다. 그는 실제적인 것, 또는 전문적인 영역 안에서 경험의 재구성을 통하여 이루어지는 지적 성장, 또는 이론의 형성이야말로 진정한 의미의 지성, 또는 이론이 된다는 점을 역설하고자 한 것이었다.[107] 실제적인 것 안에는 분명히 이론적인 것이 있고 따라서 실제적 추구를 신중하게 하는 사람이라면 그는 그 실제적 추구과정을 통해서 그 안에 들어 있는 이론적인 것을 보다 확실하게 확인할 것이다. Snow 경이 예의 주시한 바와 같이 순수과학과 기술을 엄격히 구분짓는 선을 긋는다는 것은 한때 우리도 시도하려고 했지만, 사실은 부질없는 일이다. Snow 경의 표현을 빌리면 "누구든지 항공기를 설계하는 과정을 실제로 관찰해 보면 아마도 그는 그 과정이 원자핵 물리학의 실험을 하고 있는 것과 마찬가지의 일, 즉 미적, 지적, 도덕적 경험을 포함하고 있다는 것을 알게 될 것이다."[108] 같은 주장이 Whitehead에 의해서도 제기된다. 그 역시 자유교육과 기술교육이 관련되는 점을 자유교육과 기술교육의 공통 요소를 들어 설명한다. 수학은 거의 모든 기술공학 속에 들어 있는 중요한 요소이다. 자유교육과 전문교육을 서로 대립되는 것으로 보았던 종래의 관점은 우리가 저지른 과오일지도 모른다. Martianus Capella가 제기하였던 'Philologiae와 Mercurii의 결혼'은 Whitehead에 와서 '이론과 실제' 또는 '사고와 행동의 결혼'이라는 말로 재현된다.[109] 이론적인 것이 포함되지 않은 실

---

107) J. Dewey(1916) *Democracy and Education,* N.Y. : Macmillan. p.309.
108) C. P. Snow(1974) *The Two Cultures : and a second look,* Cambridge University Press. ch. II, sec. 3.
109) A. N. Whitehead(1932) 앞의 책.

제는 있을 수 없으며, 역으로 Harbermas가 명쾌히 설명하는 바와 같이 실제적인 것이 포함되지 않은 이론도 있을 수 없다.[110] 이론적 추구와 실제적 추구는 우리의 삶을 구성하는 두 지적 요소들이다. 그러하기 때문에 두 지적 요소가 우리의 삶 안에서 조화를 갖출 때 우리의 삶은 보다 완전해진다. 바로 이 두 문장은 교육적 맥락에 수정 없이 적용된다. 왜냐하면 '교육'은 '삶'의 필연적 요소일 뿐만 아니라 '교육적 추구'와 '삶의 추구'는 거의 동의어에 가까운 말로 쓰이기 때문이다.

V. 결론

대학교육과정정책에서 자유교육과 전문교육의 관계는 매우 다양하게 나타난다. 그 이유는 자유교육의 개념적 애매성에서 비롯된 것 같다. '자유교육'의 쓰임새는 그 동안 '밖으로부터 오는 요구', 즉 역사적, 사회적 요구에 따라 크게 변화되어 왔다. 그리고 이 변화의 크기에 비례하여 자유교육은 역사적 변고에 그만큼 시달려 온 셈이다.

자유교육은 오늘날 그 본질과는 달리 사회적 리더십을 기르는 교육, 인격을 함양시키는 교육, 전문적 지식을 추구하기 위한 기초교육으로 잘못 인식되고 있다. 이것은 아마도 '밖으로부터 오는 요구'로 인하여 '자유교육'의 쓰임새가 현 시점에서 얼마나 다양하게 쓰이고 있는가를 입증해 주는 결정적 예가 된다고 볼 수 있다. 또한 이것은 교육의 역사가 보여 주듯이 이론적 추구와 실제적 추구, 이론과 실제는 서로 다른 두 개의 인간 활동이라는 이원론적인 사고와 갈등의 틈바구니에서 나름대로 교육의 典型을 찾는 데 부심하여 온 흔적이기도 하다.

자유교육과 전문교육은 이원론적 사고체계에 의하여 분리되는 것이 아니다.

---

110) J. Habermas(1988) *Theory and Practice*, Cambridge : Polity.

그들의 관계는 그들 '사이에 있는 논리'에 따라서 파악되어야 한다. 자유교육과 전문교육이 별개의 것이라는 지금까지의 생각은 '교육'의 일반적 의미를 모호하게 하였을 뿐만 아니라, 특히 대학에서 자유교육의 위치를 매우 애매하게 하는 원인이 되기도 하였다. 이 두 교육은 동기에 있어서 그 목적을 달리할 수 있을 것이다. 그러나 대학교육은 이들 가운데 어느 하나만으로는 성립될 수 없다. 이들은 교육이라는 하나의 연속선 위에 공존하는 것들이다. 대학교육과정 정책에서 이들이 연속되는 점을 찾는 일은 중요하다. 이 일은 구체적으로 자유교육과 전문교육의 '사이에 있는 논리'가 무엇인가를 찾는 일이며, 결국 이 일은 갈등을 빚고 있는 두 교육을 위해서 화친조약을 쓰는 바로 그런 일이 되어야 할 것이다.

참고문헌

Airy, G. B.(1859) *On the Draft of Proposed New Statues for Trinity College, Cambridge,* Cambridge.

Aristotle(1915) *Ethica Nicomachea,* W. P. Ross(ed.) Oxford University Press.

Arnold, M.(1869) *Culture and Arnarchy,* J. D. Wilson (ed.), (Cambridge University Press.

Bailey, C.(1984) *Beyond the Present and the Particular,* London : Routledge & Kegan Paul.

Bailey, C.(1988) What hopes for liberal education, *Cambridge Journal of Education.*

Bailey, C.(1992) Enterprise and liberal education: some reservations, *Journal of Philosophy of Education,* Vol. 26, No. 1.

Ball, W. W. R.(1940) *A Short Account of the History of Mathmatics,* London.

Bantock, G. H.(1952) *Freedom and Authority in Education,* London : Faber & Faber.

Beck, F. A.(1964) *Greek Education 450~350 B.C.,* London : Methuen.

Bell, D.(1966) *The Reforming of General Education: The Columbia College experience in its natural setting,* Columbia University Press.

Boyd, W.(1952) *The History of Western Education,* London : Adam & Charles Black.

Burnet, J.(1903) *Aristotle on Education,* Cambridge University Press.

Capella, M.(1925) *De Naptiis Philologiae et Mercurii, Addtus Dick*(ed.), Leipzig : Trubner.

Cicero, *De Orator.*

Cooper, D. E.(1980) Epistemological egalitarianism, in: idem, *Illusions of Equality,* London : Routledge & Kegan Paul.

Degenhardt, M.(1982) *Education and the Value of Knowledge,* London :

George Allen & Unwin.

DES(1985) *The Development of Higher Education into the 1990's,* London : HMSO.

Dewey, J.(1916) *Democracy and Education,* N. Y. : The Free Press.

Dressel, P. L.(1979) Liberal education: developing the charactristics of a liberally educated person, *Liberal Education, 65.*

Editor(1850) Cambridge University, *Fraser's Magazine,* Vol. XLI.

Eliot, T. S.(1948) *Notes Towards the Definition of Culture,* London : Faber and Faber.

Eliot, T. S.(1965) The conflict between aims, in: idem, *To Criticize the Critic,* London : Faber & Faber.

Garland, M. M.(1980) *Cambridge Before Darwin,* Cambridge University Press.

Grimaldi, W. M.(1978) *Studies in the Philosophy of Aristotle's Rhetoric,* Weisbaden : Franz Steiner.

Habermas, J.(1988) *Theory and Practice,* Cambridge : Polity.

Harper(1893) *Annual Resister: 1892~3,* University of Chicago.

Harper(1902) *The President's Report,* July 1892.

Harper(1905) *The Trend in Higher Education,* Chicago.

Haskins, C. H.(1957) *The Rise of Universities,* N. Y. : Cornell University Press.

Hirst, P. H.(1965) Liberal education and the nature of knowledge, in: R. D. Archambault(ed.), *Philosophical Analysis and Education,* London : Routledge & Kegan Paul.

Hirst, P. H.(1971) Liberal Education, in: L. C. Deighton(ed.) *The Encyclopedia of Education,* Vol. 5, N. Y. : Macmillan.

Hirst, P. H.(1974) *Knowledge and the Curriculum,* London : Routledge & Kegan Paul.

Hirst, P. H.(1993) Education, knowledge and practice, in: R. Barrow and P. White(eds.) *Beyond Liberal Education:Essays in honour of*

Paul H. Hirst, London : Routledge.

Holt, M.(ed.)(1987) Skills and Vocationalism: The easy answer, Milton Keynes : Open University Press.

Hutchins, R. M.(1936) General education, in: idem, The Higher Learning in America, New Haven : Yale University Press.

Hutchins, R. M.(1953) The University of Utopia, The University of Chicago Press.

Huxley, T. H.(1880) A liberal education and where to find it, in: Lay Sermons(ed.), Aressess and Review, London.

Isocrates(ed.), Antidosis.

John's Hopkins University(1902) Celebration of the Twenty-Fifth Anniversary of the Founding of the University and Inauguration of Ira Remsen as President of the University, Baltimore.

Johnson, A.(1945) Liberal Education: fact and fiction, N. Y. : New Schools For Social Research.

Jowett, B.(1888) The Republic of Plato, Book II, Oxford : The Clarendon Press.

Kekes, J.(1988) The Examined life, London : Associated University Press.

Kimball, B. A.(1983) Founders of liberal education:The case for Roman orators against Socratic philosophers, Teachers College Reward, Vol. 85, No. 2.

Kühnert, F.(1961) Allgemeinbildung und Fachbildung in der Antike, Berlin : Deutsche Akademie der Wisseuschaften.

Langford, G.(1985) Education, Person and Society, London : Macmillan.

Lawton, D.(1975) Class, Culture and the Curriculum, London : Routledge & Kegan Paul.

MacGrath, F.(1951) Newman's University: idea and reality, London.

MacIntyre, A.(1981) After Virtue, London : Duckworth.

Marrow, H. I.(1948) Histoire de l'Education dans l'Antiquité, Paris : Editions du Seuil.

162

Marrow, H. I.(1969) Les arts libéraux dans l'Antiquité classique, in:
(Actes du Quartriéme Congrés International de Philosophe Médié
vale) *Arts Libéraux et Philosophié au Moyen Age*, Montreal :
Institut d'Edudes M'ediévales.

Martin, J. R.(1981) Needed: a paradigm for liberal education, in: NSSE,
Philosopy and Education, The University Chicago Press.

McGinn, C.(1982) *The Character of Mind*, Oxford University Press.

McGinn, C.(1989) *Mental Content*, Oxford Basil Blackwell.

Merz, J. T.(1904) *A History of European Scientific Thought in the Nine-
teenth Century*, Vol. I London.

Mill, J. S.(1836) Civilization, *London and Westminster Review*, Vol. I,
XXV, No. 1.

Mill, J. S.(1867) *Inaugural Adress*, London : University of St. Andrews.

Moseley, M.(1964) *Irascible Genius*, London.

settleship, R. L.(1935) *The Theory of Education in Plato's Republic*, Ox-
ford : The Clarendon Press.

Newman, J. H.(1852) *The Idea of a University*, London : Longman,
Green & Co.

Newman, J. H.(1965) *On the Scope and the Nature of University Educa-
tion*, London.

Oakeshott, M.(1962) *Rationalism in Politics*, London : Methuen.

Peacock, G.(1830) *Treatise on Algebra*, London.

Peters, R. S.(1966) *Ethics and Education*, London : George Allen & Unwin.

Peters, R. S.(1977) *Education and the Education of Teachers*, London :
Routledge & Kegan Paul.

Phenix, P. H.(1964) *Realms of Meaning*, N. Y. : McGrow-Hill.

Plato(1888) *The Republic of Plato*, Oxford : The Clarendon Press.

Polanyi, M.(1958) *Personal Kowledge*, London : Routledge & Kegan Paul.

Polanyi, M. and Prosch, H.(1975) *Meaning*, Chicago University Press.

Pring, R.(1972) Knowledge out of control, *Education for Teaching*, Vol. 89.

Pring, R.(1993) Liberal education and vocational preparation, in: R. Barrow and P. White(eds.) *Beyond Liberal Education*, London : Routledge.

Proussis, C. M.(1965) The Orator: Isocrates, in: P. Nash, et al(eds.) *The Educated Man*, N. Y. : John Wiley.

Quintillian, *Institutio Oratoria*.

Ryle, G.(1949) The *Concept of Mind*, N.Y : Barnes & Noble.

School Council(1981) *The Practical Curriculum*, London : Methuen Educational.

Snow, C. P.(1960) The 'Two Culture' Controversy, Afterthoughts, *Encounter*, Feb. 1960.

Snow, C. P.(1974) *The Two Cultures:and a second look*, Cambridge University Press.

Taylor, C.(1989) *Sources of the Self*, Cambridge University Press.

The Harvard Committee(1946) *General Education in a Free Society*, Harvard University Press.

Tdhunter, I.(1876) *William Whewell*, Vol. I, London.

West, A. F.(1901) *Alcuin and the Rise of the Christian Schools*, N. Y. : Charles Scriber's Son's.

Whewell, W.(1845) *Of a Liberal Education in General:and with particular reference to the leading studies of the University of Cambridge*, London.

Whewell, W.(1850) Liberal education in general, *Fraser's Magazine*, Vol. XLI.

White, J.(1973) *Towards a Compulsory Curriculum*, London : Routledge & Kegan Paul.

White, J.(1975) The sociology of knowledge, *Education for Teaching*, Vol. 98.

White, J.(1990) *Education and the Good Life*, London : Kogan Page.

Whitehead, A. N.(1932) *The Aims of Education*, London : Williams & Norgate.

대학입학 전형정책의 최적선택에 관한 연구

이형행 · 백일우 · 신준영 *

Ⅰ. 서론

1. 연구의 필요성

대학에 입학하려는 대입 수험생들은 수시로 바뀌는 일관성 없는 대학입학 전형정책으로 인하여 내적으로는 학력을 높이는 것에 노력을 경주하는 동시에 외적으로는 입시 경향에 맞추어 대비해야 하는 이중의 고통을 당하고 있다. 1994학년도부터 새로운 입시정책이 시행될 예정이다. 새 입시제도는 두 가지 새로운 정책을 도입하고 있는데 하나는 대학의 자율권 강화라는 점이고, 또 다른 하나는 기존의 대학입학 학력고사를 대체하는 대학수학능력시험의 실시이다. 여기서 대학의 자율권 강화는 고교내신성적을 입학 총점의 40% 이상 의무적으로 반영하되, 그 이외의 배점에 대해서는 대학이 자율적으로 대학별 고사의 채택 여부를 결정하여 반영 비율을 정할 수 있는 결정권, 그리고 특별전형의 실시 등으로 나타나고 있다.

대학의 입시 자율권은 그 동안 대학들이 강력하게 주장해 온 대학정책 중의

---

* 연세대학교 교육연구소.

하나로서 21세기를 향한 대학 발전을 위해 중요한 조치이다. 따라서 대학 자율화의 폭이 커질 것이 기대되는 현 시점에서 그 이점을 최대로 살릴 수 있는 관련 분야에 대한 기초 선행연구야말로 미래의 대학 발전을 위하여 반드시 전제되어야 할 조건이라 하겠다.

대학의 자율권 강화에 관한 새로운 정책은 그 이점에 못지않게 문제점을 내포하고 있는 것이 사실이다. 대학의 자율권 강화는 두 가지 측면에서 문제를 야기하고 있다. 첫번째 문제로는 고등학교 내신성적, 대학수학능력시험, 그리고 대학별 고사 등의 반영률에 관한 것을 들 수 있다. 현재 실행하고 있는 대학에서의 학생선발 기준은 학력 위주의, 즉 대학입학 후 학업성취도가 뛰어날 가능성이 높은 학생 위주로 선발하게 되어 있다. 따라서 이에 따른 적절한 학생선발기준이 있어야 함이 당연하다. 하지만 현재의 실태를 보면 고등학교 내신성적과 대학에서의 학업성취도에 관한 연구가 거의 안되어 있는 실정이다. 또한 대학수학능력시험과 대학별 고사는 1993학년에 처음으로 실시하는 제도이거나 새로 부활하는 제도이므로 이 시험에 대한 평가를 현재의 시점에서는 내릴 수 없는 형편이다. 따라서 각 대학은 입시 총점에 세 가지 성적의 비율을 정하는 데 있어 문제점을 가질 것으로 예상된다. 두번째 문제로는 대학별 고사실시에 따른 고교수업의 비정상화를 들 수 있다. 1980년대 초 당시의 대학별 고사를 폐지한 가장 중요한 이유는 과열된 과외수업으로 인한 고교수업의 비정상화에 있었다. 따라서 대학별 고사 실시의 허용은 과거에 고교교육이 가졌던 문제점을 다시금 예상하게 한다.

앞서 거론한 두 가지 예상되는 문제는 그에 따르는 원인을 사전에 파악하고 연구함으로써 그 여파를 최소한으로 줄일 수 있을 뿐더러 그 문제점들을 피할 수 있는 대안을 제시할 수 있을 것이다. 따라서 본 연구는 새로운 입시정책에 즈음하여, 대학이 새로운 입시정책을 채택함에 있어서 고려해야 할 문제점과, 대학의 자율적인 입시정책이 고교교육에 미칠 영향을 예상하여 이에 따르는 중요한 변수들에 관한 연구의 필요성을 절감하여, 대학에서의 학업성취도와 관련된 제 변수들을 분석하고자 한다.

2. 연구의 목적

1970년도에 대학입학 예비고사가 처음으로 도입된 이후로 이 시험성적의 반영률에 대한 제고와 제도적인 보완이 그 간의 입시개혁의 주가 되어 왔는데, 현행 입시제도는 대입예비고사의 명칭을 대체한 학력고사가 과거의 본고사를 대체하고, 또한 고등학교의 내신성적이 반영되게 되어 있다. 현행 입시제도에 있어서 고교내신성적과 대학입학 학력고사는 전체 입시 총점 중 각기 30%와 70%가 반영되게 되어 있다.

현행 대학입학 학력고사는 고교교과과정에 포함된 내용을 거의 전부 반영하도록 출제되고 있는데, 과연 대학입학 학력고사가 고교교육과정을 수학한 학생들의 학력을 신뢰성 있고 타당하게 측정하고 있는지, 대학입학 학력고사가 측정한 수험생들의 학력이 대학에서의 학업성취도와 어떠한 관련을 갖는지에 대한 의문이 제기된다.

고교내신성적은 고교수업의 정상화라는 취지 아래 대학 입학성적에 반영되기 시작하였는데 초기의 학교간 혹은 지역간의 학력 격차로 인한 문제점을 보완하여 오늘에 이르고 있다. 하지만 아직도 전체 입시성적에의 반영률이나 등급간의 점수차 등에 대한 문제가 해소되었다고 보기는 어렵다. 또한 고교내신성적과 대학에서의 학업성취도와의 관계에 대한 연구도 부족한 실정이다.

한국 대학의 학생 선발기준이 철저하게 학력 위주이므로, 대학입학자의 입학 성적과 대학에서의 학업성취도와 관련된 연구의 부족은 현행 입시제도하에서 입학한 학생들이, 또는 1994학년도부터 시행되는 새로운 입시제도에서 입학할 학생들이 과연 최적의 학생들인지 하는 입시 전형정책의 타당성 여부에 의문을 제기한다. 따라서 현행 대학입시에서 학생 선발에 이용되고 있는 고교내신성적과 대학입학 학력고사를 대학에서의 학업성취도와 관련하여 분석함으로써 우수한 학생들을 선발하는 최적의 입시 전형정책이 무엇이며 또한 현행 입시제도와 어떠한 차이를 가지고 있는가를 살펴보는 것은 대학이 학생을 선발하는 데 있어서 가질 수 있는 문제를 최소화할 수 있는 대책이라고 할 수 있다.

이와 관련하여 백일우(1991)는 대학 합격자들의 고교내신성적, 대학입학 학력고사 성적, 그리고 그들이 가지고 있는 사회 경제적인 변수들을 그들이 대학생활 중 보여 준 학업성적과 연관시키면 대학입학 학력고사 성적과 내신성적위주의 입시 선발방법에 있어서 두 성적의 비중을 결정할 수 있음을 제시하고앞으로 이 방면에 있어서의 지속적 연구가 추가되어야 한다고 부언하고 있다.

이에 본 연구는 특정 대학교의 개별 단과대학에 입학한 학생들을 대상으로그들의 입학시의 성적과 그들이 대학에서 다섯 학기를 거치며 취득한 학업성적을 가지고, 대학에서의 학업성취도에 입학성적이 어떠한 관련을 가지고 있는가를 분석하고자 한다. 또한 입학성적과 더불어 연구대상자들이 갖고 있는 개인적, 가정적 변수들을 분석함으로써 대학에서의 학업성취도를 예측하는 데있어서 학력 외에 중요한 요인들이 무엇인가를 살펴보고, 이러한 분석을 바탕으로 하여 우수한 학생들을 선발하는 최적의 입시 전형정책이 무엇이며 또한현행 입시제도와 어떠한 차이를 가지고 있는가를 논의하고자 한다.

본 연구는 다음과 같은 문제에 초점을 맞추고자 한다.

첫째, 현행 대학입학 학력고사와 연관하여 이 시험의 이론적인 신뢰성과 타당성을 살피고자 한다.

둘째, 연구대상자들이 대학입학 후에 보여 준 학업성취도와 대학입학 학력고사와의 관계를 분석하고자 한다.

셋째, 내신성적과 대학에서의 학업성취도와의 관계를 분석하고자 한다.

넷째, 대학에서의 학업성취도에 영향을 미치는 주요 변수들을 파악하고자한다. 이를 위하여 연구대상자들의 개인적, 가정적 배경과 학업성취도와의 관계를 분석하고, 또한 고교 행동발달상황과 학업성취도와의 관계를 분석하고자한다.

다섯째, 앞서의 분석을 바탕으로 대학입학자들의 향후 대학에서의 학업성취도를 예측하는 회귀방정식을 제시하고자 한다.

마지막으로, 본 연구에서 분석된 결과를 바탕으로 대학입학 전형정책의 최적선택에 대한 논의를 하고자 한다.

II. 이론적 배경

대학이 성공적으로 발전하기 위해서는 다음 세 가지 사항이 전제되어야 한다. 첫째, 우수한 학생을 선발하는 것이다. 둘째, 우수한 교수진을 확보하는 것이다. 셋째, 재정과 정책적인 지원이다. 그 간 한국의 대학개혁은 주로 학생을 선발하는 제도의 개혁에 주안점을 두어 왔다. 그 이유는 우수한 교수진의 확보와 재정과 정책적인 지원은 한국의 대학이 당면하고 있는 가장 중요한 현안 중의 하나임에도 불구하고 그것을 실현시키기 위해서는 막대한 예산의 확보와 집행이라는 어려움이 뒤따르기 때문이었다. 이에 비하여 우수한 학생을 선발하는 일은 대다수의 대학이 사립대학인 우리의 실정에서 재정적인 문제를 수반하지 않으면서도 효율적으로 대학의 질을 높일 수 있는 가장 현실적인 방안이었기 때문이다.

그렇다면 우수한 학생이란 것은 어떠한 학생을 말하는 것인가? 우수한 학생에 대한 정의는 다양한 측면에서 거론될 수 있겠지만 일반적으로 대학에서 요구하는 우수한 학생이란 학업성적이 뛰어난 학생을 의미하고 있다. 고등학교의 학업성적이 우수하고 그 학력을 대학에서 요구하는 시험을 통하여 보여 줄 수 있는 학생이라는 것이다. 여기에는 대학에서의 학업성취도는 앞서 거론한 고등학교의 학업성적과 대학입학을 위한 시험성적과 밀접한 관련을 가진다는 가정이 놓여 있다. 이러한 가정은 결국 내신성적으로 나타나는 고등학교의 학업성적과 대학입학을 위한 학력고사라는 시험성적이 얼마나 신뢰성 있게 측정되었고 또한 대학에서의 학업성취도와 얼마나 타당성 있게 관련되어 있는가 하는 문제로 압축된다.

1. 현행 입시제도의 신뢰도

신뢰도란 동일한 사람을 대상으로 하여, 목표로 하는 어떤 특질을 여러 번 반복하여 측정하였을 때 얼마나 일관성 있게 측정한 결과가 나오는가를 나타내는 지수이다. 예를 들면 고교 졸업생들의 학력을 측정하기 위하여 학력고사를 여러 번 반복하여 실시하였을 때 첫 시험에서 높은 점수를 받은 학생들은 계속하여 일관성 있게 높은 점수를 받고, 낮은 점수를 받은 학생들은 계속 낮은 점수를 받는다면 그 학력고사는 매우 신뢰도가 높은 측정이다. 반대로 여러 번의 측정에서 어떤 때는 높은 점수를 받는가 하면 또 다른 때는 낮은 점수를 받는다면 그 학력고사는 신뢰도가 낮은 측정이다. 하지만 학력고사와 같은 시험을 여러 번 반복하여 측정하는 것은 현실적인 여건으로 인하여 사실상 불가능하다. 따라서 단 한 번의 시험으로 목표하는 바를 측정하는 것이 일반적인 방법이다. 현행 대학입학 학력고사와 1994학년도부터 시행되는 대학수학능력시험이 단 한 번의 시험으로 목표하는 바를 측정하는 시험의 대표적인 예인데, 과연 현행 대학입학 학력고사와 앞으로 실시될 대학수학능력시험이 신뢰성 있는 시험인가 하는 의문이 제기된다.

(1) 신뢰도에 영향을 주는 요인

일반적으로 시험의 신뢰도에 영향을 주는 요인들은 여러 가지가 있겠지만 여기서는 편의상 크게 외적 요인과 내적 요인으로 구분하였다. 외적인 요인으로는 시험절차와 같이 신뢰도를 어떻게 측정하는가 하는 방법을 들 수 있다. 이러한 외적 요인은 본 연구의 주요 관심 대상이 아니므로 여기서 거론하지 않겠다. 그리고 내적 요인으로는 다음과 같은 다섯 가지 요인을 지적할 수 있다 (Mehrens & Lehmann, 1984).: 시험 분량(test length), 주어진 시험을 치르는데 허용된 시간(speed), 시험을 치르는 수험자들의 동질성(homogeneity)여부, 시험의 난이도(difficulty), 그리고 시험의 객관성(objectivity) 등이다. 이들 다섯 가지의 요인 중 본 연구에서는 대학입시와 관련하여 시험의 분량(test length), 주어진 시험을 치르는 데 허용된 시간(speed), 그리고 시험의 난이도(difficulty)의 세 가지 요인에 논의를 국한한다.

1) 시험의 분량(test length)

신뢰도의 이론에 의하면 관찰된 점수(observed score)는 진점수(true score)와 가점수(error score)로 구성되어 있다. 즉 X=T+E(X=관찰된 점수;T=진점수 ; E=가점수)라는 것이다. 여기서 관찰된 점수란 수험자가 시험을 치른 후에 받는 점수로 대학입학 학력고사를 예로 든다면 320점 만점의 필기점수 중 수험생이 정답으로 표기하여 얻은 점수를 말한다. 그리고 진점수는 이론적으로 오차에 영향을 받음이 없이 수험생이 일관성 있게 보여줄 수 있는 점수로서 대학입학 학력고사에 있어서는 정답으로 표기하여 얻은 관찰점수 중 실력으로 얻을 수 있었던 점수를 의미한다. 여기서 실력으로 얻을 수 있었던 점수란 쉽게 말하여 운에 의해서 우연히 맞춘 점수를 제외하고, 또 알고 있었지만 실수로 틀린 점수를 가산한, 실제로 알고서 맞출 수 있는 이론적인 점수를 말한다. 따라서 가점수란 앞서 말한 운에 의해서 우연히 맞힌 점수나 실수로 틀린 것 등의 무작위 오차(random error)에 의한 점수를 말한다.

일반적으로 문항 수가 많은 시험은 문항 수가 적은 시험에 비해 신뢰도가 높다. 그 이유는 문항 수가 많은 시험에서는 정적인 오차(positive error)와 부적인 오차(negative error)가 서로 상쇄되어 궁극적으로 오차가 영(zero)이 되기 때문이다. Spearman과 Brown은 문항 수가 많은 시험과 문항 수가 적은 시험의 신뢰도를 추정하는 공식을 제시하고 있다. Spearman과 Brown의 공식에 의하면 만약 r이라는 신뢰도를 가지고 있는 시험의 문항을 k배로 늘린다면 그 예상되는 신뢰도는 다음과 같다.

$$r_{xx} = \frac{kr}{1+(k-1)r}$$

여기서 r_{xx}=예상되는 신뢰도, r=k배로 늘리기 전의 원시험의 신뢰도, 그리고 k=원시험의 문항 수와 늘린 시험의 문항 수의 비율이다. 따라서 만약 신뢰도가 .4인 시험의 문항 수를 두 배로 늘린다면 그 신뢰도

$$r_{xx} = \frac{2(.4)}{1+(2-1)(.4)} = .57$$

이 된다. 마찬가지로 시험의 문항 수를 세 배로 늘린다면 그 신뢰도는 .67로 높아진다. 여기서 이러한 신뢰도의 제고는 추가된 문항이 원래의 문항과 유사한 것이고, 추가된 문항이 수험생에게 피로를 주어 실력 발휘를 하는 데 지장을 주지 않는다는 가정하에서 논의된 것이다.

2) 주어진 시험을 치르는 데 허용된 시간(speed)

시험에서는 일반적으로 두 가지 유형의 시험이 있는데 하나는 수험생들이 문제 전부를 해결하는 데 있어서 주어진 시간이 매우 촉박하게 시험을 출제하는 방식이다. 보통 이러한 방식의 시험은 문항 수가 많고 쉬운 문제로 구성되어 있다. 또 다른 시험의 유형은 충분한 시간을 허용하지만 문제의 난이도로 인하여 극소수의 수험생만이 모든 문제를 해결할 수 있게 시험을 출제하는 방식이다. 이러한 시험은 보통 문항 수가 적고 어려운 문제로 구성되어 있다. 시험이 속도를 요구할수록, 즉 주어진 제한된 시간 내에 많은 문제를 해결해야 하는 시험일수록 그 신뢰도는 낮은 경향이 있다.

3) 시험의 난이도(difficulty)

시험의 난이도는 신뢰도에 많은 영향을 미친다. 시험의 난이도는 수험생들의 점수의 분산을 결정하는 데, 분산이 클수록 신뢰도는 높고 분산이 작을수록 신뢰도는 낮다. 만일 시험이 너무 쉽다든지 너무 어려울 경우에는 수험생들의 점수가 편중되어 분산이 작으므로 신뢰도는 낮아지는 것이다.

(2) 현행 대학입시의 신뢰도

앞서 거론한 신뢰도에 영향을 미치는 세 가지 요인으로 평가를 한다면 현행 대학입학 학력고사의 이론적인 신뢰도는 낮다고 할 수 있다. 시험의 분량에 있어서 고교교육과정에서 다루는 다양한 과목들을 하루의 시험으로 측정함으로써 각 과목은 문항 수에 있어서 제한을 받고 있다. 따라서 이론적으로 수험생들의 실력을 평가하는 데 일관성이 낮을 위험성이 있다. 시험을 치르는 데 허용된 시간을 가지고 살펴보면 현행 대학입학 학력고사는 속도를 위주로 하는 시험(speed test)에 가깝다. 이는 시험의 분량에 있어서와 같이 하루에 걸쳐서 고교교과과정 전 과목의 학력을 측정하려면 불가피한 현상이다. 따라서 많은 수험생들에 있어서 시간이 부족하여 문제를 해결하지 못한 경우가 발생하게 됨은 당연하다. 이에 따라 이론적으로 시험의 신뢰도는 낮을 위험이 있다. 시험의 난이도에 있어서 현행 대학입학 학력고사는 체력점수를 포함하여 320점 만점에 300점 이상의 고득점자가 대량으로 발생할 정도로 난이도가 낮은 것으로 나타나고 있다. 문제가 너무 쉬운 경우 전체 수험생의 분산은 부적 분포(negative distribution)의 양상을 보이게 되며 이에 따른 작은 분산은 낮은 신뢰도를 나타내게 된다.

2. 현행 입시제도의 타당성

시험의 타당도란 과연 시험이 측정하고자 하는 수험생들의 특질을 시험을 통하여 적절하게 추론할 수 있는가 하는 것을 말한다. 대학입학 학력고사를 예로 든다면 대학입학 학력고사라는 시험이 측정하고자 하는 수험생들의 특질, 즉 대학에서의 학업성취도와 관련된 학력을 적절하게 측정하는 도구인가 하는 문제와 연관된다. 타당도는 일반적으로 내용 타당도(content validity), 준거 타당도(criterion-related validity), 그리고 구인 타당도(construct validity)로 구분된다. 이와 같은 세 가지 타당도 중 본 연구의 목적상, 내용 타당도와 준거 타당도에 논의를 국한한다.

(1) 내용 타당도(content validity)

내용 타당도는 특정한 시험(test)이 측정하고자 하는 특정한 영역의 내용

(content)을 적절하게 포함하는 것과 관련이 있다. 대학입학 학력고사를 예로 들면 학력고사에 출제되는 문제들이 고교교육과정에서 다루고 있는 내용들을 잘 반영하는가 하는 것이다. 내용 타당도를 판단하기 위해서는 측정하고자 하는 영역에 대하여 세부적이며 포괄적인 정의가 필요하다. 측정하고자 하는 영역의 내용을 포괄적이며 세부적으로 다루는 시험일수록 내용 타당도는 높다 (Mehrens & Lehmann, 1984). 하지만 대학입학 학력고사와 같이 하루의 시험으로 고교교육과정의 전반적인 내용을 다루어야 하는 시험에 있어서는 전 영역에 대한 세부적인 반영이 사실상 어렵다.

(2) 준거 타당도(criterion-related validity)

준거 타당도는 학력고사 시험성적과 같은 예측변수들(predictors)과 대학에서의 평균학점(GPA)과 같은 준거변수들(criteria)간의 관계를 나타낸다. 준거 타당도는 다시 동시 타당도(concurrent validity)와 예측 타당도 (predictive validity)로 구분할 수 있다. 동시 타당도와 예측 타당도의 차이는 자료(data)의 수집 시기에 달려 있는데 예측변수와 준거변수에 관한 자료를 거의 동일한 시기에 수집한 경우는 동시 타당도에 해당하고 예측변수와 준거변수에 관한 자료가 시간적인 간격을 두고 수집된 경우는 예측 타당도라 불린다. 비록 자료의 수집 시기에 따라 구분을 하지만 동시 타당도와 예측 타당도 모두 검사(test)를 통하여 특정한 변수를 예측하는 데 그 목적이 있다.

(3) 타당도에 영향을 주는 요인

타당도에 영향을 주는 요인으로는 다음의 세 가지를 들 수 있다.

첫째, 예측변수와 준거변수의 신뢰도가 중요하다. 예측변수의 측정이나, 준거변수를 측정한 것이 신뢰도가 낮으면 타당도도 낮게 된다. 타당도이론에 의하면 타당도는 예측변수와 준거변수의 신뢰도를 곱한 결과의 제곱근을 초과하지 못한다. 즉 $r_{xy} \leq \sqrt{(r_{xx})(r_{yy})}$ 이다. 여기서 r_{xy}는 예측변수(x)와 준거변수(y) 사이의 상관, r_{xx}는 예측변수(시험)의 신뢰도, 그리고 r_{yy}는 준거

변수의 신뢰도이다.

둘째로 타당도에 영향을 주는 요인은 연구대상(subjects)의 동질성 여부이다. 연구대상이 이질적(heterogeneous)일수록 타당도는 높다. 따라서 선발된 집단을 대상으로 한 자료는 연구대상자들의 동질성으로 인하여 낮은 상관관계가 나타나기 쉽다. 이는 역설적으로 특정한 시험(predictor)이 선발(selection)의 도구로서 성공하면 할수록 선발된 집단을 대상으로 한 타당도는 낮게 나온다는 이야기가 된다.

세번째로 타당도에 영향을 주는 요인으로는 예측변수와 준거변수 사이의 상관관계의 형태를 들 수 있다. 예측변수와 준거변수 사이의 상관관계가 전체 연구대상자를 한 자료에 있어서는 전반적으로 높게 나타나도 입시시의 학생 선발과 같은 범위를 제한하여 보았을 때는 낮게 나오는 경우가 있다. 예를 들면 [그림 1]에서 보듯이 (가)의 경우와 (나)의 경우에 있어서 전체적인 상관관계는 모두 높게 나타나고 있다. 하지만 (나)의 경우에 있어서 범위를 합격자로 제한하였을 때의 상관관계는 거의 영(zero)에 가깝게 나타나고 있다. 여기서 (나)의 경우에서 보듯이 예측변수인 대학 입학성적은 학생 선발에 있어서는 적절한 수단이었지만 준거변수인 대학에서의 학업성취도를 예측하는 데는 부적절한 수단으로 나타나고 있다.

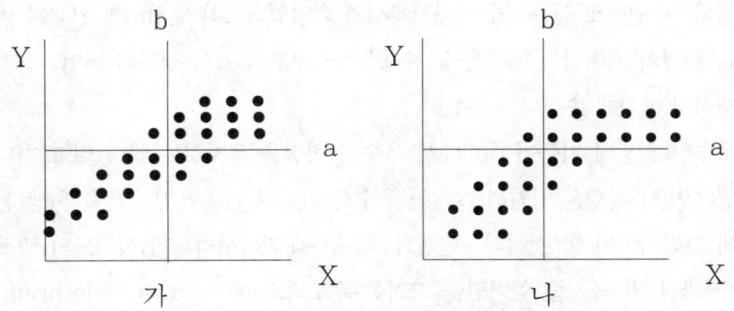

(X=예측변수, Y=준거변수, a=대학에서의 평균학점 2.0, b=대학입학 합격선)

[그림 1] 전체적인 상관관계와 제한된 범위에 있어서의 상관관계

(4) 타당도와 학생 선발

대학의 학생 선발에 있어서 현재 사용하고 있는 기준은 고등학교 내신성적과 대학입학 학력고사 점수이다. 모든 대학이 일률적으로 입학성적의 30%를 고교내신성적을 통하여 반영하고 나머지 70%를 대학입학 학력고사의 성적을 반영하는 제도이다. 두 성적의 합을 가지고 대학의 허용된 입학정원 내에서 조금이라도 성적이 높은 학생을 선발하는 제도인 것이다. 앞서 거론했듯이 여기에는 다음과 같은 가정이 밑받침되고 있다. 두 성적이 뛰어난 학생은 그렇지 못한 학생보다 대학에서 성공할 확률이 더 높다는 것이다. 즉 두 성적은 대학에서의 학업성취도를 예측하는 가장 타당한 기준이라는 것이다. 따라서 대학이 학생 선발에 있어서 성공적으로 학생을 선발하였나 하는 문제는 선발된 학생들의 대학에서의 학업성취도가 어떤가 하는 문제이다. 여기서 대학에서의 학업성취도는 학업성적, 즉 평균학점(GPA)을 통하여 알 수 있다.

대학에서의 학업성취도와 밀접하게 연관된 변수들은 대학입학 당시의 학력 이외에도 여러 가지를 들 수 있다. 우선 학력 이외의 학생 개인에 관한 변수이다. 고교에서 기록, 유지하고 있는 행동발달상황으로 나타나는 독립성, 근면성, 자주성, 협동성, 지도성 등의 변수들이 여기에 속한다. 또한 학생들의 지능지수도 학생 개인에 관한 변수의 하나이며, 성, 출신지역도 개인적인 변수에 속한다. 두번째로 들 수 있는 대학에서의 학업성취도와 밀접하게 연관된 변수로는 학생의 가정적인 배경을 들 수 있는데 부모의 교육 정도나 직업, 그리고 경제력이 여기에 속한다고 하겠다.

우수한 학생의 기준이 대학에서 우수한 학점을 유지하는 데 있다고 한다면 학생 선발의 방향은 당연히 그러한 우수한 학점과 연관된 변수들을 학생 선발시에 고려하여야 할 것이다. 현행의 제도는 대학에서의 학업성취도와 밀접하게 연관된 변수들 중 학력만을 고려한 제도라고 볼 수 있다. Methrens와 Lehmann(1984)은 이와 관련하여 학생 선발 등과 같이 시험을 통한 의사결정에 있어서 고려해야 할 네 가지 중요한 점을 지적하고 있다. 그중 입시제도와 관련된 두 가지 중요한 사항은 다음과 같다.

첫째, 시험 이외의 다른 자료의 가용(availability) 여부이다. 시험은 시험 이외의 다른 자료가 가용하지 않을 경우나, 가용한 자료와 더불어 보다 나은 의사결정을 확신하였을 때만 사용하여야 한다. 둘째, 시험을 시행하는 데 드는 비용과 의사결정이 잘못되었을 때의 비용을 고려하여야 한다. 입학시험을 통한 학생 선발은 두 가지 유형의 실수(error)를 범할 위험이 있다. 하나는 대학에서 성공할 가능성이 있는 학생을 탈락시키는 실수이고 다른 하나는 대학에서 성공하지 못할 학생을 선발하는 실수이다. [그림 2]는 특정한 대학에 있어서 특정한 시기에 입학시험을 치른 수험생들의 합격 여부와 4년 후 대학 졸업시의 학업성취도를 도식화한 것이다. 현실적으로 불합격한 집단의 대학에서의 평균학점에 대한 자료를 수집할 수는 없지만 이론적으로 가정을 하였을 때, 대학에서 학업성취도의 성공 여부를 평균학점 2.0으로 가정하여 만약 대학에서 성공할 가능성이 있는 학생(4명)을 탈락시키는 실수가 3단위의 비용을 초래하고 대학에서 성공하지 못할 학생(4명)을 선발하는 실수가 1단위의 비용을 초래한다면 (가)의 경우에 있어서의 의사결정의 실수로 인한 총 손실은 $4 \times 3 + 4 \times 1 = 16$이 된다. (나)는 (가)와 비교하여 학생 선발 합격점을 낮춘 경우인데, 대학에서 성공할 가능성이 있는 학생으로 탈락된 학생은 (가)와 비교하여 2명이 줄은 2명이다. 그리고 대학에서 성공하지 못할 학생이지만 선발된 학생은 (가)와 비교하여 3명이 늘은 7명이다. 따라서 (나)의 경우에 있어서 의사결정의 실수로 인한 총 손실은 $2 \times 3 + 7 \times 1 = 13$이 된다. 이처럼 대학에서 성공할 가능성이 있는 학생을 탈락시키는 실수가 대학에서 성공하지 못할 학생을 선발하는 실수보다 손실의 클 경우 (나)의 경우처럼 합격점을 낮추는 것이 전체적으로 손실이 적다. 반면에 대학에서 성공할 가능성이 있는 학생을 탈락시키는 실수가 대학에서 성공하지 못할 학생을 선발하는 실수보다 손실이 적을 경우에는 합격점을 높이는 것이 전체적인 손실을 줄이는 방법이다.

이와 같이 시험을 시행하는 데 드는 비용과 의사결정이 잘못 되었을 때의 비용을 고려하여 시험을 시행하는 데 드는 비용이 의사결정이 잘못되었을 때의 비용을 초과할 경우는 시험을 시행하지 않는 것이 효율적이다. 대학입학 학력고사와 관련지어 만약 학력고사가 대학에서 학업성취도가 높을 가능성이 많은 수험생을 선발하는 데 제 기능을 다하지 못한다면 앞서 거론하였듯이 이 시험의 채택은 비효율적이라고 할 수 있다. 우수한 학생을 선발하는 데 도움이 안 될 뿐더러 막대한 비용이 드는 시험의 실시는 분명히 제고되어야만 할 것이다.

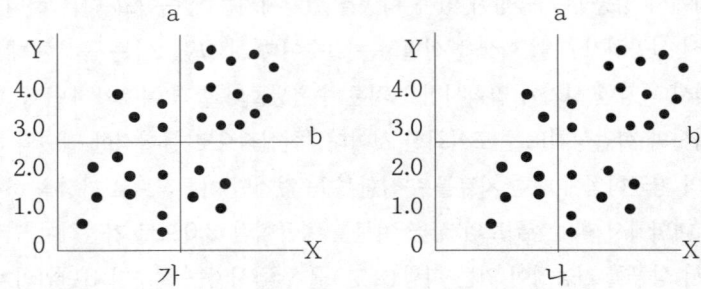

(Y=대학 평균학점, X=입학성적, a=합격점, b=평균학점 2.0)

[그림 2] 두 가지 유형의 실수에 따른 비용분석

III. 연구방법

본 연구는 서울 시내 모 대학교 한 단과대학 지원자 전체를 대상으로 하여 대학 입학성적을 최종의 자료로 하여 합격자 집단과 불합격자 집단의 특성을 비교·연구하였다. 그리고 합격한 학생들을 대상으로 그 후 그들의 2년 반 (다섯 학기) 동안의 학업성취도에 대한 자료를 추가하여 분석을 하였다.

1. 연구의 대상

연구의 대상은 서울 시내 모 대학교 한 단과대학의 1990년도 입학생으로서, 이를 성별로 구분하면 총 604명 중 58.8%인 355명이 남학생이었으며, 나머지 41.2%에 해당하는 249명이 여학생이었다. 또한 지역별로는 서울 출신 학생이 전체의 60.9%인 368명이었으며, 지방 출신 학생은 39.1%인 236명이었다〈표 3-1〉.

〈표 3-1〉 연구대상자의 성별, 지역별 분류

	서울	지방	성별
남	213(35.3%)	142(23.6%)	355 (58.8%)
여	155(25.7%)	94(15.5%)	249 (41.2%)
지역별	368(60.9%)	236(39.1%)	604(100.0%)

연구대상자인 1990년 입학생들의 평균학력은 내신성적 144.19, 체력검사 점수 19.98, 그리고 학력고사 점수 256.96점이었다. 가장 높은 학력고사 점수를 받은 사람은 295점이었고 가장 적은 점수는 228점이었다. 내신성적에 있어서는 가장 높은 점수가 145.7이었고 가장 낮은 점수는 137.7이었다. 체력검사 점수는 대다수의 학생이 만점인 20점을 받았고 단지 10명의 학생만이 18~19점을 받았다. 총점에 있어서는 전체 평균이 421.13에 표준편차가 11.01이었고 가장 높은 점수가 460.7이며 가장 낮은 점수는 390.7이었다. 연령에 있어서는 평균 18.3세로 가장 나이 많은 입학자는 26세였고 가장 어린 입학자는 16세였다〈표 3-2〉.

〈표 3-2〉 연구대상자의 나이와 입시성적

	나이	학력고사	내신점수	체력검사	총점
평균	18.30	256.96	144.19	19.98	421.13
표준편차	1.05	10.49	1.87	.18	11.01

2. 자료의 내용

본 연구에 사용된 구체적 자료는 출신 고등학교 생활기록부, 입시지원서 양식의 하나인 OMR(Optical Mark Reader) Card의 표기 내용, 입시전문기관의 전국 단위 모의고사 결과자료, 문교부가 간행한 전국 중고등학교 명부를 중심으로 한 지원자의 출신 고등학교의 특성, 해당 학년도 대학입학 학력고사 최종결과, 그리고 1990년도 1학기부터 1992년도 1학기까지의 다섯 학기 동안의 학기별 평균학점과 다섯 학기 전체의 평균학점 등이다.

(1) 고등학교 생활기록부

고등학교 생활기록부는 입시지원자가 대학 지원시에 필히 제출하는 구비서류로서 학생 인적 사항, 고등학교 3년 간의 생활기록, 학업성적 등이 각 학년 담임교사의 평가와 함께 기록되어 있다. 생활기록부로부터 수집 가능한 자료는 크게 4가지 부문으로 나누어지는 바, 그 내용은 다음과 같다. 첫째, 지원자의 수험번호와 접수번호, 지원자의 본적지, 주소지, 지능지수, 그리고 출신 학교의 위치 등이다. 둘째로는 지원자의 가정적 배경에 관한 정보로서 아버지와 어머니의 출생년도, 직업의 종류와 그 직업의 사회·경제적 척도, 종교, 학력, 형제자매의 수와 경제적인 생활수준, 생활환경, 그리고 부모의 교육에 대한 관심도 등이다. 세번째로는 지원자의 체력과 생활에 관한 정보로서 1, 2, 3 각 학년의 체력급수와 근면성, 책임감, 협동성, 자주성, 준법성, 지도성 등의 행동발달상황 평가, 그리고 학생자치조직의 간부경력 유무 여부 등이다. 그리고 마지막으로 지원자의 고등학교에서의 성적으로 각 학년 각 학기의 국, 영, 수 성적에 대한 가중치와 평점, 각 학기의 계열석차 등이다.

(2) OMR CARD

지원자의 입시지원시 지원서와 같이 작성하여 제출하는 OMR CARD에서는 지원자의 주민등록번호와 제1, 2, 3 지망학과, 출신 고등학교의 CODE번호, 졸업(예정)년도, 계열석차배분율, 결석일수, 체력점수, 선택과목에 대한 정보를 얻을 수 있었다. 특히 주민등록번호를 통해서는 지원자의 나이와 성별을 파악하였으며, 졸업(예정)년도를 통해서 재수 여부를 알아내었다.

(3) 입시전문기관의 모의고사자료

자료를 제공한 사설기관인 중앙교육진흥연구소는 입시전문기관으로서 매월 전국의 고등학교 3학년 학생을 대상으로 하여 실제 대입학력고사와 유사한 (총점, 과목별 배점, 문항수와 시간, 그리고 출제양식이 같음) 유료 대입 모의고사를 실시하고 있다. 이용된 자료는 1989년 9월 22일에 실시되었던 모의고사 자료로서 이 시험에는 전국에서 총 1,440개 고등학교의 514,836명이 응시하였다.

실제로 1990학년도 지원자들의 출신학교 중에서 이 모의고사에 참가하지 않은 학교는 35개교에 불과하고 그중 인문계 고등학교는 전국에서 17개교에 불과하였다. 이 자료로부터 학교별 국어, 영어, 수학점수, 총점의 평균, 각 학교 상위 30%에 해당하는 학생들의 국어, 영어, 수학점수와 총점의 평균, 그리고 남녀공학 여부를 알 수 있다.

(4) 전국 중고등학교 명부

전국 중고등학교 명부는 1990년 4월 1일자로 문교부에 의하여 발간된 자료(문교부, 1990)로서 각 고등학교의 설립주체별 분류(국, 공, 사립), 설치인가 연월일, 편성학급 수와 학생 수, 소재지, 교원 수 등을 알 수 있었으며, 서울 소재 고등학교의 경우에는 학군별 분류도 실시하였다.

(5) 대학입학 학력고사 결과자료

대학입학 학력고사 최종 결과자료에서는 학력고사점수와 내신 환산성적, 체력점수, 앞의 3가지 점수를 합한 총점, 학력고사에서의 국, 영, 수 성적, 합격, 불합격 판정, 합격학과를 알 수 있었다.

(6) 대학입학 후의 학업성취도

대학입학 후의 성적은 입학 후 1990년도 1학기부터 1992년도 1학기에 걸친 다섯 학기의 총평균학점과, 각 학기의 평균학점을 입수하였다.

3. 자료의 분석

자료의 분석은 우선 대학입학 학력고사, 내신성적, 그리고 체력점수를 대상으로 연구대상자들의 성별과 출신 고등학교의 지역별 분석을 하였다. 대학 입학성적의 분석은 특히 내신성적의 남녀 고등학교간의 불균형 여부와 지역별 불균형 여부에 중점을 두었다. 이어서 연구대상자들의 대학에서의 학업성취도를 분석하였다. 학업성취도의 분석에서는 성별, 지역별 차이의 분석과 더불어 학업성취도와 상관이 높은 변수의 파악이 주목적이었다. 마지막으로 대학에서의 학업성취도에 영향을 주는 변수들을 중심으로 하여 회귀분석을 통하여 기타 조건을 통제한 상태에서 어떠한 변수들이 대학에서의 학업성취도에 영향을 주는지 여부와 만일 영향을 준다면 얼마만큼의 영향을 주고 있는가를 분석하였다.

Ⅳ. 연구결과의 분석

현행 대학입시제도는 대학생활을 성공적으로 이끌 가능성이 가장 큰, 즉 대학에서의 학업성취도가 가장 높을 가능성이 있는 수험생들을 허용된 범위 내에서 선발하는 것으로 되어 있다. 여기서 대학에서의 학업성취도의 예측은 대학입학성적에 포함된 학력고사성적, 체력점수, 내신성적을 통하여 측정하는 것으로 되어 있다. 그렇다면 과연 이와 같이 학력고사성적, 체력점수, 내신성적을 대학입학에 반영하는 현행 대학입시제도가 최선의 것인가 하는 의문이 생겨나게 된다. 특히 내신성적을 대학입학 기준의 일원으로 사용함에 있어서 문제가 되는 것은 학교별 내신성적 등급의 불균형이라고 할 수 있는데, 과연 서울을 비롯한 대도시의 내신등급이 중소도시나 군 이하의 고등학교 내신등급과 균형을 유지하고 있느냐 하는 것이 하나의 의문으로 등장한다. 또한 남자 고등학교와 여자 고등학교의 내신성적 등급도 마찬가지로 균형을 유지하고 있는지 흥미로운 문제이다. 따라서 본 연구에서는 먼저 연구대상자들의 대학 입학성적을 분석하였고, 이어서 연구대상자의 성과 출신 지역을 중심으로 하여 1990년 1학기부터 1992년 1학기에 걸친 학업성취도, 즉 평균학점을 분석하였다. 이를 바탕으로 하여 연구대상자들의 평균학점과 상관이 높은 중요한 변수들을 분석하였다.

1. 대학 입학성적의 분석

(1) 성별분석

입학시험시 연구대상자들의 학력고사점수, 내신성적, 체력점수, 그리고 입시 총득점을 살펴본 결과 성별에 따른 차이가 발견되었다. 우선 학력고사점수에서, 남학생들의 성적은 평균 256.04, 표준편차 10.39이었으며 최고 289점에서 최저 228점의 분포를 보이고 있다. 이에 비하여 여학생들은 평균 258.27, 표준편차 10.52로 최고 295점에서 최저 233점의 분포를 보이고 있다. 따라서 여학생들이 남학생들보다 학력고사에서 평균 2.23점을 더 획득한 셈이 된다. 내신성적에 있어서는 남학생이 평균 143.50, 표준편차 1.89로 최고 145.70에서 최저 137.70의 분포를 보였고, 여학생은 평균 145.17, 표준편차 1.32로 최고 145.70에서 최저 139.70의 분포를 보이고 있다. 따라서 성별간의 내신성적 격차는 1.67점으로 약 한 등급에 해당하는 차이가 나타나고 있다. 체력점수에는 성별간의 차이가 거의 없는, 남학생이 평균 19.97, 표준편차 .20으로 최고 20.00에서 최저 18.00의 분포를 보이고 있으며, 여학생이 평균 19.99, 표준편차 0.127로 최고 20.00에서 최저 18.

00의 분포를 보이고 있다. 이를 입시 총점을 통해 살펴보면 성별간 격차는 3. 02로 남학생은 평균 419.51, 표준편차 10.81이며 최고 450.70에서 최저 390.70의 분포를 보이고 있고, 여학생은 평균 423.43, 표준편차 10.90로서 최고 460.70에서 최저 397.70의 분포를 보이고 있다. 〈표 3-3〉은 성별 학력고사, 내신성적, 체력점수, 입시 총득점을 비교한 지수이다.

〈표 3-3〉 성별 학력고사, 내신성적, 체력점수, 입시 총득점 비교

변수	전체			남			여		
	N	평균	SD	N	평균	SD	N	평균	SD
학력	604	256.96	10.49	355	256.04	10.39	249	258.27	10.52
내신	604	144.19	1.87	355	143.50	1.89	249	145.17	1.32
체력	604	19.98	.18	355	19.97	.20	249	19.99	.13
총점	604	421.13	11.01	355	419.51	10.81	249	423.43	10.90

기술통계에서 나타난 성별 학력고사 평균점수 2.23, 내신점수 1.67, 체력 점수 0.01, 입시총득점 3.92의 격차가 통계적으로 유의한지를 분석하기 위하여 F검정을 실시한 결과 학력고사성적($F=6.677$, $p.=.010$), 내신성적 ($F=143.96$, $p.=.000$), 입시 총득점($F=19.11$, $p.=.000$)의 차이 등이 통계적으로 유의한 것으로 나타났고, 체력점수($F=2.49$, $p.=.115$)는 통계적으로 유의하지 않은 것으로 분석되었다〈표 3-4, 3-5, 3-6, 3-7〉.

〈표 3-4〉 성별 학력고사 성적에 대한 일원분산분석

sv	df	ss	ms	F	F prob.
성	1	728.328	728.328	6.677	.010
residual	602	65665.796	109.079		
전체	603	66394.124			

〈표 3-5〉 성별 내신성적에 대한 일원분산분석

sv	df	ss	ms	F	F prob.
성	1	406.681	406.681	143.963	.000
residual	602	1700.595	2.825		
전체	603	2107.276			

〈표 3-6〉 성별 체력점수에 대한 일원분산분석

sv	df	ss	ms	F	F prob.
성	1	.077	.077	2.490	.115
residual	602	18.643	.031		
전체	603	18.720			

〈표 3-7〉 성별 입시 총득점에 대한 일원분산분석

sv	df	ss	ms	F	F prob.
성	1	2249.754	2249.754	19.112	.000
residual	602	70863.377	117.713		
전체	603	73113.131			

그렇다면 과연 이와 같은 학력고사점수와 내신점수의 차이가 남녀간의 입학시의 실질적인 학력차에서 오는 것이라고 단정지을 수 있는가 하는 의문이 제기된다. 여기서 문제가 되는 것이 내신성적이다. 학력고사는 남녀가 동일한 조건하에서 치르기 때문에 공정성에 대한 의문이 제거될 수 있겠지만, 내신성적은 상대적인 내신등급을 가지고 환산한 점수이므로 남녀공학 출신의 학생이 아닌 남자 고등학교 출신이나, 혹은 여자 고등학교 출신의 학생들 중 어느 한편에 유리하게 작용할 소지가 있다. 다시 말하면 입시 총득점의 차이가 실질적으로 남녀간의 학력차에 기인하는 것인지 아니면 내신성적의 차이에 의한 것인지에 대해 의문의 여지가 있다. 이에, 남학생들에 비하여 혹은 여학생들에 비하여 상대편 성의 학생들이 내신성적에서 유리한 등급을 받은 것인지를 검증하기 위하여 두 종류의 공분산분석(Analysis of Covariance)을 시도하였다.

첫번째의 공분산분석은 내신성적을 공변량(covariate)으로 하였을 때 남녀
간 입시 총득점의 차이를 검증하였고, 두번째 공분산분석은 학력고사점수를
공변량(covariate)으로 하였을 때 남녀간 입시 총득점의 차이를 검증하였
다. 여기서 만약 내신성적을 공변량으로 하였을 때의 남녀간 입시 총득점에는
차이가 없고, 학력고사점수를 공변량으로 하였을 때의 남녀간 입시 총득점에
만 차이가 있다면, 입시 총득점의 차이가 내신성적의 차이에서 기인하는 것으
로 결론지을 수 있을 것이다. 즉 한 집단이 다른 집단보다 내신성적에서 유리
하였다는 판단이 가능한 것이다.

〈표 3-8〉 내신성적을 공변량으로 할 경우 입시 총점에 대한 성별 평균(Observed
Means)과 교정된 평균(Adjusted Means)

성	관찰점수(obs. Mean)	교정된 점수(Adj. Mean)	점수간 격차
남	419.51	421.19	1.68
여	423.43	421.76	1.67
성별격차	3.92	.57	3.35

내신성적을 사용하여 두 집단간 평균을 교정한 결과 두 집단간의 교정된 평
균은 매우 유사한 것으로 나타났다〈표 3-8〉. 남학생의 공변량을 통하여 교정
된 입시 총점은 421.19점을 보여 여학생의 교정된 점수와의 차이는 불과 .57
점에 불과하였다. 이 점수차는 관찰된 평균의 차 3.92점과 3.35의 차이를 보
여 준다. 또한 공분산분석의 결과도 성별간의 입시 총점에서 통계적($F=.36$,
$p.=.549$)으로 차이가 없는 것으로 나타나고 있다〈표 3-9〉.

〈표 3-9〉 내신성적을 공변량으로 한 입시 총점의 남녀간 차이에 대한 공분산분석
(ANCOVA)

sv	df	ss	ms	F	F prob.
regression	1	6872.82	6872.82	64.55	.000
성	1	38.32	38.32	.36	.549
within cells	601	63990.55	106.47		

내신성적을 공분산으로 한 입시 총점의 남녀간 차이에 대한 공분산분석 (ANCOVA)의 결과를 재확인하기 위하여, 두번째로 학력고사점수를 공변량으로 하여 입시 총점에 대한 성별에 따른 평균(Observed Means)과 교정된 평균(Adjusted Means)을 비교한 결과 남학생의 420.66에 대하여 여학생의 422.29로 1.63점의 차이를 보이고 있었다〈표 3-10〉. 이러한 차이는 관찰된 평균의 차이 3.92보다 2.29점이 낮아진 것이다.

〈표 3-10〉 학력고사점수를 공변량으로 할 경우 입시 총점에 대한 성별 평균(Observed Means)과 교정된 평균(Adjusted Means)

성	관찰점수(obs. Mean)	교정된 점수(Adj. Mean)	점수간 격차
남	419.51	420.66	1.15
여	423.43	422.29	1.14
성별격차	3.92	1.63	2.29

두번째 공분산분석에서의 학력고사를 공변량으로 하였을 때의 교정된 남녀간의 입시 총점의 차이는 통계적($F=137.68$, $p.=.000$)으로 매우 유의한 것으로 나타났다〈표 3-11〉. 이것은 만일 남녀간에 학력고사성적의 차이가 없었더라도 여전히 입시 총득점에서 차이가 있었을 것이라는 해석을 가능하게 한다. 따라서 내신성적을 공분산으로 한 공분산분석의 결과를 뒷받침해 주어서 여학생이 남학생에 비하여 입시에서 유리하였다는 결론을 내릴 수 있다. 이러한 결과는 내신등급에서 남녀공학간의 공정성에 시사점을 주는 발견이라 할 수 있을 것이다.

〈표 3-11〉 학력고사점수를 공변량으로 한 입시 총점의 남녀간 차이에 대한 공분산분석 (ANCOVA)

sv	df	ss	ms	F	F prob.
공분산	1	69182.70	69182.70	24739.26	.000
성	1	385.03	385.03	137.68	.000
	601	1680.68	2.80		

(2) 지역별에 따른 분석

서울과 지방 출신 학생들의 대학 입학성적을 비교하여 보면 학력고사점수에 있어서 서울 출신 학생들이 평균 257.20점(표준편차=10.26)이고 지방 출신 학생들이 평균 256.58(표준편차=10.85)으로 .62점의 차이를 보이고 있다. 내신성적은 지역별로 거의 유사하여 서울 출신 학생이 평균 144.19점 (표준편차=1.79)으로 지방 출신 학생의 144.18점(표준편차=1.99)과 불과 .01의 차이를 보이고 있다. 체력검사도 서울 출신 학생이 평균 19.97 (표준편차=.23)으로 지방 출신 학생의 20.0점(표준편차=.00)과 불과 .03점의 작은 차이를 보이고 있다〈표 3-12〉.

〈표 3-12〉 서울과 지방 학생간의 학력고사, 내신성적, 체력점수 비교

변수	전체			서울			지방		
	N	평균	SD	N	평균	SD	N	평균	SD
학력	604	256.96	10.49	368	257.20	10.26	236	256.58	10.85
내신	604	144.19	1.87	368	144.19	1.79	236	144.18	1.99
체력	604	19.98	.18	368	19.97	.23	236	20.00	.00
총점	604	421.13	11.01	368	419.36	10.79	236	420.77	11.37

이와 같이 지역별 대학입학성적은 성별 분석과는 달리 서울과 지방학생간의 학력고사, 내신성적, 그리고 총득점에서는 상이한 차이를 발견할 수 없었고, 오히려 성별 차이가 없었던 체력점수에서만 통계적으로 유의한 차이($F=5.826$, $p.=.016$)를 발견할 수 있었다〈표 3-13, 3-14, 3-15, 3-16〉.

〈표 3-13〉 지역별 학력고사 성적에 대한 일원분산분석

sv	df	ss	ms	F	F prob.
지역	1	55.104	55.104	.500	.480
residual	602	66339.020	110.198		
전체	603	66394.124			

〈표 3-14〉 지역별에 내신성적에 대한 일원분산분석

sv	df	ss	ms	F	F prob.
지역	1	.008	.008	.002	.962
residual	602	2107.268	3.500		
전체	603	2107.276			

〈표 3-15〉 지역별 체력점수에 대한 일원분산분석

sv	df	ss	ms	F	F prob.
지역	1	.179	.179	5.826	.016
residual	602	18.541	.031		
전체	603	18.720			

〈표 3-16〉 지역별 입시 총득점에 대한 일원분산분석

sv	df	ss	ms	F	F prob.
지역	1	50.266	50.266	.414	.520
residual	602	73062.865	121.367		
전체	603	73113.131			

(3) 연구대상자들의 대학 입학성적의 특징

본 연구의 대상자들은 대학 입학성적에 있어서 전체적으로 비교적 동질적 (homogeneous)인 집단임에도 불구하고 하위집단에 있어서 대학 입학성적이 차이를 보이고 있다. 성별에 따른 학력고사와 내신성적이 통계적으로 유의한 차이가 있는 것으로 나타나고 있는데, 학력고사점수와 내신점수를 각기 공분산으로 한 공분산분석 결과에 의하면 대학 입학성적의 차이는 내신성적의 차이에 기인하는 것으로 나타났다. 이러한 결과는 연구대상자들이 합격자 집단이라는 동질성을 고려할 때 성별 내신성적의 불균형을 시사해 주는 발견이라고 할 수 있다.

2. 평균학점(GPA)의 분석

(1) 1990년도 제1학기

1990년도 입학생 중 첫 학기 학점이 입수 가능한 연구대상자는 480명이었다. 이들의 첫 학기 평균학점은 2.74(표준편차=.75)로 최고 4.00에서 최저 .21의 분포를 보이고 있다. 성별로는 남학생이 2.50(표준편차=.80)으로 최고 4.00부터 최저 .21까지의 커다란 편차를 보이고 있으며, 여학생은 평균 3.05(표준편차=.530)으로 최고 4.00에서 최저 .84까지로 남학생보다 높고 안정적인 분포를 보여 주고 있다. 지역별로는 서울 출신 학생이 평균 2.81(표준편차=.75)로 최고 4.00에서 최저 .21까지의 분포를 보이고 있다. 지방 출신 학생은 평균 2.62(표준편차=.73)로 최고 3.88에서 최저 .52의 분포를 보이고 있다〈표 3-17〉.

연구대상자의 첫 학기 평균학점과 중요한 변수들간의 상관관계를 보면 성(sex)이 첫 학기 평균학점과 가장 높은 상관관계를 보여 주고 있으며 그 다음으로 고교내신성적인 것으로 나타났다. 또한 부모의 교육받은 연수도 첫 학기 평균학점과 중요한 상관관계를 갖는 것으로 나타났다〈표 3-18〉.

〈표 3-17〉 성별, 지역별 첫 학기 평균학점

	남	여	지역별
서울	평균=2.57 표준편차=.80 사례수=165	평균=3.11 표준편차=.54 사례수=134	평균=2.81 표준편차=.75 사례수=299
지방	평균=2.38 표준편차=.79 사례수=103	평균=2.94 표준편차=.49 사례수=78	평균=2.62 표준편차=.731 사례수=181
성별	평균=2.50 표준편차=.80 사례수=268	평균=3.05 표준편차=.53 사례수=212	평균=2.74 표준편차=.75 사례수=480

〈표 3-18〉 첫 학기 평균학점과 연구대상자의 중요한 변수간의 상관관계

	첫 학기 평균학점
성	-.3645**
지역	.1276**
지능지수	.0918
부교육년수	.1690**
모교육년수	.2097**
부모교육년수	.1566**
학력고사점수	.2066**
내신성적	.3400**
체력점수	.0248
입시총득점	.2588**

– Signif. LE .05   **– Signif. LE .01   (2–tailed)

성별, 지역별 첫 학기 평균학점이 통계적으로 차이가 있는지 검증하기 위해 F검정을 실시한 결과 성별(F=73.360, p.=.000)과 지역별(F=8.242, p.=.004)에 따라 통계적으로 유의한 차이를 보였다〈표 3-19〉.

〈표 3-19〉 첫 학기 평균학점에 대한 성별, 지역별 이원분산분석

sv	df	ss	ms	F	F prob.
성	1	35.090	35.090	73.360	.000
지역	1	3.943	3.943	8.242	.004
성 × 지역	1	.013	.013	.027	.870
Residual	476	227.686	.478		
Total	479	267.138			

(2) 1990년도 제2학기

1990년도 입학생 중 둘째 학기 학점이 입수 가능한 연구대상자는 464명이었다. 두번째 학기의 특징은 연구대상자들의 평균학점의 전반적인 상승이라고 할 수 있다. 이들의 두번째 학기 평균학점은 2.88(표준편차=.73)로 첫 학

기 2.74에 비하여 .14의 상승을 보인다. 개인간의 편차는 최고 4.00에서 최저 .42의 분포를 보이고 있다. 성별로는 남학생이 2.61(표준편차 =.78)로 최고 4.00부터 최저 .42까지의 커다란 편차를 보인다. 여학생은 평균 3.20 (표준편차 =.51)이며 최고 4.00에서 최저 1.05까지로 남학생보다 더 높고 안정적인 분포를 이루어 첫 학기와 유사한 양상을 보이고 있다. 지역별로는 서울 출신 학생이 평균 2.93(표준편차 =.75)으로 최고 4.00에서 최저 .42의 분포를 보이고 있다. 지방 출신 학생은 평균 2.79(표준편차 =.70)로 최고 4.00에서 최저 .58의 분포를 보이고 있다〈표 3-20〉.

연구 대상자의 두번째 학기 평균학점과 중요한 변수들간의 상관관계를 보면 첫 학기와 마찬가지로 성(sex)이 평균학점과 가장 높은 상관관계를 보여 주고 있으며 그 다음으로 고교내신성적인 것으로 나타났다. 하지만 첫 학기와 달리 .01수준에서 통계적으로 유의한 차이가 있었던 지역과 평균학점간의 상관관계가 통계적으로 유의하지 않은 것으로 나타나고 있다. 또한 통계적으로 유의한 차이가 없었던 지능지수와 평균학점간의 상관관계가 .05수준에서 통계적으로 유의한 것으로 나타나고 있다〈표 3-21〉.

〈표 3-20〉 성별, 지역별 둘째 학기 평균 학점

	남	여	지역별
서울	평균 =2.66 표준편차 =.79 사례수 =158	평균 =3.24 표준편차 =.55 사례수 =134	평균 =2.93 표준편차 =.75 사례수 =292
지방	평균 =2.51 표준편차 =.76 사례수 =94	평균 =3.12 표준편차 =.43 사례수 =78	평균 =2.79 표준편차 =.70 사례수 =172
성별	평균 =2.61 표준편차 =.78 사례수 =252	평균 =3.20 표준편차 =.51 사례수 =212	평균 =2.88 표준편차 =.73 사례수 =464

〈표 3-21〉 둘째 학기 평균학점과 연구대상자의 중요한 변수간의 상관관계

	둘째 학기 평균학점
성	-.4024**
지역	.0909
지능지수	.1118**
부교육년수	.2029**
모교육년수	.2229**
부모교육년수	.1940**
학력고사점수	.1893**
내신성적	.3869**
체력점수	.0759
입시총득점	.2518**

- Signif. LE .05   **- Signif. LE .01   (2-tailed)

성별과 지역별에 따른 두번째 학기의 평균학점이 통계적으로 차이가 있는가를 검증하기 위하여 F검정을 실시한 결과 첫 학기와 같이 성(F=89.528, p.=.000)과 지역별(F=4.366, p.=.037)에 따른 차이를 발견하였다〈표 3-22〉.

〈표 3-22〉 둘째 학기 평균학점에 대한 성별, 지역별 이원분산분석

sv	df	ss	ms	F	F prob.
성	1	40.173	40.173	89.528	.000
지역	1	1.959	1.959	4.366	.037
성 × 지역	1	.015	.015	.033	.856
Residual	460	206.412	.478		
Total	463	248.653			

(3) 1991년도 제1학기

1990년도 입학생 중 세번째 학기 학점이 입수 가능한 연구대상자는 447명이었다. 연구 대상자들은 두번째 학기에 이어 계속적으로 평균학점의 상승

을 보여 주고 있으며 성별, 지역적 편차도 줄어들고 있다. 이들의 세번째 학기 평균학점은 2.98(표준편자=.70)로 최고 4.00에서 최저 .33의 분포를 보이고 있다. 성별로는 남학생이 2.74(표준편차=.72)로 최고 4.00부터 최저 .33까지의 편차를 보이고 있다, 여학생은 평균 3.26(표준편차 =.56)으로 최고 4.00에서 최저 .83까지로 남학생보다 여전히 더 높고 더 안정적인 분포를 이루고 있다. 지역별로는 서울 출신 학생이 평균 3.03(표준편차=.72)으로 최고 4.00에서 최저 .33의 분포를 보이고 있으며, 지방 출신 학생은 평균 2.90(표준편차=.65)로 최고 4.00에서 최저 .50의 분포를 보이고 있다 〈표 3-23〉.

〈표 3-23〉 성별, 지역별 셋째 학기 평균학점

	남	여	지역별
서울	평균=2.76 표준편차=.73 사례수=152	평균=3.34 표준편차=.57 사례수=132	평균=3.03 표준편차=.72 사례수=284
지방	평균=2.71 표준편차=.69 사례수=87	평균=3.13 표준편차=.51 사례수=76	평균=2.90 표준편차=.65 사례수=163
성별	평균=2.74 표준편차=.72 사례수=239	평균=3.26 표준편차=.56 사례수=208	평균=2.98 표준편차=.70 사례수=447

연구대상자의 세번째 학기 평균학점과 중요한 변수들간의 상관관계를 보면 첫째, 둘째 학기 평균학점과 마찬가지로 성(sex)이 가장 높은 상관관계를 보여 주고 있으며 그 다음으로 고교내신성적인 것으로 나타났다. 또한 부모의 교육년수는 계속적으로 안정적이며 비교적 높은 상관관계를 유지하고 있다 〈표 3-24〉.

성별, 지역별 셋째 학기 평균학점이 통계적으로 차이가 있는가를 검증하기 위하여 F검정을 실시한 결과 성별(F=72.369, p.=.000)에 따른 차이를

발견하였다. 하지만 첫 두 학기와는 달리 지역별(F=3.668, p.=.056)로
.05수준에서 차이를 발견하지 못하였다〈표 3-25〉.

〈표 3-24〉 셋째 학기 평균학점과 연구대상자의 중요한 변수간의 상관관계

	첫 학기 평균학점
성	-.3727**
지역	.0834**
지능지수	.0820**
부교육년수	.2095**
모교육년수	.2136**
부모교육년수	.2115*
학력고사점수	.0468**
내신성적	.3114**
체력점수	-.0330
입시총득점	.1007*

– Signif. LE .05   **– Signif. LE .01   (2–tailed)

〈표 3-25〉 셋째 학기 평균학점에 대한 성별, 지역별 이원분산분석

sv	df	ss	ms	F	F prob.
성	1	30.178	30.178	72.369	.000
지역	1	1.529	1.529	3.668	.056
성*지역	1	.661	.661	1.586	.856
Residual	443	184.730	.417		
Total	446	217.079			

(4) 1991년도 제2학기

1990년도 입학생 중 네번째 학기 학점이 입수가능한 연구대상자는 424명
이었다. 연구대상자들은 앞서의 두 학기와 달리 평균학점에서 약간의 하락을
보여 주고 있다. 이들의 네번째 학기 평균학점은 2.92(표준편자=.73)로 최
고 4.00에서 최저 .25의 분포를 보이고 있다. 성별로는 남학생이 2.69(표준

편차 =.75)로 최고 4.00부터 최저 .25까지의 편차를 보이고 있다. 여학생
은 평균 3.17(표준편차 =.56)로 최고 4.00에서 최저 .94까지로 남학생보
다 여전히 더 높고 더 안정적인 분포를 이루고 있다. 지역별로는 서울 출신 학
생이 평균 3.01(표준편차 =.71)로 최고 4.00에서 최저 .25의 분포를 보이
고, 지방 출신 학생은 평균 2.78(표준편차 =.73)로 최고 4.00에서 최저 .
80의 분포를 보이고 있다〈표 3-26〉.

〈표 3-26〉 성별, 지역별 넷째 학기 평균학점

	남	여	지역별
서울	평균 =2.79 표준편차 =.72 사례수 =138	평균 =3.24 표준편차 =.62 사례수 =129	평균 =3.01 표준편차 =.71 사례수 =267
지방	평균 =2.53 표준편차 =.77 사례수 =82	평균 =3.06 표준편차 =.57 사례수 =75	평균 =2.78 표준편차 =.73 사례수 =157
성별	평균 =2.69 표준편차 =.75 사례수 =220	평균 =3.17 표준편차 =.56 사례수 =204	평균 =2.92 표준편차 =.73 사례수 =424

연구대상자의 네번째 학기 평균학점과 중요한 변수들간의 상관관계를 보면
앞서의 세 학기 평균학점과 마찬가지로 성(sex)이 가장 높은 상관관계를 보
여 주고 있으며 그 다음으로 고교내신성적인 것으로 나타났다. 또한 부모의 교
육년수는 계속적으로 안정적이며 비교적 높은 상관관계를 유지하고 있다〈표
3-27〉.
성별, 지역별에 따른 넷째 학기 평균학점이 통계적으로 차이가 있는가를 검
증하기 위하여 F검정을 실시한 결과 성별(F=53.873, p.=.000)과 지역
별(F=11.069, p.=.001)에 따른 차이를 발견하였다〈표 3-28〉.

〈표 3-27〉 넷째 학기 평균학점과 연구대상자의 중요한 변수간의 상관관계

	넷째 학기 평균학점
성	-.3339**
지역	.1527**
지능지수	.1069*
부교육년수	.2279**
모교육년수	.2342**
부모교육년수	.2159**
학력고사점수	.0598
내신성적	.3137**
체력점수	-.0003
입시총득점	.1146*

– Signif. LE .05   **– Signif. LE .01   (2–tailed)

〈표 3-28〉 넷째 학기 평균학점에 대한 성별, 지역별 이원분산분석

sv	df	ss	ms	F	F prob.
성	1	24.689	24.689	53.873	.000
지역	1	5.073	5.073	11.069	.001
성·지역	1	.137	.137	.300	.884
Residual	420	192.475	.458		
Total	423	222.492			

(5) 1992년도 제1학기

1990년도 입학생 중 다섯째 학기 학점이 입수 가능한 연구대상자는 348명이었다. 다섯째 학기에서 연구대상자들은 다섯 학기 중 가장 높은 평균학점을 보여 주고 있다. 이들의 다섯째 학기 평균학점은 3.02(표준편자=.67)로 최고 4.00에서 최저 .47의 분포를 보이고 있다. 성별로는 남학생이 2.73(표준편차=.73)로 최고 4.00부터 최저 .47까지의 편차를 보이고 있다. 여학생은 평균 3.25(표준편차 =.52)로 최고 4.00에서 최저 1.31까지로 남학생보다 여전히 더 높고 더 안정적인 분포를 이루고 있다. 지역별로는 서울

출신 학생이 평균 3.07(표준편차=.67)로 최고 4.00에서 최저 .81의 분포
를 보이고 있다〈표 3-29〉.

연구대상자의 다섯째 학기 평균학점과 중요한 변수들간의 상관관계를 보면
앞서의 세 학기 평균학점과 마찬가지로 성(sex)이 가장 높은 상관관계를 보
였고, 그 다음으로 고교 내신성적인 것으로 나타났다. 또한 부모의 교육년수도
계속적으로 안정적이며 비교적 높은 상관관계를 유지하고 있다〈표 3-30〉.

〈표 3-29〉 성별, 지역별 다섯째 학기 평균학점

	남	여	지역별
서울	평균=2.86 표준편차=.72 사례수=100	평균=3.25 표준편차=.58 사례수=122	평균=3.07 표준편차=.67 사례수=222
지방	평균=2.49 표준편차=.70 사례수=54	평균=3.26 표준편차=.40 사례수=72	평균=2.93 표준편차=.67 사례수=126
성별	평균=2.73 표준편차=.73 사례수=154	평균=3.25 표준편차=.52 사례수=194	평균=3.02 표준편차=.67 사례수=348

〈표 3-30〉 다섯째 학기 평균학점과 연구대상자의 중요한 변수간의 상관관계

	다섯째 학기 평균학점
성	-.3904**
지역	.1011
지능지수	.0624
부교육년수	.2029**
모교육년수	.2343**
부모교육년수	.2206**
학력고사점수	.0133
내신성적	.3555**
체력점수	-.1031
입시총득점	.1798

- Signif. LE .05   **- Signif. LE .01   (2-tailed)

성별, 지역별 다섯째 학기 평균학점이 통계적으로 차이가 있는가를 검증하기 위하여 F검정을 실시한 결과 성별(F=64.920, p.=.000)과 지역별(F=5.040, p.=.025)에 따른 차이를 발견하였다. 여기서 앞서의 네 학기와 달리 성과 지역간의 상호작용이 있는 것으로 나타나고 있다〈표 3-31〉.

〈표 3-31〉 다섯째 학기 평균학점에 대한 성별, 지역별 이원분산분석

변산원(sv)	자유도(df)	자승합(ss)	평균자승(ms)	F	F prob.
성	1	24.127	24.689	64.920	.000
지역	1	1.873	1.873	5.040	.025
성×지역	1	2.948	2.948	7.932	.005
Residual	344	192.475	.372		
Total	347	222.492			

(6) 다섯 학기 평균학점의 추이

앞서 분석해 본 다섯 학기에 걸친 연구대상자들의 평균학점을 살펴보면 다음과 같은 몇 가지 특징을 발견할 수 있다. 첫째, 연구대상자들의 점진적인 학점의 상승이다. [그림 3]에서 볼 수 있듯이 네번째 학기에서의 약간의 평균학점의 하강을 제외하고는 꾸준히 학점의 상승을 보이고 있다. 첫 학기와 다섯째 학기와의 평균학점의 차이는 .28에 이르고 있다.

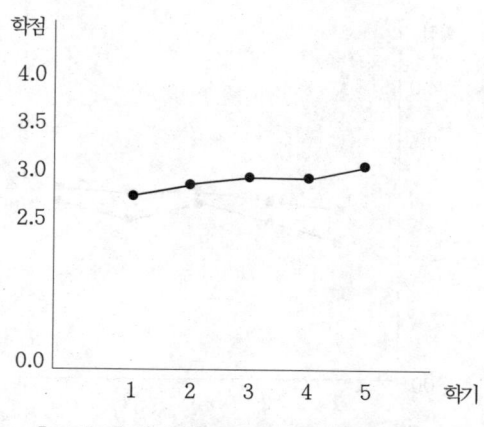

[그림 3] 전체 연구대상자의 각 학기 평균학점 추이

200

연구대상자들의 평균학점의 두번째 특징은 성별과 지역별에 따라 지속적이
며 비교적 큰 폭의 차이에 있다. [그림 4]에서 볼 수 있듯이 첫 학기에 .55
의 차이를 보이고 있는 남녀간의 평균학점의 차이는 다섯째 학기에 있어서도
비슷한 격차(.52의 차이)를 보이고 있다.

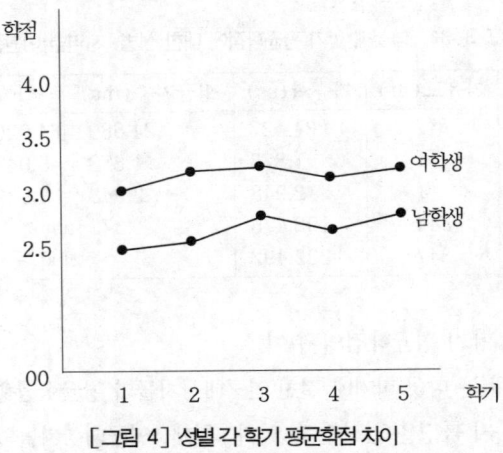

[그림 4] 성별 각 학기 평균학점 차이

또한 성별 격차만큼 심하지는 않지만 지역별 격차도 지속적인 차이를 보여
주고 있다[그림 5]. 지역별 첫 학기의 차이는 .19였으며 다섯째 학기의 차이
는 .14를 보이고 있다.

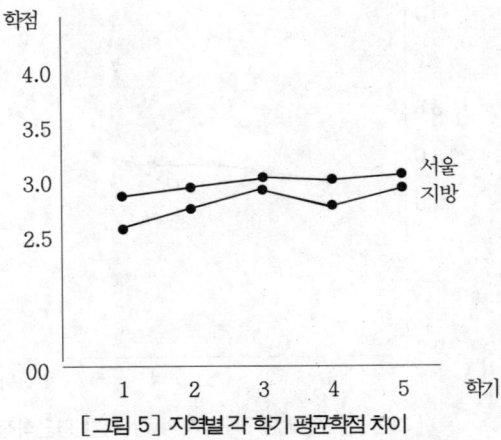

[그림 5] 지역별 각 학기 평균학점 차이

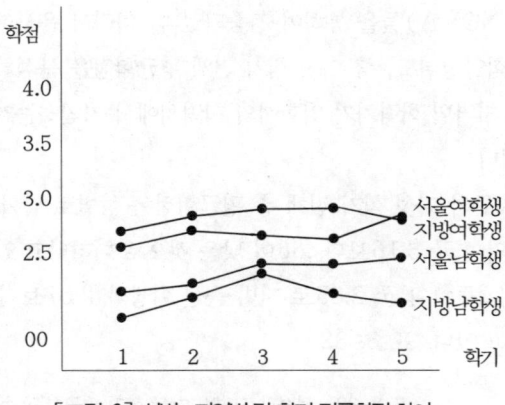

[그림 6] 성별, 지역별 각 학기 평균학점 차이

(7) 다섯 학기 전체 평균에 대한 분석

다섯 학기에 걸친 연구대상자들의 평균학점 분석에 있어서 가장 일관성 있게 나타나고 있는 특징의 하나는 성별과 지역별에 따른 평균학점의 차이였다. 다섯 학기 전반에 걸쳐 여학생들이 남학생들보다 높은 학점을 보여 주고 있으며 또한 서울 출신의 학생들이 지방 출신의 학생들보다 높은 학점을 나타내었다. 그리고 다섯 학기에 걸친 연구대상자들의 평균학점의 분석에 있어서 또 하나의 중요한 특징은 평균학점과 내신성적과의 높은 상관관계였다. 이러한 두 가지의 발견을 연구대상자들의 대학 입학성적에 대한 분석과 관련지어 다음과 같은 인과관계를 설정하는 것을 가능하게 해 준다. 남학생보다 고교 내신성적이 우수한 여학생들이 대학에 입학하였고 그러한 입학시의 학력이 대학 교육을 받는데 반영되어 여학생들이 남학생보다 높은 학점을 받게 되었다. 즉 여학생들의 고교내신성적이 보여 주는 학력의 우수함이 평균학점에 있어서 남학생을 앞지르게 하였다는 것이다.

하지만 이미 내신성적과 학력고사성적을 공분산으로 한 대학 입학성적의 공분산분석(ANCOVA)들을 통하여 실제로 남녀간의 대학 입학성적에는 차이가 없음을 증명한 바 있다. 또한 지역별로도 대학 입학성적에 차이가 없음이

분산분석(ANOVA)들을 통하여 검증되었다. 따라서 유사한 분석을 통하여
대학에서의 학업성취도, 즉 다섯 학기 전체 평균학점을 분석하여 과연 대학에
서의 성별과 지역별 학력차가 입학시의 학력차에서 기인하는지를 검증할 필요
가 있을 것이다.

연구대상자들의 다섯 학기 전체 총 평균학점은 성별로 남학생이 평균 2.50
으로 여학생의 평균 3.16보다 .66이 낮은 것으로 나타나고 있다. 지역별로는
서울 출신 학생들이 평균 2.85로 지방 출신 학생의 2.67보다 .18이 높은 것
으로 나타나고 있다〈표 3-32〉.

〈표 3-32〉 성별과 지역별 다섯 학기 평균학점

	남	여	지역별 평균
서울	2.58 N=176	3.21 N=135	2.85 N=311
지방	2.37 N=110	3.09 N=78	2.67 N=188
성별평균	2.50 N=286	3.16 N=213	2.78 N=499

이렇게 성별에 따라 .66의 다섯 학기 전체 평균학점 차이($F=110.106$,
$p.=.000$)와 지역별로 .18의 다섯 학기 전체 평균학점 차이($F=7.296$,
$p.=.007$)는 통계적으로 각각 유의한 것으로 나타나고 있다〈표 3-33〉.

〈표 3-33〉 성별과 지역별 다섯 학기 평균학점에 대한 원분산분석

sv	df	ss	ms	F	F prob.
성	1	53.363	53.363	110.106	.000
지역	1	3.536	3.536	7.296	.007
성 × 지역	1	.257	.257	.530	.467
Residual	495	239.902	.485		
Total	498	297.595			

앞서 다섯 학기의 개별적인 분석에 있어서나 위의 다섯 학기 전체의 분석에 있어서 성별에 따른 평균학점의 차이가 통계적으로 매우 유의한 것으로 나타나고 있고 또한 두 변수 사이에 높은 상관관계를 보이고 있다. 그렇다면 이와 같은 대학에서의 학업성취도의 차이가 입학시에 이미 예견되었는지, 즉 입학시부터 존재하고 있었던 것인지를 분석하는 작업이 필요할 것이다. 입학시에 남학생과 여학생의 학력고사점수와 내신성적 사이에 통계적으로 유의한 차이가 있었음은 앞서 분석한 바와 같다. 남학생의 평균학점과 여학생의 평균학점의 차이가 입학시의 학력차, 즉 학력고사 결과나 내신성적의 차이에서 기인하는지의 여부를 검증하기 위하여 학력고사점수와 내신성적을 공변량으로 하여 두 집단의 평균학점에 대한 공분산분석을 시도하였다.

학력고사성적을 공변량(covariate)으로 하여 다섯 학기 평균학점에 대하여 교정을 하였을 때 성별간 평균학점의 차이는 .665에서 .651로 .014의 교정〈표 3-34〉을 보였지만, 이러한 교정된 성별간 평균학점의 차이는 여전히 통계적(F=105.49, p.=.000)으로 유의하였다〈표 3-35〉.

〈표 3-34〉 학력고사점수를 공변량으로 한 성별 다섯 학기 전체 평균학점의 교정점수

	관찰평균	교정평균	관찰과 교정차
남	2.500	2.507	.007
여	3.165	3.158	.007
성별차	.665	.651	.014

〈표 3-35〉 학력고사점수를 공변량(covariate)으로 한 다섯 학기 평균학점의 성별 공분산분석

sv	df	ss	ms	F	F prob.
공분산	1	2.18	2.18	4.48	.035
성	1	51.37	51.37	105.49	.000
within cells	496	241.51	.49		

내신성적을 공변량(covariate)으로 하여 다섯 학기 평균학점에 대하여 교

정을 하였을 때는 성별간 평균학점의 차이는 .665에서 .507로 .158의 교정
〈표 3-36〉을 보였다. 역시 내신성적을 공분산으로 하여 교정된 다섯 학기
전체 평균학점도 여전히 남녀간의 차이가 통계적(F=52.36, p.=.000)으
로 유의함을 보여 주고 있다〈표 3-37〉.

〈표 3-36〉 내신점수를 공변량으로 한 성별 다섯 학기 전체 평균학점의 교정점수

	관찰평균	교정평균	관찰과 교정차
남	2.500	2.579	.079
여	3.165	3.086	.079
성별차	.665	.507	.158

〈표 3-37〉 내신성적을 공변량(covariate)으로 한 다섯 학기 평균학점의 성별 공분산
분석

sv	df	ss	ms	F	F prob.
공분산	1	11.14	11.14	23.77	.000
성	1	24.55	24.55	52.36	.000
within cells	496	232.55	.47		

이러한 공분산분석의 결과는 두 집단의 평균학점의 차이가 단지 학력고사점
수나 내신성적의 차이에서 기인하는 것이 아님을 보여 주고 있다. 앞서 다섯
학기의 분석에 있어서나 다섯 학기 전체 평균의 분석에 있어서 지역에 따른 평
균학점의 차이가 통계적으로 매우 유의한 것으로 나타나고 있다. 하지만 성별
에 따른 차이와 달리 서울 출신 학생과 지방 출신 학생의 입학시 학력, 즉 학력
고사성적과 내신성적에는 차이가 없음을 앞서 분석을 통하여 살펴본 바 있다.
따라서 두 집단의 평균학점의 차이는 학력고사성적이나 내신성적의 차이에 따
른 학력차가 아닌 다른 변수에 의한 것임을 알 수 있다. 즉 성별과 지역별 평균
학점의 차이는 학력고사점수나 내신성적이 나타내는 입학시의 학력 차이가 아
닌 다른 변수에 의한 것임을 시사하고 있다.

이에 따라 현행의 입시제도에 따른 고교 내신성적, 학력고사성적, 그리고 체력점수가 과연 대학에서의 학업성취도를 가장 적절하게 예측하는 변수인가를 분석하기 위하여 우선 연구대상자들의 다섯 학기 전체 평균과 위의 세 가지 성적을 포함하는 중요한 변수와의 상관관계를 구하였다.

〈표 3-38〉 다섯 학기 평균학점과 연구대상자의 중요한 변수간의 상관관계

	다섯째 학기 평균학점
성	-.3256**
지역	.1170**
지능지수	.1405**
부교육년수	.2185**
모교육년수	.2522**
부모교육년수	.2178**
학력고사점수	.1259**
내신성적	.3689**
체력점수	.0047
입시총득점	.1880**

- Signif. LE .05   **- Signif. LE .01   (2-tailed)

〈표 3-38〉에서 볼 수 있듯이 현행의 대학입시에 이용되고 있는 성적 중 내신성적이 다섯 학기의 전체 평균학점과 가장 높은 상관관계를 나타내고 있다. 현재 대학입학의 당락을 거의 좌우한다고 해도 과언이 아닌 학력고사점수는 비록 통계적으로 유의하지만 과연 학업성취도의 선행지표라는 그 본연의 기능을 다 하고 있는지 의심스러울 정도로 그 상관관계가 낮은 것으로 나오고 있다. 오히려 성이나 부모의 교육 정도와 같은 개인적인 배경이 대학에서의 학업성취도와 더 높은 상관관계를 갖고 있는 것으로 나타나고 있다.

3. 대학에서의 학업성취도에 중요한 변수들의 분석

(1) 개인적, 가정적 배경의 성별, 지역별 분석

성별에 따른 대학에서의 학업성취도의 차이를 나타나게 하는 요인이 무엇인가를 분석하기 위하여 두 집단간의 가정적 변수를 비교하였다. 〈표 3-39〉은 남학생과 여학생간의 가정적인 변수를 비교한 결과이다. 여기서 두 성별 사이에 비교적 커다란 차이를 보이는 것은 부모의 교육과 직업에 관련된 변수와 지능지수임을 알 수 있다.

〈표 3-39〉 성별에 따른 가정적 변수의 비교

변수	전체			남			여		
	N	평균	SD	N	평균	SD	N	평균	SD
FA	577	49.85	4.38	342	49.92	4.63	235	49.73	4.01
MA	595	45.95	4.16	349	46.04	4.21	246	45.83	4.09
PA	598	47.91	3.99	351	48.01	4.12	247	47.78	3.81
FAE	575	7.00	1.71	340	6.74	1.87	235	7.37	1.39
MOE	586	5.79	1.92	343	5.46	2.00	243	6.24	1.72
FAJ	569	56.43	15.77	336	53.76	16.41	233	60.28	13.95
MOJ	89	48.88	19.63	53	44.82	19.07	36	58.84	19.15
PAJ	584	56.34	16.01	342	53.75	16.48	242	60.00	14.60
FED	575	14.16	3.05	340	13.71	3.27	235	14.82	2.55
MED	586	11.97	3.25	343	11.43	3.32	243	12.74	2.98
PAED	595	14.07	3.12	349	13.62	3.31	246	14.70	2.72
IQ	551	129.72	13.41	328	127.98	13.66	223	132.28	12.64
AGE	604	18.30	1.05	355	18.48	1.21	249	18.05	.71

(FA＝아버지의 나이 ; MA＝어머니의 나이 ; PA＝아버지와 어머니 나이를 평균한 수치 ; FAE＝아버지의 학력 ; MOE＝어머니의 학력 ; FAJ＝아버지 직업의 사회적 척도 ; MOJ＝어머니 직업의 사회적 척도 ; PAJ＝아버지와 어머니 직업의 사회적 척도의 최대값 ; FED＝아버지의 교육년수 ; MED＝어머니의 교육년수 ; PAED＝아버지와 어머니 교육년수의 최대값 ; IQ＝지능지수 ; AGE＝나이)

성별에 따른 대학에서의 학업성취도의 차이와 마찬가지로 지역별 대학에서의 학업성취도 차이를 나타내게 하는 요인이 무엇인가를 분석해 보는 것 역시 중요한 작업일 것이다. 〈표 3-40〉은 서울과 지방 출신 학생간의 가정적인 변수를 비교한 결과이다. 여기서 두 지역간에 커다란 차이를 보이고 있는 것은 성별 분석과 유사하게 부모의 교육과 직업에 관련된 변수와 지능지수임을 알 수 있다.

〈표 3-40〉 서울과 지방 학생간의 가정적 변수의 비교

변수	전체			남			여		
	N	평균	SD	N	평균	SD	N	평균	SD
FA	577	49.85	4.38	351	49.93	4.48	226	49.72	4.23
MA	595	45.95	4.16	359	45.75	3.98	236	46.26	4.41
PA	598	47.91	3.99	362	47.84	3.97	236	48.03	4.03
FAE	575	7.00	1.71	349	6.42	1.39	226	6.36	1.95
MOE	586	5.79	1.92	354	6.35	1.75	232	4.92	1.86
FAJ	569	56.43	15.77	344	59.64	13.34	225	51.51	17.82
MOJ	89	48.88	19.63	37	60.38	18.35	52	40.69	16.21
PAJ	584	56.34	16.01	351	59.76	13.77	233	51.19	17.72
FED	575	14.16	3.05	349	14.91	2.56	226	13.01	3.37
MED	586	11.97	3.25	354	12.95	3.04	232	10.49	2.98
PAED	595	14.07	3.12	359	14.83	2.67	236	12.90	3.39
IQ	551	129.72	13.41	322	132.62	13.78	229	125.65	11.77
AGE	604	18.30	1.05	368	18.33	.89	236	18.26	1.26

(FA=아버지의 나이 ; MA=어머니의 나이 ; PA=아버지와 어머니 나이를 평균한 수치 ; FAE =아버지의 학력 ; MOE=어머니의 학력 ; FAJ=아버지 직업의 사회적 척도 ; MOJ=어머니 직업의 사회적 척도 ; PAJ=아버지와 어머니 직업의 사회적 척도의 최대값 ; FED=아버지의 교육년수 ; MED=어머니의 교육년수 ; PAED=아버지와 어머니 교육년수의 최대값 ; IQ=지능지수 ; AGE=나이)

지능지수는 앞서 연구대상자들의 대학에서의 성취도를 분석하는 데 평균학점과 유의한 상관관계를 가진 하나의 변수로 발견되었다. 따라서 이미 발견된 성별, 지역별간의 평균학점의 격차를 설명하기 위하여 성별, 지역별간의 평균

학점의 격차를 설명하기 위하여 성별, 지역별로 지능지수의 차이를 살펴보는 것이 필요할 것이다. 지능지수는 남녀간에 있어서 차이를 보여 주고 있는데, 남학생의 127.98에 대하여 여학생들의 지능지수는 4.3점이 높은 132.28을 나타내고 있다. 또한 지역간에 있어서도 차이를 나타내고 있는데 서울 출신 학생과 지방 출신 학생의 격차는 약 7점으로 나타나고 있다〈표 3-41〉.

〈표 3-41〉 성별, 지역별 지능지수

	남	여	지역별
서울	130.57(190)	135.55(132)	132.61(322)
지방	124.40(138)	127.55 (91)	125.65(229)
성별	127.98(328)	132.28(223)	129.72(551)

이러한 성별, 지역적인 격차는 통계적으로도 매우 유의한 것으로 분석되었다〈표 3-42〉. 성별 차이는 .000수준($F=14.36$)에서 유의한 것으로 나타났고, 지역별 차이도 역시 .000수준($F=38.803$)에서 유의한 것으로 발견되었다. 그렇지만 성과 지역의 상호작용은 없는 것으로 나타났다($F=.648$, $p.=.421$)

〈표 3-42〉 지능지수에 대한 성별, 지역별 이원분산분석

sv	df	ss	ms	F	F prob.
성	1	2363.03	2363.027	14.360	.000
지역	1	6385.51	6385.506	38.803	.000
성 × 지역	1	106.698	106.698	.648	.421
Residual	547	90014.803	164.561		
전체		98969.397			

부모의 교육년수는 앞서의 연구대상자들의 대학에서의 성취도를 분석하는데 있어서 평균학점과 유의한 상관관계를 가진 하나의 변수로, 부모의 교육년수는 매우 지속적이고 비교적 높은 상관관계를 가지고 있었다. 따라서 이미 발견

된 성별, 지역별간의 평균학점의 격차를 설명하기 위하여 성별, 지역별 부모의 교육년수의 분석이 필요할 것이다. 우선 부모의 교육년수는 남녀간에 있어서 차이를 보이고 있는데 남학생 부모의 교육년수가 남녀간에 있어서 차이를 보이고 있는데 남학생의 부모의 교육년수가 평균 13.62년인데 대하여 여학생들의 부모의 교육년수는 14.70년으로 나타나고 있다. 또한 지역간에 있어서도 차이를 나타내고 있는데 서울 출신 학생과 지방 출신 학생의 부모의 교육년수 격차는 약 2년으로 나타나고 있다〈표 3-43〉.

〈표 3-43〉 성별, 지역별 부모의 교육년수

	남	여	지역별
서울	14.54(207)	15.23(152)	14.83(359)
지방	12.29(142)	13.82 (94)	12.90(236)
성별	13.62(349)	14.70(246)	14.06(595)

이러한 성별, 지역별 격차는 통계적으로도 매우 유의한 것으로 분석되었다. 성별 차이는 .000수준($F=17.75$)에서 유의한 것으로 나타났고, 지역별 차이도 역시 .000수준($F=60.34$)에서 유의한 것으로 나타났다〈표 3-44〉.

〈표 3-44〉 부모의 교육년수에 대한 성별, 지역별 이원분산분석

sv	df	ss	ms	F	F prob.
성	1	152.26	152.26	17.75	.000
지역	1	517.72	517.72	60.34	.000
성 × 지역	1	24.37	24.37	2.84	.092
Residual	591	5070.49	591		
전체	594	5779.26			

부모의 교육년수는 아버지와 어머니의 교육년수로 구분하여 분석하면 우선 성별, 지역별 아버지의 교육년수의 차이를 발견할 수 있다. 성별간에는 약 1년 정도의 차이가 있으며 지역간에는 약 2년의 격차가 있었다〈표 3-45〉.

〈표 3-45〉 성별, 지역별 아버지의 교육년수

	남	여	지역별
서울	14.62(203)	15.30(146)	14.91(349)
지방	12.36(137)	14.02 (89)	13.01(226)
성별	13.71(340)	14.82(235)	14.16(575)

아버지의 성별, 지역별 격차는 통계적으로도 매우 유의한 것으로 분석되었다. 성별, 지역간 공히 .000 수준에서 통계적으로 유의한 차이를 나타내고 있다〈표 3-46〉.

〈표 3-46〉 아버지의 교육년수에 대한 성별, 지역별 이원분산분석

sv	df	ss	ms	F	F prob.
성	1	156.48	156.48	19.22	.000
지역	1	478.14	478.14	58.74	.000
성 × 지역	1	31.13	31.13	3.83	.051
Residual	571	4648.07	8.14		
전체	574	5327.55			

어머니의 교육년수는 성별 격차에 있어서는 아버지의 교육년수보다 크고, 지역간에 있어서는 아버지의 교육년수보다 그 격차가 작은 것으로 나타나고 있다〈표 3-47〉.

〈표 3-47〉 성별, 지역별 어머니의 교육년수

	남	여	지역별
서울	12.46(205)	13.62(149)	12.95(354)
지방	9.91(138)	11.34 (94)	10.49(232)
성별	11.43(343)	12.74(243)	11.97(586)

어머니의 교육년수는 아버지의 교육년수와 마찬가지로 성별, 지역간에 통계적으로 매우 유의한 차이가 있는 것으로 분석되었다〈표 3-48〉.

〈표 3-48〉 어머니의 교육년수에 대한 성별, 지역별 이원분산분석

sv	df	ss	ms	F	F prob.
성	1	229.86	229.86	26.29	.000
지역	1	835.62	835.62	95.57	.000
성 × 지역	1	2.46	2.46	.28	.596
Residual	582	5088.73	8.74		
전체	585	6170.62			

연구대상자들의 개인적, 가정적 배경을 성별과 지역별에 따라 분석한 결과는 연구대상자들의 지능지수와 부모의 교육년수에 있어서 성별과 지역별에 따른 차이를 나타내고 있다. 이와 같은 변수는 성별과 지역별 대학생들의 학업성취도의 차이를 부분적으로 설명해 줄 수 있으며 동시에 대학생들의 학업성취도를 예측하는 데 중요한 역할을 할 수 있을 것이다.

연구대상자들의 개인적, 가정적 배경과 더불어 그들의 대학에서의 학업성취도를 설명하는 데 중요한 역할을 할 수 있는 또 다른 변수로 연구대상자들이 고등학교에서 보여 준 성적과 행동발달상황을 들 수 있다. 본 연구에서 고교성적에 대한 분석을 앞서의 내신성적과 더불어 시도하는 것은 내신점수가 너무 포괄적이기 때문에 고교석차만큼 세부적인 정보를 제공하지 못하기 때문이다.

(2) 고교성적 행동발달상황의 분석

성별, 지역간 고교 3년 동안의 석차평균에 있어서 성별에 따른 석차평균의 차이가 .06 정도 있는 것으로 나타나고 있다. 여학생의 경우 100명으로 계산하였을 때 평균석차가 5등으로 나타나고 있는 데 비하여 남학생의 경우 11등의 석차를 보이고 있다. 하지만 지역적으로는 거의 차이가 없는 .01의 차이를 보이고 있다. 서울 출신 학생의 겨우 100명으로 계산하였을 때 평균 석차가 9등인 데 비하여 지방 출신 학생은 8등으로 나타나고 있다〈표 3-49〉.

〈표 3-49〉 성별, 지역별 고교 3년 간 석차평균

	남	여	지역별
서울	0.11(209)	0.06(153)	0.09(362)
지방	0.12(142)	0.94 (94)	0.08(236)
성별	0.11(351)	0.05(247)	0.09(598)

이러한 100명 중 5등의 차이를 보이는 남녀간의 차이와 1등의 차이를 보이는 지역간의 차이 중, 성별간의 고교 3년 간 석차평균은 통계적으로 .000 수준(F＝94.104)에서 유의한 차이가 있는 것으로 분석되었으나, 지역간의 격차는 유의한 차이가 없는 것으로 나타났다〈표 3-50〉.

〈표 3-50〉 고교 3년 간 석차평균에 대한 성별, 지역별 이원분산분석

sv	df	ss	ms	F	F prob.
성	1	.601	.601	94.104	.000
지역	1	.003	.003	.522	.470
성 × 지역	1	.020	.020	3.123	.078
Residual	594	3.391	.006		
전체	597				

성별, 지역별에 따른 고교 3년 간 행동발달상황 평균은 남학생의 경우 5점을 만점으로 했을 때 평균 2.81을 보이고 있으며 여학생의 경우는 2.86으로서 약간 높은 것으로 나타나고 있다. 지역적으로는 지방 출신 학생들의 평균이 서울 출신 학생들의 평균보다 .03 높은 것으로 나타나고 있다〈표 3-51〉.

〈표 3-51〉 성별, 지역별 고교 3년 간 행동발달상황 평균

	남	여	지역별
서울	2.80(201)	2.85(140)	2.82(341)
지방	2.83(125)	2.88 (93)	2.85(218)
성별	2.81(326)	2.86(233)	2.83(559)

이러한 성별, 지역간의 고교 3년 간 행동발달상황 평균은 성별에 있어서 통계적으로 유의한 차이(F=9.13, p.=.003)가 있는 것으로 분석되었으나 지역간의 차이는 발견할 수 없었다〈표 3-52〉.

〈표 3-52〉 고교 3년 간 행동발달상황 평균에 대한 성별, 지역별 이원분산분석

sv	df	ss	ms	F	F prob.
성	1	.365	.365	9.13	.003
지역	1	136	.136	3.41	.066
성×지역	1	.003	.003	.07	.788
Residual	555	22.21	.04		
전체	558	22.72			

고교 3년 간 근면성의 합의 평균에 있어서는 성별간에 .02, 그리고 지역간에 .03의 작은 차이를 나타내고 있으며〈표 3-53〉. 이러한 차이는 통계적으로 유의하지 못한 것으로 분석되었다〈표 3-54〉.

〈표 3-53〉 성별, 지역별 고교 3년 간 근면성의 합의 평균

	남	여	지역별
서울	2.86(209)	2.86(153)	2.86(362)
지방	2.87(142)	2.90 (94)	2.89(236)
성별	2.86(351)	2.88(247)	2.87(598)

〈표 3-54〉 고교 3년 간 근면성의 합의 평균에 대한 성별, 지역별 이원분산분석

sv	df	ss	ms	F	F prob.
성	1	.040	.040	.700	.403
지역	1	.109	.109	.109	.169
성×지역	1	.016	.016	.283	.595
Residual	594	34.013	.057		
전체	597	34.175			

　고교 3년 간 책임감의 합의 평균에 있어서는 성별간에 .06 그리고 지역간에는 .01의 차이를 보이고 있다〈표 3-55〉. 통계적으로는 성별간에 유의한 차이(F=8.117, p.=.005)가 있는 것으로 나타나고 있다〈표 3-56〉.

〈표 3-55〉 성별, 지역별 고교 3년 간 책임감의 합의 평균

	남	여	지역별
서울	2.83(209)	2.90(153)	2.86(362)
지방	2.85(142)	2.90 (94)	2.87(236)
성별	2.84(351)	2.90(247)	2.87(598)

〈표 3-56〉 고교 3년 간 책임감의 합의 평균에 대한 성별, 지역별 이원분산분석

sv	df	ss	ms	F	F prob.
성	1	.448	.488	8.117	.005
지역	1	.018	.018	.300	.584
성 × 지역	1	.010	.010	.174	.677
Residual	594	35.729	.060		
전체	597	36.242			

　성별, 지역별 고교 3년 간 협동성의 합의 평균은 5점을 만점으로 했을 때 평균 2.77을 보이고 있으며 여학생의 경우는 2.78로서 거의 차이가 없는 것으로 나타나고 있다〈표 3-57〉. 지역적으로는 지방 출신 학생들의 평균이 서울 출신 학생들의 평균보다 .03 높은 것으로 나타나고 있다. 성별, 지역간의 차이는 통계적으로 유의하지 않았다〈표 3-58〉.

〈표 3-57〉 성별, 지역별 고교 3년 간 협동성의 합의 평균

	남	여	지역별
서울	2.76(209)	2.77(153)	2.76(362)
지방	2.78(142)	2.79 (94)	2.79(236)
성별	2.77(351)	2.78(247)	2.77(598)

〈표 3-58〉 고교 3년 간 협동성의 합의 평균에 대한 성별, 지역별 이원분산분석

sv	df	ss	ms	F	F prob.
성	1	.021	.021	203	.653
지역	1	.095	.095	.926	.336
성 × 지역	1	.000	.000	.000	.988
Residual	594	60.750	.102		
전체	597	60.863			

성별, 지역별 고교 3년 간 자주성의 합의 평균은 5점을 만점으로 했을 때 평균 2.83을 보이고 있으며 여학생의 경우는 2.88로서 .03의 차이가 있는 것으로 나타나고 있다〈표 3-59〉. 지역적으로는 지방 출신 학생들의 평균이 서울 출신 학생들의 평균보다 .03 높은 것으로 나타나고 있다. 성별간의 차이는 통계적으로 유의한(F=6.234, p.=.013)것으로 분석된 반면 지역적인 차이는 없는 것으로 분석되었다〈표 3-60〉.

〈표 3-59〉 성별, 지역별 고교 3년 간 자주성의 합의 평균

	남	여	지역별
서울	2.82(208)	2.87(153)	2.84(361)
지방	2.85(142)	2.90 (94)	2.87(236)
성별	2.83(350)	2.88(247)	2.85(597)

〈표 3-60〉 고교 3년 간 자주성의 합의 평균에 대한 성별, 지역별 이원분산분석

sv	df	ss	ms	F	F prob.
성	1	.422	.432	6.234	.013
지역	1	.139	.139	2.053	.152
성 × 지역	1	.000	.000	.000	.985
Residual	593	40.099	.068		
전체	596	40.648			

성별, 지역별 고교 3년 간 준법성의 합의 평균은 5점을 만점으로 했을 때 평균 2.83을 보이고 있으며 여학생의 경우는 2.88로서 .05의 차이가 있는 것으로 나타나고 있다〈표 3-61〉. 지역적으로는 지방 출신 학생들의 평균이 서울 출신 학생들의 평균보다 .04 높은 것으로 나타나고 있다. 성별간의 차이는 통계적으로 유의한(F=5.283 p.=.022) 것으로 분석된 반면 지역적인 차이는 .05 수준에 미치지 못하는(p.=.054) 것으로 분석되었다〈표 3-62〉.

〈표 3-61〉 성별, 지역별 고교 3년 간 준법성의 합의 평균

	남	여	지역별
서울	2.81(208)	2.87(153)	2.84(361)
지방	2.87(142)	2.90 (94)	2.88(236)
성별	2.83(350)	2.88(247)	2.86(597)

〈표 3-62〉 고교 3년 간 준법성의 합의 평균에 대한 성별, 지역별 이원분산분석

sv	df	ss	ms	F	F prob.
성	1	.383	.383	5.283	.022
지역	1	.270	.270	3.734	.054
성 × 지역	1	.014	.014	.191	.663
Residual	593	42.955	.072		
전체	596	43.606			

성별, 지역별 고교 3년 간 지도성의 합의 평균은 다른 고교 행동발달상황에 비하여 성별, 지역간의 격차가 있는 것으로 나타나고 있다. 5점을 만점으로 했을 때 남학생의 경우 평균 2.74를 보이고 있으며 여학생의 경우는 2.83으로서 .09의 차이가 있는 것으로 나타나고 있다〈표 3-63〉. 지역적으로는 지방 출신 학생들의 평균이 서울 출신 학생들의 평균보다 .07 높은 것으로 나타나고 있다. 성별(F=11.813 p.=.001), 지역간(F=8.211 p.=.004)의 차이는 모두 통계적으로 유의한 것으로 분석되었다〈표 3-64〉.

〈표 3-63〉 성별, 지역별 고교 3년 간 지도성의 합의 평균

	남	여	지역별
서울	2.73(209)	2.78(153)	2.75(362)
지방	2.77(142)	2.91(94)	2.82(236)
성별	2.74(351)	2.83(247)	2.78(598)

〈표 3-64〉 고교 3년 간 지도성의 합의 평균에 대한 성별, 지역별 이원분산분석

sv	df	ss	ms	F	F prob.
성	1	1.138	1.138	11.183	.001
지역	1	.791	.791	8.211	.004
성 × 지역	1	.258	.258	2.678	.102
Residual	594	57.230	.096		
전체	597	59.373			

연구대상자들의 고교 평균석차는 통계적으로 성별에 따른 유의한 차이를 보이고 있다. 이와 같은 결과는 내신성적의 분석을 통하여 이미 예상한 것이다. 여섯 가지 항목의 고교 행동발달상황 분석 중 책임감, 자주성, 준법성, 지도성 그리고 전체 평균에 있어서 통계적으로 성별에 따른 유의한 차이를 발견할 수 있었고, 근면성과 협동성에 있어서는 유의한 차이가 없었다. 고교 행동발달상황은 지역별 차이가 없는 것으로 나타났다. 통계적으로 성별에 따라 유의한 차이를 나타낸 전 항목에서 여학생들이 남학생보다 높은 점수를 보이는데, 행동발달상황 측정의 신뢰성과 타당성에 따른 어려움을 고려하더라도 이와 같은 차이는 성별에 따른 대학에서의 학업성취도와 관련하여 시사점을 주고 있다.

앞서 대학입시의 학력, 개인차, 가정적 배경, 그리고 고교 재학시의 석차와 행동발달상황의 분석을 통하여 연구대상자들의 대학에서의 학업성취도와 연관을 가지는 변수들을 살펴보았다. 이와 같은 중요한 변수들 이외에도 연구대상자들의 대학입학유형도 대학에서의 학업성취도와 연관을 가지는 하나의 중요한 변수가 될 수 있다. 제1지망으로 입학한 학생과 제2지망으로 통하여 입학

한 학생들간에는 학력이나 학업에 대한 태도의 차이가 있을 수 있기 때문이다.

(3) 입학유형별 분석

학점 입수가 가능한 499명의 1990년도 입학생의 자료에 의하면 제1지망
으로 입학한 학생이 전체의 95.6%인 477명이었고 제2지망으로 입학한 학
생이 4.4%인 22명이었다. 두 집단은 입학 후 첫 다섯 학기의 평균학점에 있
어서 각기 2.77(sd=.78)과 3.16(sd=.34)이라는 차이를 보이고 있다
〈표 3-65〉.

〈표 3-65〉 제1지망 합격집단과 제2지망 합격집단의 다섯 학기의 평균학점

집단	사례수	평균	표준편차
제1지망	477	2.77	.78
제2지망	22	3.16	.34
전체	499	2.78	.77

제1지망으로 합격한 학생집단의 다섯 학기의 평균학점과 제2지망을 통하여
합격한 학생집단의 평균학점의 차이가 통계적으로 유의한 것인가를 확인하기
위하여 두 집단간의 평균학점을 일원분산분석을 통하여 비교하였다. 〈표 3-
66〉에서 볼 수 있듯이 제1지망으로 입학한 학생과 제2지망으로 입학한 학생
집단간에 대학입학 후 첫 다섯 학기의 학점 평균에 있어서 통계적으로 유의한
차이가 있었다($F=5.46$, $p<.0199$).

〈표 3-66〉 다섯 학기 평균학점의 이원분산분석(Avova) 결과

Source	df	ss	ms	F	F prob.
Between	1	3.23	3.23	5.46	.0199
Within	497	294.36	.59		
Total	498	297.59			

여기서 두 집단간의 사례 수는 각기 477명과 22명이라는 커다란 차이를

보이고 있으므로, 두 집단간의 서로 상이한 표본의 수로 인하여 정규분포 (normal distribution)의 가정(normality)을 충족시키지 못할 수 있기 때문에 비모수적(nonparametric) 통계분석(Mann-Whitney U Test) 통하여 앞서의 분석을 재확인하여 보았다. Mann-Whitey 검정은 두 독립 집단이 동일한 모집단으로부터 추출되었는지를 검정하는 데 적용된다. Mann-Whitney 검정은 각 사례의 원점수(raw score) 대신에 각 사례의 점수를 낮은 점수로부터 등위(rank)를 정하고 다음 식으로 주어지는 검정 통계량 U를 산출한다.

U=N1N2+N1(N1+1)/2-∑R1

(N1=집단1의 크기 ; N2=집단2의 크기 ; ∑R1=집단1의 각 점수에 부여된 등위의 합)

〈표 3-67〉 입학한 유형에 따른 평균학점에 대한 등위

입학유형	사례수	평균등위(Mean Rank)
제1지망	477	246.83
제2지망	22	318.80
전체	499	

두 집단간의 평균등위〈표 3-67〉는 제1지망을 통하여 입학한 학생집단이 246.83이었고 제2지망을 통하여 입학한 학생집단이 318.80으로 두 집단간 에는 통계적으로 유의한 차이(U=3733.5, p.=.0221)가 있는 것으로 나타 났다. 따라서 두 집단은 차이가 있다는 앞서의 모수적(parametric) 통계분 석 결과를 뒷받침하고 있다〈표 3-68〉.

〈표 3-68〉 입학한 유형에 따른 평균학점에 대한 비모수적 통계분석(Mann-Whitney U-Wilcoxon Rank Sum W Test)

U	W	Z	2-Tailed P
3733.5	7013.5	-2.2889	.0221

4. 회귀분석

앞서의 대학 입학성적에 대한 분석, 대학에서의 다섯 학기 동안의 학업성취도에 대한 분석, 그리고 연구대상자의 가정적, 개인적 변수들의 분석을 통하여, 대학에서의 학업성취도와 밀접한 관계를 가지는 변수들을 살펴보았다. 이러한 분석결과를 바탕으로 하여 대학에서의 학업성취도에 어떠한 변수들이 얼마만큼의 영향을 주고 있는가를 알아보기 위하여 회귀분석을 시도하였다. 회귀분석에 사용된 각 변수는 이미 앞서 분석한 차이 검증과 상관관계를 바탕으로 하여 통계적으로 유의한 차이를 가지는 변수들을 선정하여 입력하였다.

앞서 분석한 차이 검증에 따르면 1990년도 입학자의 다섯 학기의 평균학점에 영향을 미칠 수 있는 변수, 즉 하위집단간에 차이를 보이는 변수는 다음과 같았다. 첫째, 연구대상자의 성(sex)이다. 연구대상자의 성(sex)에 따라 지능지수, 부모의 교육년수, 다섯 학기의 평균학점, 그리고 고교성적에 있어서 통계적으로 유의한 차이를 보이고 있다. 따라서 연구대상자의 성(sex)을 대학에서의 학업성취도에 영향을 주는 변수의 하나로 선정하였다. 둘째, 연구대상자의 출신지역이다. 연구대상자들의 출신지역에 따라 지능지수, 부모의 교육년수, 그리고 다섯 학기의 평균학점에 있어서 통계적으로 유의한 차이를 보이고 있다. 따라서 연구대상자의 출신지역도 대학에서의 학업성취도에 영향을 주는 변수의 하나로 선정하였다. 셋째, 고교내신성적이다. 고교내신성적은 성과 더불어 대학에서의 성취도와 높은 상관관계를 보이고 있다. 넷째, 부모의 교육년수이다. 부모의 교육년수는 성별과 지역별로 차이가 나타나는 변수이다. 다섯째, 연구대상자들의 지능지수이다. 부모의 교육년수와 더불어 지능지수는 성별과 지역별로 차이가 나타나고 있는 변수이다. 여섯째, 고교 행동발달상황이다. 고교 행동발달상황 중의 일부 변수는 성별과 지역별로 차이가 나타나고 있는 변수이다. 따라서 위의 여섯 가지 변수를 독립변수로 하여 평균학점을 예측하는 회귀방정식은 다음과 같다.

Y다섯학기전체평균학점 $= b_0 + b_1 \times$ 성 $+ b_2 \times$ 지역 $+ b_3 \times$ 고교내신성적 $+ b_4 \times$ 부모교육년수 $+ b_5 \times$ 지능지수 $+ b_6 \times$ 고교행동발달상황

이와 같이 성, 지역, 고교내신성적, 부모의 교육년수, 지능지수, 그리고 고교 3년 간의 행동발달상황 평균 등의 여섯 가지 변수를 가지고 단계별 회귀분석(Stepwise regression)기법을 이용하여 대학에서의 평균학점을 예측하였다. 단계별 회귀분석기법은 첫 단계에서 가장 예측력이 뛰어난(전체 분산을 가장 많이 설명하는) 변수를 우선 선정하고 그 다음 단계로 추가적인 전체 분산(additional variance)을 가장 많이 설명할 수 있는 변수를 선정한다. 이러한 단계를 계속해 나가서 추가적인 분산이 통계적으로 유의하지 않은 단계에서 변수 선정을 그친다. 따라서 가장 예측력이 뛰어난 변수를 선정하는 첫 단계 이후의 변수는 이미 선정된 변수와 공분산이 가장 적은 반면 예측력은 뛰어난 변수가 선정되게 된다. 이러한 기법은 종속변수를 예측하는 독립변수간의 예측력의 중복(redundancy)을 피하여 선택된 각 독립변수의 순수한 예측력을 알 수 있고, 종속변수를 설명하는 가장 적절한 예측방정식을 단 한 번의 분석을 통하여 찾을 수 있는 이점이 있다.

단계별 회귀분석을 통하여 성별, 고교내신성적, 지역, 그리고 부모의 교육년수 등이 대학에서의 평균학점을 예측하는 데 통계적으로 유의한 변수로 나타났다($F = 35.319$, $p. = .0000$). 반면에 지능지수와 고교 행동발달상황은 대학에서의 평균학점을 예측하는 데 기여하지 못하는 것으로 나타났다. 성별, 고교내신성적, 지역, 그리고 부모의 교육년수 등의 네 변수는 대학에서의 평균학점의 전체 분산 중 25.40%($R = .504$)를 설명하는 것으로 나타나고 있다. 따라서 대학에서의 평균학점을 추정하는 회귀방정식은 다음과 같다.

Y대학평균학점 $= -10.556 - .488 \times$ 성 $+ .091 \times$ 내신성적 $+ .185 \times$ 지역 $+ .025 \times$ 부모교육

위의 회귀방정식은 다음과 같이 해석된다. 만약 고교내신성적, 지역, 부모교육년수가 동일한 남학생과 여학생의 대학에서의 학점은 .488의 차이를 가질 것이다. 왜냐하면 회귀방정식에 있어서 성이라는 독립변수는 $-.488$의 회

귀계수(regression coefficient)를 가지므로 다른 것이 모두 동일하다면 남학생(1로 coding)과 여학생(0으로 coding)의 대학에서의 평균학점은 여학생이 .488이 높기 때문이다. 마찬가지로 다른 조건이 동일한 서울 출신 학생(1로 coding)과 지방 출신 학생(0으로 coding)의 대학에서의 평균학점은 .185의 차이를 보이는 것으로 해석된다.

〈표 3-69〉 성별, 고교 3년 간 평균석차, 지역, 그리고 부모의 교육년수에 의한 다섯 학기 전체 평균학점에 대한 회귀분석

Variable	B	SE B	Beta	T	Sig T
성	-.488	.078	-.310	-6.288	.0000
내신성적	.091	.020	.218	4.483	.0000
지역	.185	.070	.117	2.627	.0089
부모교육	.025	.0110	.097	2.135	.3333
Constant	-10.556	2.960			

위에서 선정된 대학에서의 학점을 예측하는 회귀방정식은 이론적으로는 적절한 방법일지라도 대학에서 학생을 선발할 때 사용하는 데는 문제가 있다. 왜냐하면 성이나 지역, 그리고 부모의 교육수준을 학생 선발의 기준으로 삼을 수는 없는 것이기 때문이다. 따라서 예측력은 떨어지더라도 가용한 자료를 중심으로 대학에서의 학업성취도를 예측하는 회귀방정식을 알아보는 것이 보다 더 현실적인 분석이 될 것이다.

이에 따라 본 연구에서 사용된 자료 중 현실적으로 학생 선발에 이용될 수 있는 것들은 학력고사점수, 내신점수, 그리고 고교 3년 간의 행동발달 평균점수 등이다. 이러한 세 가지 자료를 가지고 대학에서의 평균학점을 예측하는 회귀방정식의 모형은 다음과 같다.

$$Y_{대학평균학점} = b_0 + b_1 \times 학력고사점수 + b_2 \times 고교내신성적 + b_3 \times 고교행동발달상황$$

학력고사점수, 내신점수, 그리고 고교 3년 간의 행동발달 평균점수를 가지고 대학에서의 학업성취도를 예측하는 회귀방정식을 추정하기 위하여 앞서의

회귀분석과는 달리, 분석자가 선정한 모든 변수가 통계적인 유의성에 상관없이 분석되는(enter) 방법이 사용되었다. 그 이유는 단계적(stepwise) 방법과 같이 통계적으로 유의한 것만이 회귀방정식에 선정되는 것을 피하기 위해서였다. 세 가지 독립변수는 종속변수의 전체 분산 중 14.47%를 설명하고(R=.380), 회귀 효과가 통계적으로 유의한 것으로 분석되었다(F=25.76, p=.0000). 하지만 이러한 회귀효과는 주로 내신성적으로 인한 것으로 나타나고 있다〈표 3-70〉. 학력고사점수, 내신점수, 그리고 고교 3년 간의 행동발달 평균점수를 가지고 대학에서의 학업성취도를 예측하는 회귀방정식을 추정하는 방정식은 다음과 같다.

$$Y_{\text{대학평균학점}} = -20.058 + .0047 \times {}_{\text{학력고사점수}} + .145 \times {}_{\text{고교내신성적}} + .223 \times {}_{\text{고교행동발달상황}}$$

〈표 3-70〉 학력고사점수, 내신점수,그리고 고교 3년 간의 행동발달 평균점수에 의한
　　　　　 다섯 학기 전체 평균학점에 대한 회귀분석

Variable	B	SE B	Beta	T	Sig T
내신점수	-.1453	.0199	.3431	7.315	.0000
학력고사점수	.0047	.0037	.0564	1.282	.2006
고교행동발달상황	.2234	.1861	.0555	1.201	.2304
Constant	-20.0586	2.7261			

V. 결론

앞서 분석한 자료를 바탕으로 하면 다음과 같은 세 가지 방향의 논의가 가능할 것이다. 첫째, 대학에서의 학업성취도와 관련되어 학생 선발에 직접적인 영향을 미치는 현행의 대학입시에 포함되는 변수들인 내신성적, 학력고사, 그리고 체력검사에 대한 논의이다. 이러한 첫번째의 논의에 포함되는 변수들은 개선이 가능한 외적인 변수라 할 수 있다. 둘째 대학에서의 학업성취도와 밀접한 관련을 가지고 있는 성, 출신지역, 부모의 교육년수, 지능지수 등의 개인적,

가정적 변수에 대한 논의이다. 두번째의 논의에 포함되는 변수들은 대학에서의 학업성취도와 밀접한 관련을 가지고 있지만 외적인 변화를 주는 것이 불가능한 내적인 변수라 할 수 있다. 셋째, 이론적으로 대학에서의 학업성취도와 밀접한 관련을 가질 수 있는 변수지만 현실적으로 측정과 평가에 문제가 있는 고교 행동발달상황으로 나타나는 변수들이다. 이러한 세번째 변수들은 개선 여하에 따라 매우 유용하게 사용될 수 있는 변수라 할 수 있다. 이러한 세 가지 방향의 논의 중 대학 입학성적에 포함되고 있고 또 현실적으로 개선이 가능한 첫번째의 변수들 중 학력고사는 1994학년도부터 대학입학적성시험으로 대치되는 관계로 제외하고 여기서는 내신성적과 체력검사를 중심으로 논의하고자 한다.

(1) 내신성적

앞서 서두에서도 밝혔듯이 내신성적을 대학입학의 기준으로 사용하는 데 있어서 가장 문제가 되는 것은 학교별 내신성적 등급의 불균형의 가능성이라고 할 수 있다. 과연 서울 등의 대도시의 내신등급이 중소도시나 군 이하의 고등학교의 내신등급과 균형을 유지하고 있느냐 하는 것이 하나의 문제점으로 등장할 수 있다. 그리고 또한 남자 고등학교와 여자 고등학교의 내신성적 등급도 마찬가지로 균형을 유지하고 있는지가 의문이다. 이와 관련하여 분석된 결과에 의하면 입시 총득점에서 여학생이 남학생에 비하여 높은 점수를 획득한 것으로 나타나고 있는데 그 차이는 바로 내신성적의 차이에서 기인하고 있었다. 다시 말하면 학력고사와 체력검사에서 동일한 실력을 보여 준 남학생과 여학생의 내신성적에서는 차이가 있었다. 이러한 발견은 우선 내신성적이 공정하였다는 가정을 하였을 때 다음의 두 가지 문제를 가지게 된다. 하나는 남학생들이 학력고사 당일 실력 이상의 성적을 받았다는 것이다. 만약 그렇지 않다면, 두번째로 학력고사가 고등학교에서 연마한 학력 이외의 다른 것을 측정하였다는 논리가 된다. 반면에 내신성적이 공정하지 않았다는 가정이 된다면 이 또한 문제가 아닐 수 없다.

　이러한 제 문제를 좀더 깊이 파헤치기 위하여 남녀공학 출신의 남학생과 여학생을 중심으로 두 집단의 내신성적을 비교하였다. 남녀공학의 남학생과 여학생들은 각기 143.28, 144.98점의 내신성적을 보이고 있다. 이러한 차이는 또한 통계적으로 유의한 것으로 나타나고 있다. 이를 다시 남고 출신 학생, 여고 출신 학생, 여자 고등학교, 남녀공학의 남학생, 그리고 남녀공학의 여학생으로 구분하였을 때 내신성적은 각기 143.50, 145.24, 143.28, 144.98점으로 나타나고 있다〈표 3-71〉. 이러한 차이는 통계적(F=48.9423, p.=.0000)으로 유의한 것으로 나타나고 있다. 여기서 통계적으로 유의한 차이를 보이는 집단은 여고 출신 학생과 남고 출신 학생, 여고 출신 학생과 남녀공학 남학생, 남녀공학 여학생과 남고 출신 학생, 그리고 남녀공학 여학생과 남녀공학 남학생들이다. 따라서 이러한 분석의 결과, 특히 남녀공학 내에서 성별간의 내신성적의 차이가 존재하고 반면에 학교 유형에 따른 성별간의 차이가 없음은, 여학생들의 내신성적과 남학생들의 내신성적에는 공정한 차이가 있다는 것을 통계적으로 뒷받침하여 준다. 물론 사례 수가 적은 남녀공학의 학생을 중심으로 한 분석의 한계가 있겠지만 적어도 내신성적으로 인한 남녀간의 차별이 없음은 바람직스러운 것이라 할 수 있다.

〈표 3-71〉 학교유형별 남녀간의 내신점수 비교

	전체	비남녀공학		남녀공학	
		남자고교	여자고교	남	여
내신성적	144.19	143.50	145.24	143.28	144.98
사례수	1576	314	199	24	39

〈표 3-72〉 학교유형별 성별간 내신성적의 차에 대한 일원분산분석

sv	df	ss	ms	F	F prob.
유형	3	412.6755	137.5585	48.9423	.0000
Residual	572	1670.6776	2.8106		
전체	575				

　고등학교 내신성적은 대학에서의 학업성취도를 예측하는 가장 좋은 지표가 되는 것으로 나타나고 있다. 고교내신성적이 대학 입학생들의 향후 대학에서의 학점을 예측하는 가장 좋은 변인으로 나타난 것은 바람직하다고 할 수 있을 것이다. 또한 현행 대학 입학성적의 한 부분으로서 내신성적을 포함하고 있는 정책이 타당하다는 뒷받침이 된다. 단 하루의 시험으로 지원자의 학력을 평가하는 입시제도에 있어서는 입시 당일 지원자의 상태가 크게 좌우된다. 따라서 신뢰도가 떨어지는 단기에 걸친 시험보다 장기간에 누적된 학력을 이용하여 지원자를 평가하는 제도야말로 훨씬 더 효과적이며 효율적일 것이다. 단지 하루의 시험만으로 수험생들이 장기간에 걸쳐서 쌓아 온 실력을 평가한다는 것은 매우 위험하고 신뢰도가 낮은 방법이라고 생각된다. 당일의 운과 컨디션으로 돌리기에는 대학입시의 당락이 개인의 인생에서 차지하는 비중이 너무 큰 것이 사실이다. 이러한 불합리를 극복하기 위해서는 장기간에 걸친 학생의 학력에 대한 평가가 가장 적절한 방법이라고 판단된다. 다행히 고교 3년 간의 내신성적이 입시에 반영되고 있지만 그 실상을 살펴보면 학생 선발에 가장 적합한 변수임에도 불구하고 현행 제도의 불완전함으로 인하여 고교내신성적은 학생 선발에 영향을 크게 끼치지 못하고 있다.

　고교내신성적은 고교수업의 정상화라는 취지를 가지고 대학 입학성적에 반영되기 시작하여 초기의 학교간 혹은 지역간의 학력 격차로 인한 문제점을 보완하여 오늘에 이르고 있다. 하지만 아직도 전체 입시성적에의 반영률이나 등급간의 점수차 등에 대한 문제가 해소되었다고 보기는 어렵다. 현행 입시요강에 의하면 내신성적의 총점은 145.7이며, 한 등급이 내려갈 때마다 2점씩 차이가 난다. 하지만 모 대학교 1990년도 입시에서 보듯이 내신성적에 있어서 합격자 집단과 불합격자 집단의 차이는 불과 3.6점에 불과한 데 비하여 학력고사점수에 있어서는 그 차이가 52.41점으로 나타나고 있다. 이렇듯 대학에서의 학업성취도를 예측하는 데 있어서 학력고사에 비하여 월등하게 뛰어난 고교내신성적은 현행 제도의 모순에 의하여 적어도 모 대학교 한 단과대학에 있어서는 그 변별력을 상실하고 있다. 만일 고교내신성적의 반영비율을 높이고

등급간 차이를 더욱 두었다면 보다 흥미로운 결과가 나타났을 것이다.

1994학년도부터 고교내신성적의 반영비율이 높아지게 되고, 등급이 더 세분화됨에 따라 그 결과가 주목되지만, 여전히 대학입시를 크게 좌우할 만한 반영비율과 변별력을 갖추지 못하고 있다. 따라서 본고사를 시행하는 대학 지원자들의 당락은 대체로 본고사와 대학수학능력시험으로 결정이 될 것이다. 왜냐하면 앞서 밝힌 바와 같이 내신성적이나 체력검사는 그 변별력이 발휘될 수 없게 등급간의 점수차가 적기 때문이다. 이에 따라 대입수험생들의 대학입시 준비는 본고사와 수학능력시험에 치중될 것이다. 1970년도에 대학입학 예비고사가 실시된 이후, 초기에 대학입학 예비고사가 입시에 반영되는 비율이 낮은 시기에 있어서 고등학교 수업의 정상화가 이루어지지 않았던 전례를 우리는 가지고 있다. 그 동안 고교수업의 정상화를 위한 노력이 계속되어 왔지만, 대학입학에 있어서 고교성적의 영향력이 적은 현실에 있어서 고등학교 수업의 정상화란 실현하기 어려운 것임에 틀림이 없다. 진정한 고교수업의 정상화는 고교성적을 대학입시에 전적으로 활용함으로써 가능할 것이다. 또한 그러한 조치를 취할 만한 정당한 증거를 본 연구의 대학 입학자들은 대학에서의 학업성취도를 통하여 보여 주고 있다.

(2) 체력검사

대학입학시 연구대상자들이 받은 체력점수는 평균 19.98점으로서 표준편차 .18을 보여 주고 있다. 이들 성별로 구분해 보면 남학생은 평균 19.97, 표준편차 .20이고, 여학생은 평균 19.99, 표준편차 .13을 보이고 있다. 지역적으로는 서울 출신 학생은 평균 19.97, 표준편차 .23이고, 지방 출신 학생들은 전부가 만점을 받은 것으로 나타나고 있다〈표 3-73〉.

전체 연구대상자들의 체력점수의 평균차와 표준편차가 매우 작은 것으로 나타나고 있다. 하지만 성별 체력점수의 차이는 통계적으로 유의하지 않았지만 지역별로는 통계적으로 유의한 차이($F = 6.028$ p.$= .014$)를 가지는 것으로 분석되었다〈표 3-74〉. 이러한 분석은 지방 출신 학생들이 서울 출신 학생들보다 체력점수 평균이 높다는 것이지만 그 해석에 대해서는 주의를 해야 할 것이다.

<표 3-73> 성별, 지역별 체력점수

	남	여	지역별
서울	평균＝19.95 표준편차＝.26 사례수＝213	평균＝19.99 표준편차＝.16 사례수＝155	평균＝19.97 표준편차＝.23 사례수＝368
지방	평균＝20.00 표준편차＝.00 사례수＝142	평균＝20.00 표준편차＝.00 사례수＝94	평균＝20.00 표준편차＝.00 사례수＝236
성별	평균＝19.97 표준편차＝.20 사례수＝355	평균＝19.99 표준편차＝.13 사례수＝249	평균＝19.98 표준편차＝.18 사례수＝604

<표 3-74> 성별, 지역별 1990년도 입학생의 체력점수의 차에 대한 이원분산분석

sv	df	ss	ms	F	F prob.
성	1	.083	.083	2.692	.101
지역	1	.185	.185	6.028	.014
성 × 지역	1	.052	.052	3.123	.193
Residual	600	18.41	.031		
전체	603				

연구대상자들의 체력점수를 급수별로 살펴보면 전체 604명 중 1.7%에 해당하는 학생들만이 만점을 못 받은 것으로 나타나고 있다<표 3-75>. 이를 지역별로 살펴보면 지방 출신 학생은 전원이 만점을 받았으며, 성별로는 여학생 중 1명만이 만점을 받는 데 실패하였을 뿐이다. 따라서 만점을 못 받은 연구대상자는 서울 출신의 남학생들 중 극소수에 불과한 것으로 나타나고 있으므로 이러한 소수의 사례를 국외자(outlier)로서 보는 것이 타당할 것이다.

<표 3-75> 성별 지역별 1990년도 입학생의 체력점수

체력점수	체급별	서울		지방	
		남	여	남	여
20.00	594(98.3%)	204(95.8%)	154(99.4%)	142(100%)	94(100%)
19.00	7 (1.2%)	7 (3.3%)	0 (0%)	0 (0%)	0 (0%)
18.00	3 (0.5%)	2 (9%)	1 (6%)	0 (0%)	0 (0%)
전체	604(100%)	213(100%)	155(100%)	142(100%)	94(100%)

입학시험시 보여 준 연구대상자들의 체력점수를 살펴보면 현행의 체력검사를 입학시험 성적에 반영하는 것에 대하여 깊은 의문을 품지 않을 수 없다. 거의 모든 학생들이 만점을 받은 현행의 체력측정제도는 분명히 변별력을 상실하고 있다. 만일 고교수업의 균형 있는 정상화를 위한 조치로 체력검사를 입시에 포함하고 있다면, 그러한 조치는 이미 내신성적을 통하여 충분히 반영되고 있다고 할 수 있다. 진정한 체력측정을 위한 제도를 정착시키기 위해서는 그 변별력을 높일 필요가 있다.

<표 3-76> 지역별 고교 1, 2, 3학년 때의 체력등급

체력등급	서울 359명			지방 234명			전체 593명		
	고1	고2	고3	고1	고2	고3	고1	고2	고3
1	8 2.2%	15 4.2%	8 2.3%	4 1.7%	8 3.4%	5 2.4%	12 2.0%	23 3.8%	13 2.4%
2	41 11.4%	27 7.5%	6 1.8%	23 9.8%	15 6.4%	6 2.9%	64 10.8%	42 7.1%	12 2.2%
3	84 23.4%	77 21.4%	46 13.5%	51 21.8%	44 18.8%	22 10.5%	135 22.8%	121 20.4%	68 12.3%
4	121 33.7%	120 33.4%	99 28.9%	77 32.9%	74 31.6%	56 26.8%	198 33.4%	194 32.7%	155 28.1%
5	80 22.3%	93 25.9%	105 30.7%	63 26.9%	68 29.1%	59 28.2%	143 24.1%	161 27.2%	164 29.8%
6	25 7.0%	27 7.5%	78 22.8%	16 6.8%	25 10.7%	61 29.2%	41 6.9%	52 8.8%	139 25.2%

체력검사가 대학입학 예비고사에 반영되기 시작한 초기는 그 기준이 비교적 높았으나 근래에 와서 기준이 많이 완화되어 거의 대다수의 수험생들이 만점을 받을 수 있게 되어 있다. 하지만 고교에서 실시하는 자체 체력장은 다른 기준에 의하여 등급을 매기고 있다. 그 기준은 예전의 완화되기 전의 대학입학 체력장제도로서, 그 기준에 의하면 만점을 받는 학생들은 극소수에 불과한 것으로 나타나고 있다. 〈표 3-76〉과 〈표 3-77〉은 연구대상자들의 고교 3년간의 체력등급을 추적한 자료이다. 이 자료에 의하면 체력검사에서 만점을 받

〈표 3-77〉 성별 고교 1, 2, 3학년 때의 체력등급

체력 등급	남 347명			여 246명			전체 593명		
	고1	고2	고3	고1	고2	고3	고1	고2	고3
1	12 3.4%	18 5.2%	10 3.1%	0 0%	5 2.0%	3 1.3%	12 2.0%	23 3.8%	13 2.4%
2	45 12.9%	31 8.9%	9 2.8%	19 7.8%	11 4.5%	3 1.3%	64 10.8%	42 7.1%	12 2.2%
3	92 26.4%	69 19.9%	48 15.1%	43 31.9%	52 21.1%	20 8.6%	135 22.8%	121 20.4%	68 12.3%
4	113 32.5%	105 30.3%	103 32.4%	85 34.7%	69 28.0%	85 36.5%	143 24.1%	161 27.2%	164 29.8%
5	66 19.0%	92 26.5%	79 24.8%	77 31.4%	69 28.0%	85 36.5%	143 24.1%	161 27.2%	164 29.8%
6	20 5.7%	32 9.2%	69 21.7%	21 8.6%	20 8.1%	70 30.0%	41 6.9%	52 8.8%	139 25.2%

은 학생들은 전체 연구대상자들 중 불과 2~4%에 불과하였다. 대입체력장 제도의 기준이 완화된 것은 체력장 실시중 수험생들의 불의의 사고를 막기 위한 조치였는데, 그렇다면 현행 고교에서 실시되고 있는 체력검사 자체도 완화된 기준에 의해서 실시해야 한다는 논리가 된다. 대입체력검사가 수험생들의 체력을 측정하기 위한 것이라면 그 변별력을 높일 수 있는 타당한 기준에 의해서 실시되어야 한다. 그렇지 않고 단지 고교수업의 정상화를 위한 형식적인 제

도에 불과한 것이라면, 내신성적에 반영되어 있는 체육성적을 통하여 그 취지를 충분히 살릴 수 있으므로 수험생들에게 이중의 부담을 덜어 주는 방향으로 체력검사에 대한 개선이 있어야 할 것이다.

(3) 논의

본 연구의 결과에 의하면, 대학생활의 성공 여부를 가늠하는 가장 중요한 척도가 학점에 있다고 했을 때, 고교내신성적이야말로 대학에서의 성취도 여부를 예측하는 가장 중요한 변인이라고 할 수 있다. 따라서 대학입시에 있어서 고교내신성적의 반영률에 대한 제고가 있어야 할 것이다. 다행스럽게도 1994 학년도 대학 신입생 선발부터 새 입시제도가 적용된다. 새 입시제도는 고등학교 내신성적을 40% 이상 의무적으로 반영하되, 그 이외의 대학수학능력시험과 대학별 고사의 채택 여부와 반영비율 등은 대학이 자율적으로 결정하도록 하는 것을 기본 골격으로 하고 있다. 새 입시제도에 따라 각 대학이 결정하여 발표한 '94학년도 입시요강을 보면 92개 대학이 대학별 고사 없이 내신성적과 대학수학능력시험 성적만으로 학생을 선발하게 되고 40개 대학은 대학별 고사를 실시한다. 대학별 고사를 실시하는 대학 중에서 11개 대학은 모집정원의 10~30%를 대학수학능력시험 성적우수자 중에서 대학별 고사를 면제하고 특차로 선발한다.

1994학년도부터 고교내신성적의 반영비율이 높아지고 등급도 더욱 세분화되지만 이러한 새로운 제도 역시 등급에 따른 점수의 차이가 크지 않은 제도로서 입시당락에 그다지 영향을 끼치지 못할 것이다. 게다가 대학별 본고사의 부활로 인하여, 내신성적의 반영으로 고교수업의 정상화를 꾀하겠다는 본래의 취지도 퇴색될 것이 분명하다. 본고사를 시행하는 대학 지원자의 당락은 대체로 본고사로 결정이 될 것이다. 왜냐하면 앞서 밝힌 바와 같이 내신성적이나 체력검사는 그 변별력이 발휘될 수 없게 되어 있기 때문이다.

과거 10여 년 간의 교육개혁은 고교교육의 비정상화라는 폐단을 해소하여 고교교육의 정상화를 도모하기 위하여, 대학별 본고사를 폐지하고 이를 학력고사로 대치하고 고교내신성적을 대학입시에 반영하는 일련의 노력이라고 할 수 있다. 하지만 대학별 본고사가 다시 시행되고 또한 내신성적이 입시당락에 그다지 영향을 미치지 못한다면 학교수업의 부실화라는 과거의 폐단이 다시 되풀이될 것이 자명하다. 대학별 본고사에 대한 대비는 학교수업만으로는 부족할 것이라는 우려가 고조되어 학교 외 수업이 또 다시 기승을 부릴 것이 너무도 분명하기 때문이다.

　과거에 경험한 바 있는 고교수업의 부실화라는 시행착오를 되풀이해서는 안 된다. 또한 현행의 입시제도도 개선되어야 한다. 대학에서 학업성취도를 예측하는 기능이 낮은 현행 학력고사제도는 학력고사를 치르는 데 드는 막대한 비용과 노력을 감안하면 분명히 비효율적이고 타당성이 낮은 제도임에 틀림이 없다. 이러한 학력고사를 대치하고 1994학년도부터 실시될 대학수학능력시험은 아직 시험의 타당성이나 신뢰성 그리고 변별능력이 미지수인 상태이다. 따라서 현 시점에 있어서, 내신등급간의 작은 점수 차이로 인하여 대학입시에 있어서의 내신성적의 가벼운 비중은 고교 3년 간이라는 장기간에 걸쳐 측정된 타당하고 신뢰성 있는 자료를 잘 활용하지 못하는 비효율적인 처사라고 여겨진다. 신뢰성 있고 타당한 자료를 잘 활용하지 못하고 오히려 신뢰성과 타당성이 낮은 방법을 막대한 비용과 노력을 들여 매년 실시하는 것은 과연 올바른 선택인지 의문을 가지게 된다. 대학에서 우수한 학생을 선발하는 과제와 고교교육의 정상화라는 문제는 고교성적을 대학입시에 직접적으로 반영함으로써 해결할 수 있을 것이다. 현행 15등급으로 되어 있는 내신성적제도를 더욱 보완하여 등급간의 점수차를 늘리고 대학에서의 전공에 따른 과목별 내신성적을 반영함으로써 단 하루의 시험으로 인한 낮은 신뢰도의 위험성을 배제할 수 있을 뿐더러 고교수업의 정상화라는 균형 있는 교육을 시행할 수 있을 것이다. 이와 같은 조치는 대학입학 예정자를 선발하는 데 있어 신뢰성 있는 방법일 뿐만 아니라 타당성 있는 한 대안이 될 수 있을 것이다.

참고문헌

문교부(1990) 『전국 중고등학교 명부』.

이종성(1983) 『교육심리 통계방법』, 서울 : 박영사.

이형행(1992) 『교육행정 : 이론적 접근』, 서울 : 문음사.

중앙교육진흥연구소(1989) 『고3 전국연합모의학력고사 결과 분석 자료』

한준상(1990) 『한국 대학교육의 희생 : 대학교육 한계의 교육사회학적 이해』, 서울 : 문음사.

Allen, M, & Yen, W(1979) *Introduction to measurement theory,* Monterey, CA : Brooks/Cole.

Arkin, R., & Maruyama, H.(1979) Attribution effect and college exam performance. *Journal of Educational Psychology,* 71, pp. 85~93.

Borg, W., & Gall, M.(1983) *Educational research : An introduction,* New York : Longman.

Calfee, R.(1987) Improving education indicators : Turning the problem inside out Paper presented at the meeting of the American Educational Research Association, Washington, DC.

Brophy, J., & Good, T.(1986) *Educational psychology : A realistic approach,* New York : Longman.

Garrett-Schau, C., & Scott, K.(1944) Impact of gender characteristics of instructional materials : An integration of the research literature, *Journal of Educational Psychology,* 76, pp. 183~193.

Glass, G., & Hopkins, K.(1984) *Statistical methods in education and psychology*(2nd ed.), Englewood Cliffs, N.J. : Prentice-Hall.

Grand, L.(1984) Black females' place in desegregated classrooms, *Sociology of Education,* 57, pp. 98~111.

Harwell, M.(1988) Choosing between parametric and nonparametric tests, Unpublished manuscript.

Kirk, R.(1982) *Experimental design*(2nd ed.), Monterey. CA : Brooks/Cole.

Kubiszyn. T., & Borich, G.(1984) *Educational testing and measurement,*

Glenview, IL : Scott, Foresman.

Mehrens, W., & Lehmann, I.(1984) *Measurement and evaluation in education and psychology*(3rd ed.), New York : Holt, Rinehart, and Winston.

Pattison, P., Grieve, N.(1984) Do spatial skills contribute to sex differences in different types of mathematical problems? *Journal of Educational Psychology,* 76, pp. 678～689.

Rice, F.(1984) *The adolescent : Development, relationships, and culture*(4th ed.), Boston, MA : Allyn and Bacon.

Schiff, M., & Duym, M., Dumaret, A., & Tomkiewicz, S.(1982) How much could we boost scholastic achievement and IQ scores? A direct answer from a French adoption agency. *Cognition,* 12, pp. 165～192.

SPSS Inc.(1990) *SPSS for the Macintosh : Operations guide,* Chicago, IL : SPSS Inc.

SPSS Inc.(1986) *SPSS : User's guide,* Chicago, IL : SPSS Inc.

Steinkamp, M., Maehr, M.(1984) Gender differences in motivational orientations toward achievement in school science : A quantitive synthesis. *American Educational Research Journal,* 21, pp.39～59.

대학입시제도의 개선을 위한 대안적 논리

이종재*

I. 서론

이 논문에서는 우리나라 대학입학시험제도의 문제점을 분석하고 제도 개선의 논리를 탐색하기 위하여 지난 10여 년 간의 대학입시제도 개선을 주장하는 연구들과 중요한 제안 속에 내포되어 있는 논리와 문제 제기의 흐름을 추적하고자 한다. 이러한 추적을 통하여 논리상의 문제점을 규명하고 대학입시와 관련된 문제 형성의 메커니즘을 이해하고 대학입시와 입시 위주 교육의 본질을 이해하는 단서를 찾고자 한다. 이러한 이해를 토대로 하여 본 연구가 앞으로 제시하게 될 대학입시제도의 대강의 틀을 세우고 그 타당성의 근거를 제시하며, 우리나라 대학입시제도가 정착하기까지의 단계별 과제와 필요조건을 검토하고자 한다.

---

* 서울대학교 사범대학 교육학과 교수.

II. 제도 개선의 논리

1. 문제에 임하는 기본 입장과 방향

　대학입학전형제도의 개선에 임하는 입장은 크게 구분하면 '점진적 개선'의 입장과 '급격한 개혁'의 두 가지 입장으로 구분할 수 있다. 또한 개선의 방향에서 적어도 우리나라의 상황을 고려할 때, 입시 위주 교육의 극복을 위한 '학교교육의 정상화'에 중점을 두는 방향과 '대학의 입학자 선발의 타당성'을 제고하는 데 중점을 두는 두 가지 방향 중에서 선택해야 할 것이다.

　대학입학전형제도는 중요한 교육제도의 하나로서 학교교육에 주는 영향이 매우 크고 이 제도의 영향을 받는 학생들의 인생의 문제가 관련되기 때문에 입시제도의 개선은 어느 날 갑자기 바꾸는 식의 급격한 제도의 개혁보다는 점진적 개선의 방법을 택하는 것이 옳을 것이다. 이 점에서 문제에 임하는 첫번째 입장은 점진적 개선의 입장을 택해야 한다는 논리를 설정할 수 있다.

　점진적 개선의 입장을 택할 때, 제도발전의 長期的 方向과 模型을 정립하여 현행 대학입시제도의 개선을 위한 원칙, 기준, 방안을 모색하는 접근을 시도해야 할 것이다.

　두번째 입장은 제도 개선의 중점을 학교교육의 정상화와 대학의 학생 선발의 타당성이라는 두 가지 지향점 중에서 어느 쪽에 두어야 할 것인가의 문제에 관한 것이다. 이 문제는 대학입학전형제도의 원칙에서 다시 검토할 것이다. 그러나 우리나라 교육의 현실을 고려할 때, 학교교육의 정상화가 보다 중요한 문제로 제기되기 때문에 대학입학전형제도는 학교교육의 정상화에 기여해야 한다는 논리를 세울 수 있다.

　이러한 입장에서는 학생들의 全人的 성장과 個性의 伸張을 추구하고, 입시 위주 교육의 병폐를 시정하여 학교교육의 정상화에 기여하는 것을 문제에 임하는 기본 입장으로 삼을 수 있다. 문제에 임하는 기본 입장과 관련하여 설정할 수 있는 논리는 대학입학자 선발을 위한 제도의 개선은 급격한 개혁보다는 점진적 개선의 접근을 택해야 한다.

점진적 개선의 접근을 따라야 할 중요한 이유를 세 가지로 정리할 수 있다. ① 대학교육 기회는 삶의 기회를 결정하기 때문에 많은 학생들에게 인생에서의 경쟁과 같은 성격을 지니고 있다. 경쟁의 규칙은 예고되어야 하고 경쟁의 규칙에 대한 '期待利益'은 보호되어야 한다. ② 대학입학전형제도는 중요한 교육제도로서 그 교육제도가 정착되기까지에는 적응과 정착을 위한 시간과 준비를 요한다. 제도의 효과는 제도 그 자체의 속성에도 기인하지만 제도와 상황의 관계에서 형성된다. 제도가 효과를 발휘하기까지는 '성숙을 위한 시간'이 필요하다. ③ 예고되지 않은 급격한 제도의 변경은 적응과 정착을 위한 노력을 허비할 뿐만 아니라 새로운 제도의 효과를 보장할 수 없는 상황에서 새로운 실험을 시도해야 한다. 교육제도는 어떠한 제도이든지 실험적 성격을 갖는다.

점진적 개선은 제도 발전의 장기적 방향과 기본 원칙에 입각하여 모형을 정립하고 제도의 개선을 위한 원칙, 기준, 방안을 모색하는 접근을 시도해야 할 것이다. 이러한 전망 위에서 개선의 방향과 내용에 대한 학습과 이해와 동의를 확보하고 규칙의 변화를 예고하여 기대이익을 보호해 주어야 한다.

2. 대학입학전형제도의 내재적 원칙

(1) 원칙의 개념

먼저 '대학입학전형제도의 내재적 원칙'의 개념을 규정할 필요가 있다. 대학입학전형제도의 원칙은 내재적 원칙과 외재적 원칙으로 구분할 수 있다. 내재적 원칙은 대학입학자 선발에 적용되는 기준, 과정, 방법을 설정하는 준거를 의미한다. 외재적 원칙은 대학입학전형과 관련된 제도 외적 사항과의 관계에서 설정되는 원칙을 의미한다.

일단 이렇게 전형제도의 내재적 원칙을 규정할 때, 이와 관련하여 대학입학

전형제도와 방법을 구별할 수 있다. 제도는 법제화된 입학자 선발 방법을 의미하는 것으로 이러한 제도는 교육부의 관장사항이 된다. 방법은 원칙과 제도의 틀 안에서 각 대학이 입학자를 선발하는 절차와 방법으로 대학별 전형방법이 된다.

대학입학전형제도의 내재적 원칙을 설정하는 근거로서 교육 정상화의 요건과 교육제도의 運營原理를 들 수 있다. 이와 관련된 참고사항으로서 입시제도의 변천과정에 대한 반성과 주요 국가의 제도운영이 우리나라의 제도 발전에 주는 시사점 등을 고려할 수 있다.

고교교육의 정상화의 요건에서 가장 중요한 준거는 학교교육 정상화의 개념이 된다. 학교교육 정상화의 개념은 정의하기가 매우 어려운 개념으로 볼 수 있다. 이것은 일종의 열린 개념으로서 교육에 대한 우리의 생각과 이상 등이 반영되는 정도에 따라 그 뜻을 달리할 수 있는 개념이 된다. 잠정적으로 학생의 전인적 성장과 개성의 신장을 추구하고, 제정된 교육과정의 취지에 부합하는 학교교육을 실시하는 것으로 그 의미를 규정할 수 있다. 학교교육의 정상화는 대학입학전형제도에 대하여 정상화의 개념에 따른 학교교육의 성과를 전형에 반영하고, 이 개념에 따른 교육여건을 조성해야 할 것을 요구한다. 이 과제는 구체적으로 교육과정의 제정 취지에 따른 교육과정의 운영과 이에 따른 교수, 학습, 평가활동을 요구하며 이에 필요로 하는 지원 조건의 확보를 요구한다고 볼 수 있다.

1) 교육제도의 운영원리의 반영

대학입학전형제도는 우리나라의 학제 운영원리와 관련하여 학제운영의 기본 원리 혹은 원칙과 방향을 같이 하거나 이 원리나 원칙들을 전형제도에 반영해야 할 것이다. 이러한 원리와 원칙들로서 교육의 기회균등의 원칙, 평생교육 기회의 보장, 개성의 신장을 위한 계열의 분화와 선택의 원리 계열과 내용의 분화, 개인차에 따른 선택), 고등교육의 대중화단계에 부합하는 대학의 다양화, 기능분화, 자율성 존중의 원칙들을 연계시켜야 할 것이다.

구체적으로 이러한 원리와 원칙들이 어떻게 반영 혹은 연계되어야 할 것인가
는 대학입학전형제도의 원칙과 논리의 설정에서 구체적으로 표현되어야 한다.

2) 입시제도의 변천과정에 대한 반성[1]

이 연구에서는 우리나라 대학입시제도의 변천과정에 대한 반성을 시도한 바
있다. 입시제도의 변천과정상의 특성을 전형자료, 입학생의 사정방법 및 기
준, 특별전형, 시험의 형태와 과목, 지원 및 시험의 시기, 입시관리권의 소재
등으로 나누어 반성적으로 검토하였다. 이상의 검토결과를 요약할 때, 다음과
같이 반성의 결과를 지적할 수 있다.

① 전형자료면에서 시험에 의한 성적 중심의 사정을 관행화한 결과로 이러
한 관행이 실은 입시 위주의 교수, 학습을 조장하여 온 결과를 초래하였다.

전형자료의 측면에서 대학입학시험제도의 변경과정을 볼 때, 객관성과 신뢰
성은 선발고사가 갖추어야 할 중요한 요소가 됨을 다시 확인할 수 있다. 특히
선발과 관련된 이해관계가 첨예한 상황에서 그 요소의 중요성은 매우 크다고
할 수 있다. 그러나 교육의 목적이 全人의 육성에 있다면 평가의 방향 역시 입
학지원자의 全人性에 대한 이해에 맞추어져야 할 것으로 본다. 이를 위해서는
전인적 평가를 위한 평가도구를 개발하고, 이제까지 보조 전형자료에 그쳤던
면접이나 구술고사의 활용도를 높이며, 주관식 평가의 객관화를 통해 학력주
의 일변도의 평가관행과 대학의 부정 가능성을 극복해야 할 것이다. 예체능계
지원자를 대상으로 했던 실기고사에 부정의 시비가 그치지 않았던 것을 교훈으
로 삼아야 할 것이다.

② 多科目에 걸쳐 총점에 의한 사정을 함으로써 실은 교육의 '깊이'를 얕게
하고, 개성의 신장을 조약한 결과를 초래하였다. 이러한 관행은 학제의 운영원
리에서 계열의 분화와 선택의 원리를 존중하지 못하였다.

사정방법과 기준의 특성을 보면 각 고사성적의 單純合算에 의한 총점을 기준

---

1) 본 연구와 관련하여 수행한 "대학입시제도 변천과정의 반성과 교훈"에서 분석하고
   있음.

으로 입학생을 선발하였음을 발견할 수 있다. 資格考査를 실시한 경우에는 '대학입학정원의 몇 %'라는 합격률을 미리 일률적으로 정해 놓고, 합격자에 한하여 여타 고사성적의 총점을 기준으로 선발하였다. 각 고사성적의 단순합산에 의한 총점주의는 입시관리상의 편의성 때문이기도 하지만, 대학의 자율적 전형이 허용되지 않았기 때문에 나타난 결과라고도 할 수 있다.

총점을 기준으로 한 선발은 입학지원자의 적성과 흥미를 충분히 반영하지 못한다는 문제를 지닌다. 전형제도를 통해 지원자의 적성과 개성이 신장될 수 있는 기회를 부여하는 것이 특성 없는 平均人을 육성하는 것보다 교육적으로 타당하기 때문에, 각 대학은 개별 전형자료의 특성을 고려하여 종합적인 사정기준을 마련해야 할 것이다.

③ 객관식 문항에 의한 평가를 과용함으로써 '綜合的 創意的 學習'을 제약하는 결과를 초래하였다.

④ 相對評價主義를 실질적으로 적용함으로써 한편으로는 교육의 '기준'을 흐리게 하고 질적 수준을 향상시킬 수 있는 평가를 발전시키지 못하였다.

⑤ 제도의 획일적 운영으로 제도발전을 저해하고 교육을 획일화하는 요인을 형성하였다.

지원시기의 측면에서 보면, 지원방식을 검토할 때, 지원방식에서 선시험 후지원은 소위 '눈치지원', '배짱지원'과 같은 부작용을, 선지원 후시험은 성적우수자의 탈락과 재수생의 누적이라는 부작용을 수반하는 경우가 많았다. 지원시기에서, 각 시기별로 대학들이 고르게 분포되어 있으면 학생의 대학선택 기회는 넓을 텐데, 특정 시기에 소위 명문대학들이 집중되어 있어 학생의 선택 기회가 제약되고 고득점 재수생이 양산되는 부작용이 있었다.

이러한 경향을 고려할 때, 이제까지의 전형절차는 학생이 일정한 일자에 맞추어 대학을 지원하고, 지원한 대학의 전형일자에 직접 참여함으로써 대학선택의 기회가 상당히 제약되었다고 할 수 있다. 이는 학생의 필요보다는 대학의 필요에 따라 이루어진 것으로, 대학교육에 대한 수요가 공급을 언제나 초과했던 상황에서 가능했던 것이지만, 고득점 재수생을 양산시키는 한 원인으로 작용하였다. 이러한 문제를 극복하기 위해 학생은 지원하는 여러 대학에 자신에 관한 정보가 담긴 전형자료를 보내고, 입학의사를 타진하는 대학에 가서 전형 절차를 완성시키는 전형방법을 강구할 필요가 있다.

입시를 관리하는 권한의 소재를 중심으로 하여 볼 때, 대학의 관리와 국가의 관리라는 두 특성 사이를 반복적으로 왕래하여 왔다고 할 수 있다. 대학별 입시관리의 불철저, 정원 관리상의 부조리, 대학별 이기주의로 인한 학생의 피해 발생 등과 같은 문제는 국가의 관리를 초래하는 동인이 되었고, 대학의 몰개성화, 획일적 통제체제의 경직성 등과 같은 문제는 대학별 관리의 필요성을 일깨우는 동인이 되어 왔다.

국가관리와 대학관리가 서로 반복적인 궤도를 형성해 오고 있는데, 대학관리는 학문의 자유와 그 보장을 위한 기관의 자치라는 면에서 정당화되고, 국가관리는 대학관리의 공정성을 확보하기 위한 방편이라는 면에서 정당화되어 왔다고 할 수 있다.

이러한 점에서 볼 때, 전형제도의 운영 관리권 문제는 국가의 관리와 대학의 관리 사이에서 표류하는, 오랜 실험기간을 거쳤다고 생각되나 아직은 완전한 해결책을 발견하지 못한 것으로 판단된다. 그러나 학문의 자유와 기관의 자치라는 원칙에서 본다면 입학생의 선발은 궁극적으로 대학의 자율에 일임할 수밖에 없을 것이다. 국가의 관여가 정당화되는 범위는 대학의 자율적 관리로 인해 나타날 수 있는 부작용(불공정, 고등학교의 입장무시 등)을 예방 교정하는 한도에서 이루어져야 하는 것이다.

4) 주요 국가의 대학입학제도

주요 국가의 대학입학제도 운영의 특징을 간단하게 살펴보면, 미국의 경우에는 대체적으로 전형의 철학 위에서 全人評價를 지향하는 방향에서 입학자를 선발하고 있으며, 이를 위하여 신뢰도가 높은 銓衡道具를 개발(ETS)하는 체제를 발전시켜 왔다. 영국의 경우에는 基準 中心의 평가체제를 발전시켜 왔고, 취득성적에 따른 複數 이상의 대학에 지원하고 그 결과에 따라 진학을 결정한

242

다. 프랑스와 독일의 경우에는 계열별로 응시 과목을 선택하여 시험을 보며, 시험의 출제형식은 논술형 과목 시험이 주류를 이룬다. 이 시험의 결과에 따라 대학입학을 결정한다. 독일과 프랑스의 경우에는 대학차가 크지 않고 이 차를 축소하기 위한 노력을 경주하여 온 점이다. 일본은 공동시험과 지원기회의 複數化라는 특징을 가지고 있다.

(2) 내재적 원칙

대학입학시험제도를 포괄하는 개념으로서 대학입학전형제도는 목표로서의 원칙과 방편으로서의 원칙을 충족시켜야 한다. 목표로서의 원칙은 전형제도를 통하여 추구하거나 달성해야 할 원칙을 말하며, 방편으로서의 원칙은 그러한 목표를 달성하기 위한 방법으로서 요구되는 원칙을 말한다.

1) 목표로서의 原則

입학전형제도는 타당한 전형기준과 공정한 전형절차를 갖추어야 한다. 전형기준의 타당성을 유지하기 위해서는 다음의 두 원칙이 지켜져야 한다.

원칙 1 : 대학교육의 우월성을 지향하여 대학 적격자를 선발해야 할 것이다. 구체적 의미로는 대학입학전형제도는 적격자 선발을 위해 타당한 전형자료를 개발하여 활용해야 하며 전형자료는 입학지원자의 고차적 정신능력을 평가하고 全人的 평가에 관심을 두어야 할 것이다. 이 원칙을 실천할 수 있기 위하여 적절한 평가도구가 개발되어야 하고 다양한 전형자료가(추천서, 면접자료 등이 그 예가 될 수 있음) 활용되어야 한다.

원칙 2 : 중등교육과의 연계성을 고려하여 고교교육 정상화에 기여해야 할 것이다. 구체적으로 이 원칙은 입학전형과정에 중등교육의 정상적 결과를 반영할 것을 의미한다. 이 관련성에서 고교내신제, 대학수학능력시험, 대학별고사 등을 포함하는 모든 전형자료는 항상 고등학교 교육과정의 정상적 운영을 유도하는 방향에서 개발 활용되어야 할 것이다. 이 원칙을 실제에 적용하기 위해서는 고교교육과정의 정상운영에 대한 의미를 명료화하는 일이 필요하다.

학교교육과정의 정상적 운영은 전인교육을 위한 기본적 조건이 된다는 점에서 매우 중요하나, 그것이 구체적으로 무엇을 의미하는지에 대해서는 합의하기 어려운 면이 있다. 그 합의가 어려운 이유 중의 하나는 고등학교가 지닌 복합적 성격도 한 이유가 된다. 고등학교는 보편교육기관으로서의 성격과 전문교육을 위한 준비기관으로서의 성격을 함께 가지고 있는데, 어디에 중점을 두는가에 따라 고교교육 정상화의 의미를 파악하는 방식이 달라질 수 있다. 전자에 중점을 둘 때 학생은 고등학교에서 제공하는 전 영역 (범위를 좁혀 말하면, 전 교과)에서 고루 높은 성취를 나타내도록 요구받는 반면, 후자에 중점을 둘 때 학생은 자신의 적성과 장래의 희망을 고려하여 특정 영역에 관심을 집중하도록 요구받을 수 있다. 대학입시에 중등교육의 성과를 반영한다고 할 때 그 성과를 어떻게 반영할 것인지에 대한 결정이 요구되는 것도 이 문제와 관련이 있다. 그리고 이 문제는 내신제도의 운영방식에 대해서뿐만 아니라 수능시험의 출제영역 및 대학별 필답고사의 과목 등을 결정하는 데에도 관련되어 있기 때문에 관건이 된다고 할 수 있다.

전형절차의 공정성을 유지하기 위해서는 다음의 두 원칙이 지켜져야 한다.

원칙 3 : 입학경쟁은 지원자의 능력과 노력에 따라 이루어지도록 되어야 한다. 이 원칙은 교육의 기회균등과 관련된 원칙으로서 구체적으로 입학경쟁은 지원자의 교육적 노력을 유도하고 그 결과에 대하여 합당한 보상을 부여해야 함을 의미한다. 본인 이외의 요인에 의한 영향을 최소화해야 함을 요구한다. 즉 본인 이외의 교육적으로 적합하지 않은 요인에 의하여 선발될 가능성을 최소화하기 위한 원칙으로 볼 수 있다. 실천을 위한 조건으로서 학생의 대학선택권과 능력에 따른 입학을 보장하기 위한 실질적인 복수지원제의 강구 등도 관련된다.

원칙 4 : 입학기회는 사회적 형평성을 고려하여 베분되어야 한다. 이 원칙의 구체적 의미로서 대학입학 기회는 고등학교까지의 교육자원 배분과정에서 개재될 수 있는 불평등을 감안하여 잠재적 능력자에게도 제공되어야 함을 요구한다. 원칙 3이 충실하게 적용된다면 원칙 4는 결과적으로 이루어질 수 있다. 그러나 현실적으로 원칙 3이 완전하게 적용될 수 없기 때문에 원칙 3의 정신을 보완적으로 구현하기 위하여 원칙 4가 설정될 수 있다. 원칙 4의 구현을 위한 실천적 조건으로서 특별전형의 원칙과 허용범위에 대한 검토가 필요하다.

2) 方便으로서의 원칙

원칙 5 : 전형과정은 대학의 책임을 전제로 한 자율적 결정에 맡겨야 한다. 대학입학을 위한 전형은, 정해진 법규와 사회적 제약조건을 지키고 스스로의 결정에 대해 책임을 진다는 전제하에 대학의 자율적 결정에 일임해야 할 것이다. 전형과정을 대학의 자율적 결정에 맡겨야 할 가장 중요한 두 가지 이유를 설정할 수 있다. 첫째 이유는 입학자의 선발은 '시험'에 의한 성적에 의하여 사정되기보다는 개성의 성장과 전인적 성취의 가능성과 성과를 종합적으로 검토하는 여러 가지 교육적 준거에 따른 사정을 하는 '전형'의 원칙을 적용해야 하기 때문이다. 둘째 이유는 이 전형의 원칙을 구체적으로 적용하는 과정에서 하나의 획일적 모형이 있을 수 없다. 다양한 준거에 따른 다양한 방법을 적용하기 위해서는 자율적 결정이 필수적이다.

자율적 결정사항에는 선발의 원칙, 기준, 시기, 방법 전형자료의 고안과 활용 등이 포함된다. 실천을 위한 조건으로서 대학의 자율적인 학생선발권을 보장하기 위한 제도적 조건을 정비하고 필요한 여건을 구비해야 할 것이다.

3) 原則간의 관계

원칙 1은 전형제도의 목적적 조건인 반면, 원칙 2는 전형제도의 제약조건적 조건으로 볼 수 있다. 원칙 1과 원칙 2와의 관계에 대하여 대립적 관계로 볼 수 도 있다. 즉 전형제도의 본질적 기능에 중점을 둘 때에는 원칙 1에, 전형제도의 수단적 기능에 중점을 둘 때에는 원칙 2에 우선순위를 두게 되는 것으로 볼 수도 있다. 그러나 원칙 1과 원칙 2를 목적과 그 목적의 추구에서 제약조건으로 본다면 이 두 개의 원칙 사이에 문제를 해소할 수 있을 것이다.

원칙 1은 원칙 2의 제약조건의 범위 안에서 추구되어야 하는 것으로 정리할 수 있다. 원칙 3과 원칙 4는 대학입학자 선발의 사회정책적 이념과 관련되어 있다. 자유주의적 이념에서 교육의 기회균등의 이념에 비추어 본다면 원칙 3은 '機會의 均等' 그 자체를 강조하고 있다면, 원칙 4는 평등주의적 이념에 비추어서 원칙 3의 결과에 대한 보완적 원칙을 제시하고 있다. 우리 사회의 이념적 기조가 자유주의적 평등론에 가깝다면 원칙 3은 근간적 원칙으로, 원칙 4는 그에 대한 보완적 원칙으로 간주될 수 있다. 즉 '입학을 위한 자유경쟁'이라는 큰 테두리 내에서 입학기회의 형평분배를 위한 '보상적 평등조치'가 강구되는 것이 합당하다는 의미가 된다.

원칙 1, 2와 원칙 3, 4는 전형제도의 기본원칙과 이 원칙에 대한 제약조건과 보완조건을 규정하는 원칙으로 볼 수 있기 때문에 상호보완적 관계에 있는 것으로 규정할 수 있다. 원칙 1, 2는 타당한 전형준거와 이에 합당한 자료의 개발과 활용을, 원칙 3, 4는 공정한 전형의 원칙과 절차의 개발과 보완과제를 각각 규정하고 있다.

원칙 5는 선행하는 원칙들을 추구하기 위한 수단적 조건인 동시에, 그 원칙들의 규제를 받는다. 따라서 대학 입학자 전형의 대학 자율화는 그 자체가 목적이 되기보다는 원칙에 충실한 전형을 이루기 위한 수단을 규정하기 위한 원칙임을 주목할 필요가 있다. 따라서 어떤 지원자를 입학 적격자로 선발할 것이며, 그를 위해 어떤 전형자료와 전형절차를 선택할 것인지를 연구 검토하여 결정하는 것은 궁극적으로 각 대학이 자신의 설립이념과 학문계열상의 특성 및 하급학교에의 영향을 고려하여 자율적으로 결정할 수밖에 없다(선행원칙의 추구를 위한 원칙 5). 그리고 그러한 대학의 결정은 타당할 뿐만 아니라 공정하다고 인정받을 수 있어야 한다(선행원칙의 규제를 받는 원칙 5).

대학입학전형제도에 내재하는 원칙을 검토할 때, 전형제도는 선발제도로서의 교육적 타당성과 공정성의 원칙을 충족해야 하며 이에 상응하는 준거에 부합해야 한다. 정범모 등의 연구[2]에서도 제도개선의 원칙론을 제시한 바 있다.

---

2) 정범모 외(1993) 『교육의 본연을 찾아서』, 서울 : 나남.

기본원칙은 본 연구에서 제시하는 방향과 같다.

교육제도로서의 타당성(약칭, 교육적 타당성)은 각 대학의 특성에 부합하는 입학적격자를 선발할 수 있어야 하며 이 선발과정은 중등교육의 정상화를 해치지 않는 범위 안에서 학교교육의 정상화를 지원할 수 있어야 한다. 이 교육적 타당성은 선발기준의 다양화와 전인적 평가와 개성의 신장을 조장할 수 있어야 하고 학교교육의 정상화에 기여할 수 있어야 한다.

① 전인적 평가와 개성적 발전을 조장할 수 있기 위하여 몇 가지 조건이 필요하다. 평가기준을 다양화하고, 시험 위주의 평가에서 탈피해야 할 것이다. 이러한 관점은 학력평가에서 문제의 난이도를 설정할 때, 고등학교 교육과정의 취지를 고려하고 우리나라 학교교육의 상황을 고려하여 난이도에서 상한선 설정이 전제되어야 한다. 또한 교육경쟁이 불가피하다 하더라도 그 경쟁과정의 교육성을 제고하기 위하여 대학입학전형은 목표를 지향하여 학생들의 학습동기를 유발하고 학업의 종합적 결과를 반영할 수 있어야 한다. 이러한 관점은 평가에서 기준 중심의 평가를 요구한다.

② 학교교육의 정상화에 기여할 수 있어야 한다. 대학입학전형과정은 중등교육과정 정상적 운영에 기여할 수 있어야 하며, 가능한 한 입시부담의 경감과 과열과외의 완화에 기여할 수 있어야 한다.

선발제도로서의 공정성 원칙을 충족기 위하여 공정성의 원칙과 이 원칙의 결과적 불균등을 보완하는 보상적 차등화를 기할 수 있는 선발의 공공성이 균형을 이루어야 한다.

정범모 등의 연구에서 제시한 제도 개선의 원칙을 6개항으로 제시하고 있다.
① 대학사회 전반의 민주화 자율화 추세에 맞추어 입시제도 또한 자율화되어야 한다. ② 선발의 준거, 방법, 절차는 각 대학의 특성에 맞게 다양화되어야 한다. ③ 입시제의 개선은 공정성이나 신뢰성을 크게 위협하지 않는 범위 내에서 타당도(예언 타당도, 교육적 타당도)를 높이는 방향으로 나아가야 한다. ④ 학생들의 실질적인 대학선택권을 보장해야 한다. ⑤ 고등교육의 대중화 추세에 맞추어 대학의 문호를 개방해야 한다. ⑥ 선발과 사정의 원칙을 전환(학력 위주에서 全人評價로, 객관 위주에서 주관가미로, 점수 위주에서 記述이 加味되는 형태로, 합산 위주에서 종합 위주로, 入試方法 위주에서 敎育政策 전반의 조정으로)해야 한다.

① 선발의 공정성은, 선발과정은 교육의 기회균등의 원칙에 부합하여야 하며 특혜와 비리가 개입되어서는 안될 것을 요구한다.

② 선발의 공공성은 대학교육의 본질과 공정성의 원칙을 근본적으로 훼손하지 않는 범위에서 대학에 대한 사회의 공공적 기대에 부응해야 함을 의미한다. 여기에는 사회정책적 필요를 고려하여 기회의 균등만으로 파생될 수 있는 결과적 기회의 불균등을 보완할 수 있는 보상과 보완을 추구해야 함을 요구한다. 예를 들면, 지체부자유자나 격오지 근무자의 자녀나 晩學者 혹은 사회의 소외계층이 당하는 교육기회의 불균등에 대한 고려와 보상을 추구하는 것 등이 이에 포함될 수 있다.

(3) 대학입시전형제도와 전형의 자율화

대학입학전형제도의 내재적 원칙을 고려할 때, 대학입학제도는 제도 개혁을 추구할 때, 두 가지 방향을 기본으로 택해야 할 것이다. 첫째로, 시험 위주에서 전형 위주로 방향을 전환하고, 둘째로 획일적 통제에서 전형의 대학별 자율화로 방향을 선택해야 한다. 대학입학 적격자의 선발은 시험의 결과인 성적만이 아니라, 학생이 성취한 다양한 실적자료를 활용하여 다양한 전형의 기준과 원칙, 방법에 따라 종합적으로 전형하여 학생을 선발하도록 하는 것이 대학입학전형제도의 원칙에 부합하는 방향이 될 것이다.

또한 전형제도를 운영할 때, 획일적 통제에서 대학의 자율로 전환해야 한다. 대학에 완전한 자율을 부여하는 데 따르는 문제점이 없는 것은 아니나 장기적으로 보아서 전형에 따른 다양한 대학입학사정을 가능하게 하기 위하여 전형은 대학의 자율에 따르도록 허용해야 할 것이다.

입학전형의 대학 자율화 모형을 따를 경우에 선발의 공정성과 객관성을 보장할 수 있는 조건이 확보되어야 할 것이다. 특히 입학전형에서 타당도보다 객관도에 치중하게 되는 현실적인 이유에 대해 주목해야 할 것이다. 그 이유로서, 한정된 입시일정을 고려할 때 관리상의 용이함을 생각하지 않을 수 없고, 제한된 입학기회를 배분하는 경쟁적 입학고사는 사회적 선발의 성격을 띠기 때문에 평가의 타당성보다는 객관성을 더 중시하게 된다. 평가의 결과가 개인적 성장의 반성자료로 활용되는 경우에는 평가의 '교육적 기능'이 살아나지만, 그 결과가 사회적 지위의 배분에 영향을 미치는 배치자료로 활용되는 경우에는 평가의 '사회적 기능'이 강조될 수밖에 없다. 평가결과에 대해 일반 사회에서 예민한 관심을 보이고 이해관계에 깊이 연관된 것으로 인식하는 경우 평가는 객관도 위주에서 벗어나기 어렵다. 따라서 입학시험을 객관도 위주에서 벗어나게 하려면 위와 같은 현실적 여건의 변화를 어떻게 이룰 것인가에 대한 방책이 서 있어야 할 것이다.

구체적 방안을 수립할 경우에 다음 조건을 충족해야 할 것이다.

① 입시의 대학 자율화를 위해서는 대학의 자율적인 역량과 입시관리상의 공정성을 확보하기 위한 장치가 갖추어져 있어야 한다.

② 선발의 준거, 방법, 절차의 다양화를 위해서는 대학의 특성화가 선행되어야 하고, 각 대학이 택하는 준거, 방법, 절차가 그 특성에 합당한 것으로 사회에서 인정받을 수 있어야 한다.

③ 선발과 사정의 원칙이 전인평가로 전환되려면 신뢰도가 높은 평가도구의 개발이 전제되어야 하고, 평가기구의 권위가 인정되는 사회풍토가 조성되어야 할 것이다.

④ 주관식 평가의 객관화를 위해서는 충분한 경험의 축적과 입시일정상의 여유가 필요하다.

⑤ 대학의 문호개방은 대학교육에 대한 질적 통제와 병행되어야 한다.

⑥ 중등학교가 입시준비를 촉구하는 사회적 압력에 의연하게 대처하기를 기대하는 것보다는 입시제의 개선을 통해 중등학교 학습의 교육적 의미를 유도하는 것이 현실적으로 유력한 방책이 될 수 있다.

3. 大學入學銓衡의 自律化와 政府의 역할

대학입학전형의 자율화를 기본방향으로 할 때 정부의 역할과 대학의 자율화의 내용에 대하여 다음 기준을 설정할 수 있다. 정부는 제도의 '틀'만을 규정하고, 이 틀 안에서 각 대학은 자율적으로 대학의 특성을 고려하여 독자적인 전형방법을 구안하여 시행할 수 있다.

정부는 법적으로 규정하는 제도의 틀만을 정하고 대학은 이 틀의 범위 안에서 자율적으로 전형할 수 있게 해야 할 것이다. 이 제도적 규정은 교육법 및 동법 시행령의 개정을 통하여 규정할 수 있다. 이때 법적 규정사항은 다음 사항이 될 수 있다.

- 대학입학 적격자의 사정원칙과 적용범위의 설정
- 입학전형의 유형과 유형별 사정기준의 설정
- 정부가 관리하는 전형자료(내신, 정부관리시험)의 산출
- 전형자료의 활용에 관한 제한적 준칙
- 지원시기와 절차의 규정
- 대학의 입학 사정에 관한 행정관리 사항들로서 예를 들면 자료보안, 행정지도, 재정지원 등을 포함할 수 있다.

대학의 전형방법은 각 대학이 자율적으로 결정할 수 있는 사항으로서 각 대학은 정부가 규정하는 제도의 틀 안에서 자율적으로 독자적인 전형방법을 구안하여 시행하여야 한다. 각 대학이 자율적으로 결정할 수 있는 사항은 다음과 같다.

① 입학전형의 유형과 사정원칙(일반·특별전형, 적격자 기준)
② 사정의 원칙과 모형
   (전형유형별, 적격자 기준에 따라 사정하는 방법의 결정)
   (단계별 사정모형, 기준별 사정모형, 합산모형)
③ 지원시기와 지원절차, 모집정원의 배분 등(특차, 전기, 후기 등)
④ 전형자료의 활용방법(내신, 수능, 대학별 고사의 활용방법)이 된다.

여기서 의미하는 機能과 대학별 고시는 현행과는 다른 형태의 시험이 될 수 있다. 고교내신에 대해서는 명칭과 내용상의 보완을 전제로 한다. 대체적으로 보아서 여기서 논하고 있는 '대학입학전형의 자율화모형'은 교육개혁심의회가 제안한 대학입시제도 개선방안의 대학자율화 방향과 그 지향을 같이한다.

대학의 전형방법의 자율화는 그 전제적 조건을 충족할 수 있어야 할 것이다. 하두봉 등의 연구[3]는 그 전제조건을 5개항으로 제시하고 있다.

① 선발제도는 합목적성과 효과성, 효율성과 실용성, 형평성과 공정성 등을 지향해야 한다.

② 적격자 선발은 입시제의 가장 핵심적인 기능이기 때문에 대학입시 자율화는 적격자 선발 기능을 강화하는 데에 기여해야 한다.

③ 대학입시 자율화는 고교교육 정상화에 저해되지 않아야 하고, 고교교육 정상화는 입시제의 목적적 기능은 아니나 주요 고려사항이 된다.

④ 대학입시 자율화는 교육의 기회균등원칙에 부합해야 한다. 수험자의 능력이나 노력 이외의 학교차나 가정환경의 차이 등이 입시에 덜 영향을 미치도록 해야 한다.

⑤ 대학입시 자율화는 대학교육의 다양성과 질적 수월성 확보에 기여해야 한다.

자율화의 시기에 대하여 고등교육의 발전전망과 수급전망을 토대로 대학의 자치능력이 갖추어지고, 고등학교의 입시준비교육이 완화되며, 대학입시 경쟁률이 약화되는 시기, 즉 1997학년도를 자율화 확대시기로, 2004학년도를 완전 자율화시기로 제안하고 있다.

자율화의 내용으로서 자율화 확대단계와 완전 자율화단계에 따라 다르게 보고 있다. 자율화 확대단계에서는 현행 입시제에서의 전형자료를 유지하면서 그 자료의 활용방법과 전형절차를 자율화하고, 완전 자율화단계에서는 전형자료의 결정과 선택까지를 자율화하는 것이다. 구체적으로는 고교내신성적의 산

---

3) 하두봉 외 『대학입시자율화에 관한 연구』, 대학교육심의회 대학입시 자율화방안 연구위원회, 1993. 7.

출방식·반영비율, 수능시험의 시행시기·반영방법·활용방식, 대학별 고사의
모든 유형 활용여부·반영비율·반영방법, 그리고 전형의 시기 등에 관한 결정
을 자율화의 대상으로 삼고 있다. 입시가 자율화되면 개별 대학은 독자적인 전
형제도를 구성하여 운영하고, 고등학교에서는 교육과정에서 요구하는 기준에
따라 학생의 성취도를 공정하게 평가하며, 정부는 전형방안과 전형자료를 개
발·보급하고 입시제의 공정성을 지키는 역할을 각각 담당하게 될 것으로 보고
있다.

　자율화의 전망에 대하여, 高學歷主義의 사회의식, 대학정원정책 등이 입시
제 개선방향의 제약조건이 되는 것으로 보고 있고 대학교육의 보편성과 수월
성, 자율성과 공공성 사이의 조화를 자율화의 관건으로 간주하고 있다. 입시제
의 개선을 통해 중등학교의 입시 위주 교육을 해소하기는 어려운 것으로 보고
있기 때문에 실업계고교 확충, 전문대학정원 확대, 산업기술 인력을 위한 4
년제 대학의 정원 확대, 고졸자의 수 감소 등과 같은 조치와 병행하여 입시제
를 단계적으로 자율화하는 것이 타당한 것으로 제안한다.

　앞에서 언급한 정범모 등의 연구가 대학입시와 관련된 총체적 일반적 개혁방
향을 다루고 있다면, 이 연구는 대학입시 자율화의 방향과 그 단계적 실시방안
을 밝힌 구체적인 정책제안에 가깝다고 할 수 있다. 대학입시의 자율화시기에
대한 판단은 개별 대학이 지닌 역량에 대한 종합적인 평가를 기초로 하여 내릴
수도 있고, 대학교육을 둘러싼 심각한 수급 불균형이 완화되어 대학에 재량의
여지를 넓게 허용해 주는 사회적 분위기가 형성될 시기를 기초로 하여 내릴 수
도 있다. 대학의 역량평가를 기초로 판단할 때에는 대학에 따라 자율화의 내용
과 시기가 달라질 것이나, 고등교육 수급전망을 토대로 판단할 때에는 대입 경
쟁률이 약화되는 시기가 자율화의 적기로 추천할 수도 있을 것이다. 하두봉 등
의 연구는 주로 고등교육의 발전전망과 수급전망을 바탕으로 하여 자율화시기
를 결정한 것으로 보인다.

　대학의 자율능력에 대한 사회일반의 평가가 입시 자율화의 중요한 요건이라
고 판단된다. 우리나라 입시제의 변천사를 통해서 볼 때, 입학기회의 형평분배

와 전형절차의 공정성에 대한 기대가 대학의 역량만으로 충족되지 못하면, 공정성을 추구한다는 명분으로 불가불 국가 수준의 규제나 통제가 대두되고 강화되곤 하였다. 이러한 변천사에 대하여, 입시제의 운영 관리권이 국가(혹은, 정부)와 대학 사이에서 오고갔던 배경에는 학생선발에 대한 대학의 자율능력에 대한 사회의 평가도가 작용하여 왔다.

학생선발에 대한 대학의 사회적 책임의식이 자율의 전제조건임을 상기할 때, 단순히 입시관리권이 대학에 있다는 사실만으로 자율적이라고 평가하기는 곤란할 것이다. 흔히 입시제도는 적격자 선발 기능, 고교교육 정상화 기능, 기회의 형평부여 기능을 충족시켜야 한다는 전제 아래, 각 기능의 충족을 위해 대학, 고등학교, 국가가 입시에 관한 권한의 일부를 分占하는 방안을 고안하는데, 그 전제는 옳지만 그러한 방안이 그 전제와 필연적인 관계에 있다고 볼 수는 없다. 입시제도가 추구해야 할 그 기능들은 입시제의 내용을 통해서 수행될 수 있는 것이며, 입시에 관한 권한을 나누는 방식에 의해서 보장될 수 있는 것은 아니다.

이 연구의 구체적인 자율화 방안 속에는 언제 어떤 단계를 거쳐 무엇을 자율화할 것인가에 대한 논의는 있지만, 입시제도의 변화방안이 적격자 선발, 고교교육 정상화, 입학기회의 형평분배 등과 같은 전제조건을 어떻게 충족시킬 수 있는지에 대한 논의가 없다. 전형자료의 선택과 고안 및 전형절차에 관한 문제를 대학의 결정에 맡길 때 그러한 전제조건이 자동적으로 충족되는 것이 아니라면, 입시제도의 개혁(혹은, 보완)방안과 그 전제조건 사이에 어떤 관련이 있는지를 밝히는 논의가 있어야 할 것으로 판단된다. 원리와 전제는 방안과 독립적인 것이 아니라 방안들을 이끌고 그 방안들 속에 스며 있는 것이어야 하기 때문이다.

단계적인 자율화방안을 마련할 때에도, 대학자율의 외부적 한계를 정하는 제도적인 틀에는 어떤 것들이 있는지, 어떤 조건들이 갖추어졌을 때 그 제도적인 틀로부터 벗어날 수 있는지를 함께 검토하는 것이 자율화의 시간표를 짜는 데에 유익할 것이다. 이 연구는 대학입시가 자율화되어야 할 이유로서 적격자

선발의 논리를 세우고 있다. 그러나 대학입시가 자율화되었을 때 어떻게 적격
자를 선발할 수 있는지 그 가능성에 대한 논의가 없다.

4. 대학입학 적격자의 선발을 위한 사정원칙과 기준

대학입학 적격자를 어떻게 규정할 수 있을까? 대학입학전형에서 고려할 수
있는 대학입학 적격자를 선발하기 위한 사정의 기준과 원칙으로서 '적합한 기
준에 의한 원칙', '차등적 보상의 원칙', '공리주의적 효과성'의 원칙 등의 세
가지 원칙을 고려할 수 있다. 적합한 기준에 의한 원칙은 대학입학전형제도의
교육적 타당성의 원칙을 반영하는 것으로 이미 언급한 바 있는 대학입학전형제
도의 목표로서의 원칙 1과 2를 반영하고 있다. 이 원칙 1과 2는 기본원칙과
이 원칙에 대한 제약조건을 규정하고 있다. 원칙 3은 공정성의 원칙으로 기회
균등의 원칙을 명시하고 있고, 원칙 4는 이에 대한 보상의 원칙을 명시하고
있다. 대학입학 적격자에 대한 규정과 원칙도 이 맥락에서 규정된다.

대학입학 적격자를 규정하는 원칙 1은 전형제도의 원칙 1을, 원칙 2는 전
형제도의 원칙 4를 반영하고 있다.

원칙 1은 적합한 기준에 의한 사정의 원칙으로서 입학자 선발의 기준과 방
법은, 학생들의 전인적 성장과 개성의 신장을 위하여 타당하고 적합해야 할 뿐
만 아니라, 선발의 목적을 위해서도 타당하고 적합해야 한다. 이 원칙 1에 의
한 전형을 "일반전형"으로 규정할 수 있다.

원칙 2는 差別的 補償의 원칙은 원칙 1에 대한 예외적 원칙으로서 '차등적
보상의 원칙'(Affirmative Action)을 설정할 수 있다. 원칙 2는 원칙 1
의 적용에 예외를 인정하는 것으로서, 일반전형에 대한 특별전형에 적용되는
원칙으로 볼 수 있다.

우리나라의 대학입시에서는 그 동안 전형의 방법에서 일반전형 외에 특별전

254

형을 실시하여 왔으나 특별전형의 원칙과 적용기준을 교육의 원칙에 부합하도록 조정할 여지가 있다. 특별전형은 교육자원의 배분과정에서 불리한 위치에 있었던 자의 조건을 補填할 필요가 있거나, 일반적인 전형방법을 적용하는 것이 심히 부당하다고 판단되는 경우(예컨대 교포, 외교관 등의 자녀에 대한 경우)에 인정되는 것으로, 그 허용범위는 사회통념에 비추어 결정될 수밖에 없을 것이다.

특별전형은 일반전형에 대한 예외로서 필수최소한의 한도에서 허용되어야 하나, 사회적 형평성과 사회통념이라는 기준을 충족시키는 범위 내에서 발전적으로 계승될 필요가 있다. 제대 군인에 대한 특혜는 전시상황 때문에, 여자와 실업계 동계진학자에 대한 특혜는 여성교육의 기회 확대와 실업교육의 육성이라는 필요에 의해 각각 인정되어 왔다고 할 수 있으나, 오늘날의 변화된 상황에서는 그 허용범위도 달라질 수밖에 없을 것이다. 대학으로서는 특별전형의 범위, 기준, 근거를 명백히 함으로써 사회적 형평성과 관련된 불필요한 물의를 일으키지 않도록 해야 할 것이다.

대학입학 적격자를 규정하는 원칙으로서 원칙 1은 자명한 것으로 볼 수 있다. 원칙 2로서 차등적 보상의 원칙을 설정하는 이유를 두 가지로 제시할 수 있다. 첫째는 대학입학자 선발과정에서 기회 그 자체의 균등만을 추구할 경우에 본인 이외의 상황적 요인에 의하여 결과적으로 불균등한 격차에 처할 집단이 있다. 이들 집단이 겪게 될 불이익을 보상하기 위한 이유가 있고, 고등교육기관의 교육목적상 학생집단 구성에서 다양성을 확보하는 것이 교육적으로 바람직하다는 판단 때문이다. 차등적 보상의 원칙을 적용함으로써 차별적 관행을 보상하고, 소수집단(minority)의 적절한 대표성을 확보하며, 교육의 기회균등원칙을 적용할 때 발생하는 결과적 불균등을 보완할 수 있을 것이다.

차등적 보상의 원칙을 일반적으로 적용하는 준칙으로 다음 세 가지 기준이 제시된 바 있다.[4]

---

4) William A. Kaplin(1989) *Law of Higher Education,* 2nd Edition, Jossey
 -Bass Ins. Publisher, pp.224~272.

① 입학사정에서 차별적 관행이 있었다고 판단될 경우에 대학은 그 영향을 완화하기 위하여 차등적 보상을 할 수 있다.

② 대학은 차등적 보상의 목적과 목표를 합당한 근거 위에서 분명하게 정하고 그에 따라 이 원칙을 적용해야 한다.

③ 차등적 보상의 원칙을 적용하는 방법으로 몇 가지 모형을 적용할 수 있다. 예를 들면, 가산점모형이나 정원할당모형 등을 고려할 수 있다.

원칙 3으로 공리주의적 효과성의 원칙을 들 수 있다. 이 원칙은 일종의 특혜의 원칙으로서, 이 원칙을 적용할 경우에 보편적 원칙의 훼손에 따른 비용과 비교하여 더 많은 다수가 실질적으로 더 좋은 교육의 혜택을 받을 수 있는 경우에 일부에 대한 특혜는 허용될 수 있다는 원칙이다. 그 동안 우리 사회에서 논의되어 온 '기여입학제'가 여기에 해당될 수 있다. 기여에 의한 입학으로 인하여 이때 '더 많은 다수', 그리고 '실질적인 교육혜택의 증대'라는 두 가지 기준이 충족되지 못할 경우에 이 원칙은 적용될 수 없을 것이다. 여기서 '더 많은 다수'는 대학에 입학한 사람뿐만 아니라 이 원칙의 적용으로 대학에 입학하지 못한 사람까지를 포함하는 개념이 되어야 할 것이다.

(1) 대학입학 적격자의 기준과 전형자료

향후 대학은 위에서 제시한 대학입학자 선발을 위한 사정의 세 가지 원칙과 그 이외의 대학이 자율적으로 설정할 수 있는 타당한 원칙에 근거하여 입학자의 적격기준을 설정해야 할 것이다. 일반전형과 특별전형으로 구분되는 두 개의 전형유형에서 대학이 설정할 수 있는 보편적 타당성을 갖는 전형기준을 제시하면 다음과 같다. 이 기준 외에 대학의 특성과 교육목적에 따라 대학이 독자적으로 설정하는 기준에 대해서는 대학이 그 타당성을 제시하고 타당성에 대한 입증책임을 져야 할 것이다. 대학의 독자적 기준은 교육부의 심사·인정의 대상이 되나 이 기준의 적용에 따르는 최종적인 법적 책임은 대학이 져야 할 것이다.

1) 일반전형의 기준으로 다음 기준을 설정할 수 있다.

① 개인의 교육적 성취수준과 가능성

개인의 교육적 성취수준과 가능성은 한마디로 요약할 때 정상적인 교육의 성과를 무엇으로 보느냐에 따라서 그 내용이 규정될 수 있는 사항이다. 고등학교까지의 교육과정의 취지를 고려하여 전인적 성장과 개성 신장의 측면에서 그 성취수준과 성장의 가능성을 기준으로 해야 할 것이다.

② 인정된 영역별 재능

현재의 제도에서는 인정된 영역별 재능은 '특기자 특례입학제도'로 구분되어 있으나 대학입학 적격자 원칙 1에 의거하여 일반전형에 포함시켜야 할 것이다. 현행 제도와 비교할 때, 일반전형의 유형에서 특기자 기준으로 입학하는 학생은 그 특별한 재능이 인정되어 입학하는 자이기 때문에 원칙적으로 동계진학에 한정하여 진학하고 이때에도 진학자격을 규정하는 대학수학능력상의 최소한의 성적하한선을 충족해야 할 것이다.

③ 대학의 교육목표와 교육방침에 비추어 합당한 특성

이러한 특성으로 예를 들면 산업체 근무자 및 실업고 출신자를 지적할 수 있다. 현 제도에서는 이러한 기준은 특별전형에 포함되어 있으나 일반적으로 타당한 기준으로 볼 수 있기 때문에 일반전형에 포함시켜야 할 것이다.

④ 대학이 독자적으로 설정하는 기준을 들 수 있다. 설정 가능한 기준의 예를 든다면 여자대학의 경우에 여학생으로서의 지원자격을 규정한다든지, 교역자 양성과정을 설치한 대학에서 종교에 의한 자격제한을 한다든지 또한 대학에 따라서는 효행학생을 기준으로 잡을 수도 있다.

2) 일반전형을 위한 전형자료로서 다음 자료를 선발을 위한 사정자료로 활용할 수 있다.

현재와 같은 대학입학시험제도 아래에서는 시험성적만이 주가 되는 전형자료로 활용되고 있으나 위에서 지적한 일반전형의 기준에 따라 지원자를 선발할 경우에 지금보다는 훨씬 다양한 자료를 활용해야 할 것이다. 이러한 자료를 다음과 같이 정리할 수 있다.

① 고등학교에서의 성적과 모든 활동상황에 대한 서술식 기록자료
② 전국적 시험에서 측정한 자료
③ 대학에서 측정한 자료 : 필답, 면접, 구술시험 등을 통하여 측정한 자료
④ 지원자 본인이 작성한 자료 (자기소개서, 지원동기서, 학업계획서)
⑤ 업적 및 인정자료 (인정된 재능 등) : 수상실적, 봉사활동에 관한 자료,
   經歷資料 등.
⑥ 추천서 (교사의 추천서 및 기타 활동과 관련된 인사의 추천서 포함)
⑦ 기타, 대학이 요구하는 자료 등이다.

추천서와 관련하여 고등학교 입학추천[5]제도 고려할 수 있는 방안이 될 수
있다. 고등학교는 학생에 대한 종합적인 정보를 제공할 수 있는 가장 적절한
위치에 있으므로, 입학추천제를 통해 고등학교는 교육적 권위를 회복하고 대
학은 적격자 선발을 위한 유리한 환경을 얻을 수 있을 것이다. 이 추천제는 또
한 학력주의 일변도의 평가관행을 시정하는 계기가 될 수도 있다. 단지, 고등
학교는 추천권을 엄정하게 행사함으로써 추천제가 유명무실해지는 사태를 방
지할 일차적인 책임을 져야 할 것이다.

3) 특별전형의 기준

특별전형은 적격자를 규정하는 원칙 2인 차등적 보상의 원칙에 의거하여 사
정하는 전형으로서, 이 전형의 대상범위를 확정하기 위해서는 우리나라의 상
황에서 '소수집단'이 누구인가에 대한 판정이 필요하다.

특별전형은 대입정원의 일정비율을 정원의 범위에서 (혹은 정원 외로) 특정
계층이나 집단에 속한 자에게 특별히 배정하는 것을 가리킨다. 특별전형은 모
든 학생들에게 지원자격을 부여하는 일반전형과는 달리 특정 대상자에게 혜택
을 부여하는 것이기 때문에 일반공개경쟁 선발을 원칙으로 삼고 있는 현행 입
시제 아래에서 예외적으로 취급되고 있다.

---

5) 이종재 (1985) "과외부활론과 그 대책", 서정화 편, 『학교교육 정상화 보완대책
   연구』, KEDI 연구보고.

특별전형과 혼동의 가능성이 있는 전형유형으로 특차전형이 있다. 특차전형
이란 모집인원의 일정비율을 전 후기 모집에 앞서 선발하는 것으로, 현행 제도
상 각 대학은 모집정원의 40% 범위 내에서 내신성적 또는 수능시험성적 우
수자를 특차모집할 수 있다. 이 특차전형은 일반학생을 대상으로 현행 법령이
인정하고 있는 전형요소에 의해 선발하는 것이므로, 특별전형으로 볼 수는 없
다. 단지 특차전형은 정원의 일정비율을 특정 전형요소로만 미리 선발한다는
점 때문에 일반학생의 진학기회를 축소시키는 측면이 있는데, 그에 대한 논의
는 본 검토의 대상에서 제외된다.

특별전형의 원칙으로서, 특별전형은 일반전형과 달리 지원자격에 일정한 제
한을 두거나 특혜를 부여하는 것이므로, 다음과 같은 원칙을 지키는 조건 아래
에서 제한적으로 인정되어야 한다.

① 일반전형을 통하여서는 선발의 타당성과 적절성을 확보할 수 없거나 확
보하기 어렵다는 상당한 이유가 실제로 존재하고, 대학이 그를 입증할 수 있어
야 한다.

② 특별전형의 필요성은 교육목적상 혹은 사회정책적 차원에서 법이나 사회
통념으로 인정되어야 한다.

㉠ 교육목적상 인정되는 특별전형은 개인의 특수한 자질이나 능력의 계발을
위해서 또는 기관의 설립목적상 그러한 자격제한이 필요하다고 인정되어야 한
다.

㉡ 사회정책적 차원에서 인정되는 특별전형은 보상적 평등을 통한 형평성의
추구에 기여하는 형태가 되어야 한다.

③ 특별전형은 지원자격에 제한을 두는 범위 내에서는 일반전형의 원칙을
따라 해야 한다.

특별전형의 유형과 그 허용 정도를 보면 다음과 같다. 현행 입시제하에서 허
용되고 있는 특별전형에는 특기자제도, 외교관 자녀 등의 특례입학제도, 산업
체 근로자 특별전형제도 등이 있다.

㉠ 특기자 제도 : 교육법 시행령 제71조의 2 제3항에 의거하여, 문학·

어학·수학·과학·음악·미술·체육 분야의 특기자를 국립교육평가원이 심사하여 결정하면, 각 대학은 그들의 최저학력기준을 정하여 독자적 선발방법에 의하여 정원 내로 선발할 수 있다.

ⓛ 외교관, 교포, 상사 직원 등의 자녀 특례입학제도 : 교육법 시행령 제 71조의 2 제4항에 의거하여, 외국학교의 교육과정을 일정기간 이상 이수한 자는 입학정원의 일정비율 범위 내에서 정원 외로 선발하며, 선발방법은 대학의 장이 정하도록 되어 있다.

ⓒ 산업체 근로자 특별전형제도 : 고등학교 졸업 후 2년(전문대학은 18개월) 이상 산업체 등에 근무하는 자(산업체부설 고등학교, 산업체 근로청소년을 위한 고등학교의 야간특별학급, 야간고등학교 및 방송통신 고등학교의 졸업자 및 졸업예정자에 대하여는 재학기간과 산업체 근무기간이 중복되는 경우에도 그 기간을 산업체 근무기간으로 봄)를 야간학과 정원의 일정범위 내에서 특별전형으로 선발할 수 있다.

이상과 같은 유형의 특별전형은 특기자의 발굴과 육성, 외국교육과정 이수자의 배려, 산업체 근로자의 지속적인 교육기회 확보의 의미를 각각 지니는 것으로서 법령이나 사회통념상 인정되고 있다. 단지 특기자 전형에서 어학특기자는 해당 외국어 학과에만, 문학·수학·과학·음악·미술 특기자는 해당 계열에만 지원할 수 있는 데에 반해, 체육특기자만 지원계열에 있어 그같은 제한을 받지 않는 점은 특기할 만하다.

다음으로, 현재 허용되고 있지는 않으나 검토의 대상이 될 수 있는 특별전형의 유형으로는 지원자의 성, 성적 경향, 종교, 연령, 거주지역, 기타 특정계층 등과 관련한 특별전형이 있을 수 있다. 예컨대 여성, 미혼자, 기독교 선례교인, 고령자, 농어촌지역 학생, 소외계층 학생 등에게 정원의 일부 혹은 전부를 할당하거나 가산점을 주는 방식이 그에 해당된다. 이들 전형유형이 허용되기 위해서는 그러한 전형방식이 ① 개인의 특수한 자질이나 능력의 계발을 위해 필연적으로 요구되거나 ② 대학의 설립목적이나 건학이념 및 학과의 교육과정상 정당화될 수 있거나 ③ 교육자원의 배분과정상에 있었던 체계적인 불이익을 보전하는 조치여야 할 것이다. 이 기준과 오늘날의 사회현실을 고려할 때, 대학입학을 위한 경쟁에 제도적인 성차별이 존재한다거나, 특정 성이나 성적 경향에 해당되는 자만을 교육대상으로 삼아야 할 기관이나 학과가 특별히 존재해야 한다고 볼 이유도 없으므로 성과 성적 경향에 따른 특별전형은 허용되기 어려울 것이다. 종교에 따른 특별전형은 학과의 교육과정상 특정 종교 관련학과의 경우에 허용될 수 있으며, 연령 거주지역 특정계층에 따른 특별전형은 그 대상범위를 특정할 수 있고 체계적인 불이익을 받아 왔음이 분명할 경우에 허용될 수 있을 것이다. 단지 그러한 사실관계의 입증책임은 특별전형을 실시하려는 대학측에 있다 할 것이다.

이상의 논의를 토대로 하여 특별전형의 대상으로서 적어도 다음과 같이 다섯 유형의 소수집단을 규정할 수 있다..

• 대상 1. 공무수행으로 인한 장기 해외거주자의 자녀로서 외교관 및 상사주재원의 자녀를 들 수 있다. 이 기준은 현 제도에서 시행중인 사항이다.

• 대상 2. 장애인으로서 '장애인특례입학'은 1995학년도 대학입학에서부터 시행하기로 입법예고된 사항이다.

• 대상 3. 농촌, 격오지 출신자로서 이 기준을 적용하는 방법으로 '지역할당제' 혹은 '加算點制'의 방법이 있을 수 있다. 그러나 지역할당제는 지역별로 정원을 할당하는 근거의 타당성이 제시되어야 할 것이다. 중국과 북한의 전형제도에서는 지역할당제를 활용하고 있다.

• 대상 4. 소년 · 소녀가장 등 소외계층

• 대상 5. 만학자로서 평생교육의 기회를 실질적으로 보장하기 위해서도 이 기준은 필요하다. 스웨덴의 경우에 25세 이상 4년 이상의 경력자에게 별도의 정원을 배정하여 입학기회를 보장하고 있다. 이 제도는 '25/4 Plan'으로 명명된 제도이다.

특별전형의 범주에서 일부에서 논의되는 바와 같이 종교에 의한 자격제한이나 國家 有功者의 자녀에 대한 입학은 원칙적으로 적용될 수 없을 것이다. 종교에 의한 자격제한은 헌법에서 보장하고 있는 종교의 자유를 제한하기 때문에

違憲의 소지가 있고 유공자 자녀에 대한 입학특례는 '有功' 그 자체가 교육의 기회를 균등하게 활용하는 데 심각한 제약요인이 된다고 인정하지 않는 한 본인 이외의 요인에 의한 기회의 부여는 교육의 기회균등 그 자체를 훼손하는 결과를 가져오기 때문이다.[6]

⑤ 적격자의 기준을 적용하는 원칙 3으로서 공리주의적 효과성의 원칙은 그 동안 논의되어 온 '寄與入學制'와 대학발전에 기여할 수 있는 학생 자신의 功積을 반영하는 전형에 해당될 수 있는 원칙이 된다.

현재 논의되고 있는 수준의 기여입학제[7]는 원칙 3은 준거를 충족하지 못하고 있다고 판단된다. 기여입학은 학력과 능력에 따라 입학생을 선발하는 일반적인 전형원칙에서 벗어나는 것으로, 특별전형의 범주에 드는 것이라고 할 수 있다. 기여입학을 특별전형의 한 형태로 도입하기 위해서는 현실적인 필요성뿐만 아니라 이론적인 정당성을 갖추어야 할 것이다. 현실적인 필요성이 인정되는 경우라 할지라도 이론적 정당성이 결핍되면 기여입학의 허용은 어려울 것으로 판단된다. 김난수 등의 논의는 기여입학의 현실적 필요성과 예시적인 도입방안에 집중되어 있으나, 이론적 정당성의 면에서 반대론을 극복하기에는 부족하다고 여겨진다.

기여금을 교육여건의 개선과 학자금 보조에 사용함으로써 교육의 기회균등에 기여할 수 있다고 하나, 이는 기여입학이 정당화되고 난 이후의 기여금 관리 및 운영에 관한 문제로서 기여입학 자체를 정당화할 수 있는 논리는 되지 못하고, 입학생의 선발이 私學의 자율적 결정사항에 속한다고 하는 것은 옳으나, 학교교육이 지닌 공공적 성격과 대학교육에 대한 사회일반의 통념에 의해 그 자율의 범위는 제약을 받을 수밖에 없다. 기여와 입학 사이의 관련이 수학능력과 입학 사이의 관련만큼 밀접한 것이라면, 기여의 여부와 정도는 입학을

---

6) 이종재(1994) "교육의 본연과 대학입학전형제도", 이성진 편, 『한국교육의 맥』, 서울 : 나남, 1994.
7) 김난수 외(1992) 『대학의 기여입학방법에 관한 연구』, 한국대학교육협의회 연구보고.

위한 정당한 전형기준으로서 여타 전형기준과 대등한 비중으로 고려되어야 하며, 기여입학이 대학의 재정난 완화를 위한 궁여지책에 그치는 것이라면 사회적 용인을 기다려야 할 것이다.

부모의 경제적 능력이 자녀의 학업능력에 영향을 미쳐 그 결과가 입학경쟁에 작용하는 경우까지를 완화해야 한다는 것이 사회일반의 정서인 점을 감안할 때 (그렇지 않다면, 고액과외수업이 사회적 지탄의 대상이 되어야 할 이유가 없다), 자녀의 학업능력이라는 매개변인을 거치지 않고 부모의 경제적 능력이 직접 자녀의 입학경쟁에 작용하는 경우를 어떻게 설득할 수 있을지 의문시된다. 교포, 외교관 등의 자녀에 관한 특례입학 규정은 국내 고등학교와 다른 교육과정을 이수한 자의 특별한 사정을 감안할 필요에서 인정되는 것이기 때문에 특례입학과 동일한 논리적 맥락 위에 있는 것은 아니다. 이 논의와 관련하여, 기여입학을 포함하는 특별전형의 개념, 원칙, 허용여부 등을 보다 철저하고 신중하게 검토할 필요가 있다.

따라서 대학이 기여입학제가 대학입학 적격자원칙을 충족할 수 있다는 논거를 제시하지 못하는 한 기여입학제는 전형의 기준에 부합하지 못하는 것으로 판단할 수 있다. 이와 유사한 예로서 功積(예 : 운동선수)에 의한 특례입학은 현행 제도에서 특기자 특례입학에 포함되어 있으나, 원칙으로 따져 본다면 원칙 3에 의한 특별전형에 포함되어야 할 것이다.

5. 入學銓衡의 類型

(1) 銓衡類型의 자율적 운영

대학입학전형제도의 장기적 발전방향에서는 입학사정의 원칙에 따라 '一般銓衡'과 '特別銓衡'으로 구분하여 입학자 선발사정을 시행하도록 제도화할 필요가 있다. 이것은 대학에 입학하는 '門'이 시험 성적만이 아닌 다른 기준에 의한 여러 개의 문이 있을수록 입시 위주 교육의 관행을 시정하는 데 도움이 되기 때문이다. 그리고 이러한 전형유형을 선택하는 것, 그 자체를 대학은 자율적으로 정할 수 있어야 할 것이다. 따라서 전형유형의 다원화와 자율적 운영은 제도의 발전을 위하여 필요하다.

특별전형에 의한 입학자의 비율은 정원의 일정률(예:10%)의 범위 안에서 대학이 자율적으로 특별전형의 기준에 따라 운영하도록 해야 할 것이다. 이 연구에서는 특별전형의 확대운영을 제안한다.

(2) 제도적 규정

① 대학입학전형의 유형을 본 연구의 유형에 따라 구분하고 대학별로 자율적으로 운영할 수 있는 법적 근거를 마련해야 할 것이다.

② 특별전형의 대상과 기준은 본 연구의 모형에 따라 대학이 자율적으로 채택할 수 있어야 할 것이다.

③ 특별전형방법은 '加算點模型'과 '定員割當模型(Quotas Model)'을 활용할 수 있다. 특별전형의 효과면에서 볼 때, 정원할당모형이 보다 확실하다. 가산점모형을 쓸 경우에는 부당한 격차의 정도가 규정되고 이를 보상할 수 있는 합당한 수준이 판정되어야 할 것이다. 예를 들면 학력수준에서 지역간의 격차가 본인 이외의 요인에 의하여 40점 정도로 드러난다면 이 점수 수준을 가산하는 방안이 나올 수 있다. 특별전형에서 가산점모형보다는 정원할당제모형이 시행에 편리를 줄 것이다.

특별전형의 구체적 방법은 제도적 '틀' 내에서 대학이 자율적으로 결정하고, 그 타당성에 대한 일차적 책임과 최종 법적 책임을 지도록 하여야 할 것이다.

6. 段階的 査定模型과 學業成績資料 활용의 기준

일반전형의 경우에 본 연구에서는 '단계적 사정의 원칙(Sequential Decision-making Process)'과 '試驗成績의 敎育的 活用의 原則'을 제시한다.

① 단계적 사정의 원칙은 지원자의 선발을 위한 전형에서 사정의 과정을 단계화하여 1차전형에서 최종전형으로 이행할수록 객관적 자료에서 주관적 평가의 결과를 중점적으로 활용하는 사정 방식이다. [그림 1]은 학업성취의 요인구조와 단계별 전형의 기준과 방법은 단계별 전형의 대상, 평가방식, 이에 상응하는 능력의 구조를 나타내고 있다.

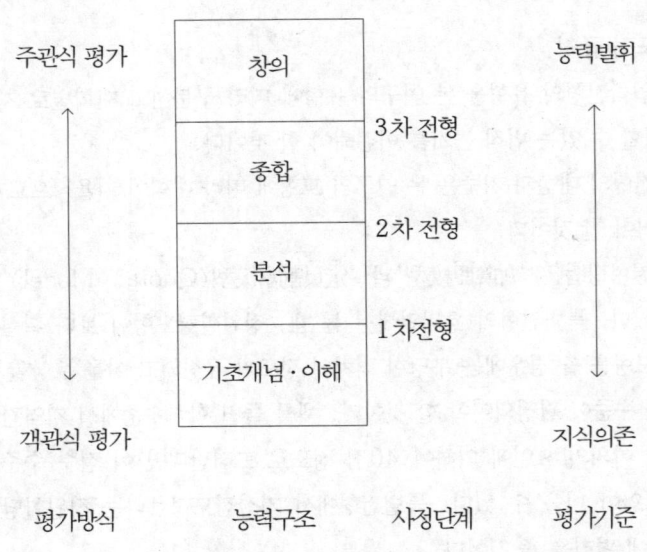

[그림 1] 학업성취의 요인구조와 단계별 전형의 기준과 방법

예를 들어 단계별 전형을 나타낸다면 다음과 같다. 1차전형에서는 지원자격을 규정하거나 혹은 대학수학능력시험, 내신등급 등의 학력고사 결과에 기초한 서류심사를 중심으로 할 수 있다. 2차전형에서는 대학별 필답시험, 혹은 고교내신에 대한 주관적 평가를 통하여 1차전형에서 선발된 자 중에서 다시 입학후보자를 선발하고 3차전형에서 면접, 구술고사와 자기소개, 업적자료 등에 대한 대학별로 주관적 평가를 통하여 사정할 수 있다. 1차심사에서 정원의 200% 정도를 선발한다면 2차심사에서는 정원의 150% 정도를 3차심

사에서는 선발예정자를 뽑을 수 있다. 단계별 사정을 할 경우에 한 번 사용한 전형자료는 다음 단계에서 합산하지 않는 것을 원칙으로 해야 할 것이다.

단계적 사정의 원칙과 모형을 적용하는 중요한 이유를 세 가지로 요약할 수 있다. 첫째는 단계별 사정을 통하여 입학자 전형시 일반전형에서 참고해야 할 기준 가운데서 다양한 기준을 활용할 수 있으며, 둘째로 이 과정에서 合算主義 와 總點主義의 폐단을 줄일 수 있다. 셋째로 입학자 선발에서 비교적 안전하게 공정성을 지켜가면서 주관적 평가를 반영할 수 있다.

단계별 사정모형을 합산식 총점모형과 그림으로 비교하면 다음 [그림 2] 와 같이 정리할 수 있다.

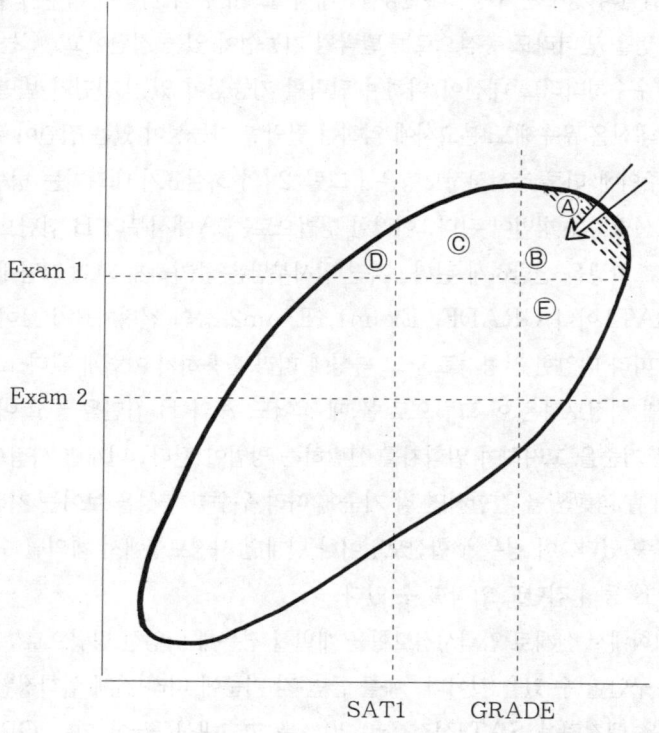

[그림 2] 지원자의 특성별 분포와 전형기준 및 전형의 예시적 결과

그림의 가로축이 수능 혹은 내신 등급을 나타낸다면 세로축은 대학별 본고사를 나타내는 것으로 표시해 본다. 대체적으로 지원자들의 수능, 내신등급, 본고사의 성적은 높은 상관관계를 가지고 있기 때문에 지원자들은 X축과 Y축의 45도 방향에서 우상형 선을 중심으로 위치할 것이다. X축의 SAT1은 수능성적을 기준으로 한 일차 선발선을, Grade는 고교내신등급에 의한 선발선을 표시한다고 규정해 본다. Y축의 Exam1과 Exam2는 각각 두 개 대학의 본고사 성적에 따른 선발선을 표시한다. Exam1이 Exam2보다 위에 있기 때문에 보다 어려운 시험을 부과하는 대학으로 볼 수 있다.

그림에 나와 있는 A집단은 합산식 총점모형에 의해 선발될 집단을 표시한다. B집단의 경우는 수능, 내신등급, 대학별고사 등의 기준에 비추어 합당하다는 판정을 받더라도 총점으로는 탈락될 가능성이 있는 집단이고, C는 본고사에는 우수하더라도 내신이 약하여 탈락할 가능성이 있는 집단인 반면에 E집단은 내신은 우수해도 본고사에 약하여 탈락할 가능성이 있는 집단이 된다.

합산주의에 다른 총점사정모형은 [그림 2]의 화살표가 내려가는 방향으로 학생을 선발하는 방법이 된다. 이러한 방법으로는 A에서부터 B 집단으로 순차적으로 학생을 선발하게 된다. 자연 입시부담은 증가하게 되고 그림에 나와 있는 SAT1이나 GRADE, Exam1, Exam2 등의 전형자료가 보여 주는 특성에 따라 다양한 전형자료를 그 특성에 따라 활용하기 어렵게 된다.

단계별 사정모형은 이 그림으로 볼 때 적어도 A와 B 집단을 놓고 이 중에서 다른 기준을 고려하여 입학자를 선발하는 방법이 된다. 단계별 사정모형에 '基準別 査定模型'을 결합하면 각 기준에 따라 우수한 특성을 보이는 지원자를 선발할 수 있다. 이 경우에 합산모형이나 단계별 사정모형에서 제외될 수 있는 C, D, E 등의 집단도 입학할 수 있다.

각 대학에서 실제로 입학사정모형을 개발할 경우에 다양한 방법으로 그 사정모형을 구안할 수 있을 것이다. 예를 들면 각 기준에 따라 전체 입학정원의 일정비율을 배정하여 SAT1성적으로 20%를, 고교내신등급이 되는 GRADE로써 20%를 그리고 EXAM성적에 따라 20%를 뽑고 나머지는 합산모형이나 기타 다른 방법을 통하여 선발할 수도 있다.

요컨대, 합산주의에 따른 총점주의를 피함으로써 세 가지 교육적 이점을 활용할 수 있다. 총점사정에 따른 시험부담을 완화하고 시험의 속성을 고려하여 학생을 선발할 수 있고 시험 이외의 기준을 반영할 수 있다. 비슷한 제안을 윤정일은 제시한 바 있다. 즉 "학생선발을 총점을 기준으로 하지 않고, 정원의 일정비율을 각각의 전형요소에 따라 선발한다. 예컨대 정원의 40%는 학력고사성적으로, 30%는 내신성적으로, 20%는 대학별 고사성적으로, 10%는 대학이 자율적으로 정하는 기타 기준으로 선발한다."[8]

② 단계적 사정모형을 제도적으로 적용할 경우에 '사정모형의 대학 자율화 방안'을 원칙적으로 택해야 할 것이다. 그러나 대학이 단계적 사정모형이나 '기준별 사정모형'을 고려하지 않을 경우에는 최소 2단계 전형을 거치도록 하는 모형을 법제화할 필요가 있다. 대학이 자율적으로 전형방안을 개발, 활용할 수 있도록 대학입학전형을 연구, 실험하는 '실험대학'의 운영도 검토할 필요가 있다.

7. 試驗에 의한 銓衡資料活用의 개선

(1) 시험에 의한 전형자료의 산출원칙

시험에 의하여 전형자료를 산출하고 활용할 경우에 몇 가지 원칙을 설정할 필요가 있다.

1) 準據指向 학업성취도의 평가

시험의 출제에서는 원칙적으로 교육과정의 취지와 학교교육의 여건을 고려하여 기준을 설정하고, 이 기준에 따라 학업성취의 수준을 평가해야 할 것이

---

8) 윤정일(1984) 『고등교육 입시정책』, KEDI.

다. 그리고 더욱 중요한 것은 이 기준에서 학교교육 여건을 고려하여 기준의 상한선을 설정할 필요가 있다. 이 기준이 무한정으로 상향 설정될 경우에는 "과외"의 필요를 증대하고 본인 이외의 영향을 중심으로 사정하는 결과를 초래할 가능성이 커진다. 요즘 문제가 되고 있는 일부 대학에서의 본고사가 여기에 해당하는 문제를 야기하고 있다.

2) 기준의 설정에서 그 수준을 학생들의 능력수준을 종합적으로 평가할 수 있도록 '이해'에서부터 '분석, 종합, 창의'에까지 확대하여 고차적 사고능력을 평가할 수 있도록 해야 할 것이다. 입학전형에서 시험은 학교교육의 방향을 결정하는 영향력을 행사하기 때문에 시험은 정상적 학교교육의 결과를 반영할 수 있어야 한다.

(2) 시험에 의한 전형자료 활용상의 원칙

1) 시험의 형식은 다양하다. 객관식 출제형식과 논술형 출제형식, 전국적 시험과 학교단위별 시험 사이에 평가기능상의 역할을 분담하는 전형자료로서의 기능 차별화가 이루어져야 할 것이다. 다음 〈표 4-1〉은 시험의 종류와 평가대상 그리고 시험의 형식에 관한 구분을 하고 있다. 시험의 형식에 따른 평가대상의 차이와 기능상의 차이를 고려하여 그 결과를 활용할 필요가 있다. 전국적 시험이 갖는 객관식 선택형의 시험결과는 1차 전형자료로 보다 적합성을 갖는다면 고교 혹은 대학에서 치르는 시험은 고차적 사고능력과 전인적 교육활동상황을 평가하는 전형자료로서 그 적합성을 갖게 될 것이다. 이 점을 고려할 때 고교내신의 자료나 대학별 시험은 2차 전형자료로 활용되어야 할 것이다. 전형자료의 기능별 차별화가 이루어지지 않는 한 대학별 필답고사로 인한 문제를 극복하기 어려울 것이다.

한국교총의 연구[9]에서는 전형자료의 기능별 차별화를 다음과 같이 정리한 바 있다.

---

9) 한국교원단체총연합회, 대학입시제도 개선방안, 1993. 8.

〈표 4-1〉 시험의 종류별 평가대상과 기능

시험의 종류	평가대상	시험의 형식
고교 혹은 대학별 시험 (2차 전형자료)	고차적 사고능력 범 교과적 통합능력	논술형 과제물, 실기, 구술
전국적 시험 (1차 전형자료)	기본적 수학능력 교과 영역별 학업성취도	객관식 선택형

① 과목별 학력고사 : 교과의 이수 정도를 절대기준에 의해 평가하는 주관식(가능한 한) 교과시험으로 국립교육평가원에서 출제, 관리, 채점을 전담하며 연간 3회의 응시기회를 부여함.

② 대학수학능력시험 : 대학교육에 필요한 일반능력을 측정하는 시험으로, 언어와 수리로 그 영역을 제한하되 연중 수시 응시가 가능함. 국립교육평가원에서 출제, 관리, 채점을 전담함.

③ 고등학교 학업기록 : 교과활동은 과목별 성적과 순위를 기록하고, 학교생활 전반에 관한 활동은 서술식으로 기록한 내신자료임.

④ 대학지원서 : "학업계획 및 학력 이외의 사항을 기록할 수 있는 지원서로서 전형자료로 활용될 수 있음." 등이다. 이상의 내용은 본 연구의 전형자료별 평가대상과 기능이 같은 것으로 볼 수 있다.

2) 전국적 시험의 경우에 복수의 응시기회를 부여하고, 성취수준을 등급 혹은 점수화하여 대학지원의 자료로 활용할 뿐만 아니라 각 대학의 1차 전형자료로 활용할 수 있을 것이다. 응시기회의 복수화와 관련하여 기본적 수학능력에 대해서는 그 수학능력이 갖추어졌다고 생각하는 학생들은 언제든지 준비가 되는 대로 응시할 수 있도록 함으로써 시험의 부담을 경감할 수 있다. 또한 교과영역별 학업성취도를 평가하는 '교과별 학력고사'의 경우에도 복수 이상의 응시기회를 부여할 수 있다. 제6차 교육과정에 의하면 교과별 학력고사는 고등학교 교육과정의 이수과정에서 3학년 1학기를 마친 이후에는 응시할 수 있을 것으로 보인다.

이미 단계별 사정모형에서 사정단계에 따라 다양한 전형자료를 변별적으로 활용하는 교육적 타당성을 지적한 바 있다. 전형자료로서 여러 종류의 시험 결과를 활용함에 있어 전형자료별 특성을 고려하여 단계적 사정에 활용할 것을 원칙으로 삼을 수 있다.

전형자료의 산출과 활용의 원칙에 부응하는 방향에서 현행의 고교내신과 대학수학능력시험, 그리고 대학별 시험은 보완·발전될 필요가 있다. 이 문제를 다음 항목에서 논의하고자 한다.

9. 대학수학능력시험의 발전 방향

(1) 제기된 문제점

1) 전형자료로서 특성을 살리지 못함

현행의 대학수학능력시험은 '발전된 학력고사'로 규정되고 있으나, 시험의 기본성격이 애매하여 평가자료로서 갖는 특성을 살리지 못하고 있고 대학의 전형절차와 연관이 약한 실정이다. 일부 대학에서는 '특차전형'에서 지원자격과 입학자 선발을 위한 자료로 활용되고 있다. 이 점은 매우 의미 있는 활용의 예가 되고 있다. 그러나 대부분의 대학에서 합산모형에 따라 합격자를 사정하고 있기 때문에 전형자료가 표시하는 특성을 전형에 반영하지 못하고 있으며 학생들의 입시부담을 가중시키는 '또 하나의' 시험으로서 인식되고 있다.

2) 시험범위의 편중과 무리한 광역화와 학습동기의 저해

수학능력시험의 시험범위가 국어, 영어, 수학 교과가 차지하는 점수의 배정이 60%를 초과하고 있고, 탐구영역의 경우에는 관련교과의 수가 過多한 특징을 가지고 있다. 관련교과가 15개 교과에 이르고 있다. 이러한 형편에서도 제2외국어와 실과 관련교과는 제외되어 있다.

이러한 특성의 결과로 고등학교에서 국, 영, 수 중심의 학습을 강조하는 요인이 되고 있고 관련교과가 너무 많아서 시험부담의 증가와 실질적으로 학습동기를 저하시키는 요인이 되고 있다. 학교에 따라서 汎敎科的으로 統合敎科的 능력을 평가하려 하기 때문에 사실 시험에 대한 준비가 매우 어려운 것도 사실이다. 따라서 학생들의 입장에서는 공부한 만큼 시험성적을 기대하기 어려울 것으로 추정하기 때문에 수학능력시험에 대해서는 공부를 하려고 않는 결과를 초래하고 있다. 이것은 교육적으로 바람직하지 않다. 토끼와 거북이의 우화는 세계적으로 통용되는 이야기의 소재이다. 흥미 있는 것은 어느 나라에서든 거북이가 경주에서 승리하는 것으로 이야기가 꾸며져 있다. 이것은 천부적인 능력보다도 타고난 능력을 가지고 노력하는 것을 강조하는 교육철학을 반영하는 것이라고 해석된다. 수학능력시험에는 이러한 노력을 촉구하는 요소가 약하다. 적어도 우리나라 고등학교의 현실을 고려할 때, 학생들의 학습동기를 적절하게 자극할 수 있도록 시험이 발전되어야 한다.

실질적으로 선택형 객관식 문항만으로는 고차적인 탐구능력을 측정하는 한계를 가지고 있다고 평가됨으로써 일부 대학이 본고사를 보아야 할 필요를 제기하고 있다.[10] 일부 대학은 고교내신등급과 수학능력시험만으로 입학자를 전형할 경우에 고차적 사고능력과 창의력이 있는 학생을 선발하는 데 난점이 있기 때문에 교과분야별로 고차적 학업능력을 평가할 수 있는 교과별 학력고사를 치러야 한다고 주장하고 있으며 이러한 방향이 대학이 교육 정상화를 위하여 노력할 수 있는 길이라는 명분을 세우고 있다.

3) 기준의 미흡

대학수학능력시험은 대학수학능력이나 고교교육을 정상적으로 이수한 수준 등에 대하여 기준을 제시하지 않고 있기 때문에 교육정상화를 유도하는 기능이 약하고, 대학으로 보아서도 합산 이외에 전형자료로서 차별적으로 활용하는 데 시사하는 바가 매우 적다. 또한 기준이 설정되어 있지 않기 때문에 난이도

---

10) 백충현 "대학별 고사(본고사)는 과연 필요한가?"

조절에 곤란이 있고 이로 인하여 복수 이상의 응시기회를 제공하기 어려운 문제점을 안고 있다. 그러나 대학수학능력시험에 대한 긍정적 평가도 있고 출제취지의 교육적 타당성은 인정되고 있기 때문에 수학능력시험의 취지는 발전시킬 필요가 있다.

(2) 개선방향과 과제

개선방향에 따라 추진해야 할 중요한 과제를 제시하면 다음과 같다. 개선방향은 장기적으로 수능시험의 성격을 명료화하고 질을 개선하여 전형과정에서 그 특성을 살려 활용될 수 있도록 발전시켜 과제를 설정할 수 있다.

① 평가기구를 전문화하여 수능시험의 지속적인 질적 향상을 추구한다.

② 장기적으로 수능시험의 성격을 명료화하여 그 활용을 차별화한다. 수능시험이 갖는 이중적 성격(적성시험의 성격 및 학력검사의 성격)을 각각 분리하여 '대학학업에 관한 일반적성시험(약칭 학업적성시험)'과 '교과별 학력고사'로 나누어 발전시킨다. 이 두 시험결과는 전형단계에 따라 각각 달리 활용할 수 있을 것이다. 예를 들면, 일반적성시험을 1차 전형자료로 사용한다면 교과별 학력고사는 2차 전형자료로 활용할 수 있을 것이다.

이종성 등의 연구에서도 같은 맥락에서 포괄적인 개선 방안을 제시하고 있다. 대학수학능력시험은 학업적성검사와 학업성취도검사의 성격이 혼재된 현 체제에서부터 고교교육과정의 편제에 충실한 학업성취도 검사에 가깝도록 그 성격을 명확히 하고, 학업성취도검사의 성격과 고등학교의 운영체제에 비추어 계열별로 분리 출제한다. 출제영역으로 계열별 분리·출제에 따라 시험영역 역시 계열별 특성을 반영하여 세분화하고, 시험의 타당도와 변별력을 높이기 위하여 문항 수를 늘리고 문항당 배점은 균등하게 하며, 원점수를 사용하여 1회 실시하거나, 표준점수를 사용하여 2회 실시할 것을 제안[11]하고 있다.

③ 학업일반적성시험의 성격은 대학수학에 필요한 기본적이고도 일반적인 능력을 재기 위한 검사로서 그 내용은 언어 및 수리능력시험으로 구성할 수 있

---

11) 이종성 외『새 대학입시제도 보완방안에 관한 연구』, 교육부 정책연구 보고서.

다. 이러한 내용은 현재의 수능시험의 언어, 수리 영역의 시험과 동일한 것으로 간주할 수 있다. 외국의 예를 든다면 미국의 ETS의 SAT1의 시험과 같다.

④ 학업일반적성시험은 복수 이상의 응시기회가 부여될 수 있고 또한 허용되어야 한다.

9. 敎科別 學力考査의 開發과 活用

교과별 학력고사는 고등학교 제6차 교육과정 편제에 제시되어 있는 교과목 중에서 각 대학의 계열이나 학과의 특성에 비추어 필요하다고 설정한 교과영역 혹은 교과목별 시험을 의미한다. 따라서 교과목별 학력고사의 고사과목은 고등학생이 이수하고 있는 과목 수보다 더 다양하고 많을 수 있다.

(1) 학과별 학력고사의 필요성

교과별 학력고사는 다음 네 가지 이유로 필요하다.

① 고등학교 교육과정의 취지에 부합하는 교과학습의 성취수준을 평가할 수 있는 출제를 전문적으로 하기 위하여 필요하다. 이렇게 함으로써 각 대학의 대학별 교과필답고사의 필요를 부분적으로 충족하여 대학별 필답고사를 폐지할 수 있는 방향으로 변화를 촉구할 수 있다.

② 대학별 필답고사를 대신할 수 있는 시험을 만듦으로써 先試驗－後志願의 효과를 가져올 수 있다. 우리나라 대학입학전형제도를 발전시키기 위해서는 선시험－후지원의 체제에서 지원하고 전형하는 과정이 제도화되어야 할 것이다.

③ 학생들의 복수응시기회를 보장하기 위해서이다. 각 대학별로 시험을 보게 될 경우에 학생들의 응시기회는 제약될 수밖에 없다.

④ 단계별 전형의 목적에 부응하는 차별적 전형자료로 활용할수있는자료로

서, 고교내신등급, 수학능력시험과는 구별되는 자료로서 활용할 필요가 있다.

(2) 교과별 학력고사의 구조

교과별 학력고사는 교과별로 교과에 따라 난이도에 따라서 구성될 수 있다.

① 동일 교과 안에서도 난이도 수준이 다른 두 종류의 시험으로 구성될 수 있고 되어야 한다. 예컨대 문과수학 Ⅰ, Ⅱ, 이과수학 Ⅰ, Ⅱ 등은 대학의 계열 특성을 반영하여 평가의 필요에 부응하는 학력고사가 될 수 있다.

② 고사과목은 교육과정상의 교과목×난이도 수준으로 구분되기 때문에 그 數는 증가하나, 대학은 계열별 특성을 고려하여 고등학교 교육과정에 설정되어 있는 교과 중 3개 교과목 이내에서 대학별로 자율적으로 선택할 수 있게 한다. 지원자들의 수험부담을 가급적 줄이기 위하여 고사교과목은 제한할 필요가 있다. 대학별 전형에서 수학능력시험의 결과를 참고한다고 가정할 때 이에 추가하여 참고할 전형자료로서의 교과별 시험은 3개 과목 이내로 제한한다고 하여 대학의 입학사정을 크게 훼손하지는 않을 것이다. 외국의 대학들도 3~5개 과목 이내에서 학력수준을 평가한다.

③ 일반적성시험과 학력고사의 응시기회

일반적성시험의 경우에는 학생의 준비 정도에 따라 고교 재학시 언제라도 응시하게 한다. 그러나 학력고사의 경우에는 고교교육과정의 이수일정을 고려하고 과외의 필요를 지나치게 자극하지 않기 위하여 응시자격과 응시기회에 약간의 제약이 필요하다. 학력고사의 경우에 응시자격을 3학년으로 제한하고 응시기회도 3학년 재학중에 2회 정도 응시할 수 있는 기회를 부여할 수 있다고 본다. 여기서 문제는 응시기회를 1회로 제한할 것인지 아니면 복수 이상의 기회를 줄 것인지의 문제이다. 학생들의 편의를 위해서는 여러 가지 사정으로 자기의 학력을 충분히 발휘하기 어려운 학생에게 보완할 수 있는 보완적 기회(Supplementary Opportunities)를 주는 것이 교육적으로 타당할 것이다. 복수 이상의 응시기회를 부여하는 데 따르는 문제에 대해서는 적절하게 대응할 수 있다.

이때의 응시기회는 평가기구가 설정한 과목별, 수준별 고사일정에 따라 각 지역별로 응시할 수 있도록 조정되어야 할 것이다. 평가기구는 과목당 최소 2회의 응시기회를 보장할 수 있어야 한다. 재수생의 경우에는 재학생과 경쟁의 형평을 위하여 지원 당해 연도에 응시한 시험성적으로 지원하도록 제한할 필요가 있다. 이러한 제한이 없을 경우에 재수의 효과로 필요 이상으로 재수를 유도할 가능성이 있기 때문이다.

④ 제6차 고등학교 교육과정과 '일반적성시험'과 교과별 학력고사의 관계가 검토되어 해당시험의 고사영역과 과목이 연계되어야 할 것이다. 제6차 교육과정에서의 고등학교 보통교과 단위 배당기준은 다음 표〈4-2〉와 같다.

〈표 4-2〉 고등학교 보통교과 단위 배당기준

교과	공통 필수 과목	과정별 필수 과목	과정별 선택 과목
1. 윤리	윤리(6)		과정별 필수과목
2. 국어	국어(10)	화법(4), 독서(4), 작문(6), 문법(4), 문학(8)	에서 제외된 교
3. 한문		한문Ⅰ(6) 한문Ⅱ(4)	과목 중에서 선
4. 수학	공통수학(8)	수학Ⅰ(10), 수학Ⅱ(10), 실용수학(8)	택(8)
5. 사회	공통사회(8)	정치(4), 경제(4), 사회·문화(4)	
6. 과학	국사(6)	세계사(6), 세계지리(6)	
7. 체육	공통과학(8)	물리Ⅰ(4), Ⅱ(8), 화학Ⅱ(4), Ⅱ(8),	
8. 교련		생물Ⅰ(4), Ⅱ(8), 지구과학Ⅰ(4), Ⅱ(8)	
9. 음악	체육Ⅰ(8)	체육Ⅱ(6)	
10. 미술		교련(6)	
11. 실업,	음악Ⅰ(4)	음악Ⅱ(4)	
가정	미술Ⅰ(4)	미술Ⅱ(4)	
		기술(8), 가정(8), 농업(6), 공업(6), 상업(6), 수산업(6), 가사(6), 정보산업(6), 진로·직업(6)	
12. 외국어	공통영어(8)	영어Ⅰ(8), 영어Ⅱ(8), 영어독해(6), 영어회화(6), 실무영어(6) 독어Ⅰ(6), Ⅱ(6), 불어Ⅰ(6), Ⅱ(6) 서반어Ⅰ(6), Ⅱ(6), 중국어Ⅰ(6), Ⅱ(6) 일어Ⅰ(6), Ⅱ(6), 러시아어Ⅰ(6), Ⅱ(6)	

13.교양 선택			철학,논리학,심 리학,교육학,생 활경제,종교,환 경과학, 기타 중 에서선택(4)
이수단위	70	106	12
특별활동	학급활동 및 클럽활동(12) 단체활동(4)		

　　일반적성시험의 과목으로 교과의 내용과 비교적 거리를 둔 언어영역의 시험과 수리영역의 시험을 들 수 있다. 교과와의 관련을 생각한다면 언어영역의 시험은 공통국어의 실력을 활용하는 능력을 중심으로, 수리영역의 시험은 공통수학의 실력을 활용하는 능력을 중심으로 평가할 수 있다. 현재의 수학능력시험 중에서 언어영역과 수리영역시험을 보다 발전시킨 것으로 간주할 수 있다.

　　敎科別 學力考査의 科目은:

윤리

국어 I (화법, 독서, 작문), 국어 II (문법, 문학), 논술

한문

수학 I, 수학 II, 실용수학

사회(공통사회), 국사, 정치경제, 사회문화, 세계사, 세계지리

과학 I, 물리(I), 화학(I), 생물(I), 지학(I),

과학 II, 물리(II), 화학(II), 생물(II), 지학(II)

체육, 음악, 미술, 실업 가정의 각 과목

공통 영어(현 수능의 외국어), 영어 I, 영어 II 및 기타 제2외국어 등으로 구분할 수 있다. 여기서 과목에 표시된 (I), (II) 등은 인문·사회계열의 과목과 자연계열과목을 가리킨다.

　　대학이 지정하는 '선택할 수 있는 교과목'에서 어문계열이 아니면 국어교과

보다는 일반학업적성시험의 언어영역의 시험으로, 자연 및 이공계열이 아니면 수학보다는 수리영역으로, 그리고 영어의 경우에도 대개의 대학과 계열에서는 공통영어의 수준으로 시험수준을 제한하는 것이 필요하다.

10. 高校內申制度의 發展方法

(1) 현행 高校內申制의 문제점

현행 고교내신제도 아래에서는 모든 과목을 다 내신성적에 합산하여(全科目合算主義), 相對的 序列에 기초한 '등급 산출'만을 목적으로 함으로써 내신제도가 그 본래의 취지와는 달리 중등교육의 원칙과 상충하고 있는 점이 있다. 중등교육에서는 전인적 성장과 개성의 신장을 도모해 주어야 하는데 내신제도에서는 우수한 등급을 강조함으로써 개성의 발달을 도모하기가 어렵다.

학교현장의 실제에서는 객관식 시험에 의한 점수에 기초하여 등급을 산출함으로써 시험 이외에 학생들이 무엇을 해보는 활동을 하지 못하고 있으며 이것이 평가와 연결이 되지 않고 있다. 고등학교에서는 평가의 객관성과 공정성을 지켜야 하는 지나친 압박을 받고 있기 때문에 객관식에 의한 획일적 출제에 의하여 학생을 평가하고 있다. 이로써 전인교육을 위한 평가를 사실은 제약하고 있다.

행동발달 등의 상황을 등급점수로만 표시하고 내신성적은 3년 간의 '총점'만을 기준으로 하여 등급으로만 표시하고 있어 대학교육 적격자 선발을 위해 대학이 활용할 수 있는 다양한 정보를 제공하지 못하고 있다.

고등학교에서의 학생평가가 총괄평가, 상대평가, 신뢰도 위주의 객관식 선택형 지필검사에 치우칠 수밖에 없는 까닭은 고등학교를 입시준비기관으로 간주하는 사회일반의 기대와 현행 내신제의 제약 때문이라고 할 수 있다.

중등교육과 고등교육의 기능적 연계성을 인정하더라도, 중등교육은 그 수준에서 충족시켜야 할 기능상의 독자성을 인정받아야 할 것이다. 우리나라의 경우에 적어도 반 수 이상의 고등학생에게 실질적으로 고등학교는 최종적인 제도교육기관이다. 그럼에도 불구하고, 진학 희망률이 실제 진학률을 훨씬 상회하는 현실에서 고등학교가 입시준비기관이 아닌 그 자체의 본질적 기능을 수행하도록 한가하게(?) 내버려 두지 않는다는 데에 문제가 있다. 진학 희망자와 그 가정은 진학에 실패하여 진학을 포기할 때까지는 고등학교가 입시준비에 총력을 기울여 줄 것을 요구하며, 그에 따라 그들은 인격적 성숙과 다양한 학습과 진로의 탐색을 위한 기회를 스스로 유보하고, 고등학교는 그러한 기회를 제공할 노력을 강구하지 않고 있다.

현행 내신제는 고등학교에서의 평가결과를 대학입학을 위한 필수적이고도 기계적인 전형자료로 삼게 함으로써 고등학교 교육을 대학입시에 종속시키는데에 일조하고 있다. 고등학교의 성적이 곧 대학입학을 위한 시험성적의 일부로 간주되는 현실에서 고등학교에서의 평가관행이 선발을 목적으로 하는 입학시험의 성격을 따라가는 것은 불가피할 것이다.

고등학교가 풍부한 교양을 비롯하여 지적, 정서적, 신체적 성숙을 도모하고 개성의 발현과 진로의 탐색을 가능하게 하는 기관이 되기 위해서는 고등학교의 위상에 대한 사회일반의 의식과 현행 내신제를 근본적으로 개혁하여 중등교육을 고등교육의 영향권으로부터 일정 거리 격리시키는 일이 필요하다.

이와 같은 기준에 비추어 볼 때, 신세호[12] 등이 대학입시의 학교교육평가에 대한 부정적 영향력을 최소화하기 위해 제시한 세 가지 방안(수능시험의 발전, 내신성적 산출방법의 쇄신을 조건으로 한 내신의 반영비율 강화, 대학별 필답고사의 조정)은 타당하다고 판단된다. 단지, 수능시험이나 대학별 고사가 지원자의 학력을 측정하는 데에 집중되어 있는 점을 고려할 때, 고교내신은 교과별 표준점수제의 도입을 통한 준거지향평가 및 과목별 가중치의 적용 등에서 한걸음 더 나아가서 학력 이외에 지원자의 전인성(성품, 정서적 특성, 적

---

12) 신세호 외(1992) 『교육의 본질 추구를 위한 학교교육 평가체제에 관한 연구』, KEDI연구보고.

성과 그 발현을 위한 노력의 흔적 등)에 대한 정보를 제공하는 형태로 발전되어야 할 것이다. 그러나 이 발전 방향은, 입시경쟁이 치열한 상황에서 고등학교의 학생평가가 실제 이상으로 관대해질 수밖에 없어 그 내신자료를 대학이 믿고 활용할 수 없다는 문제가 극복될 때에야 비로소 정착될 것이다.

(2) 改善方案

고교내신제는 제도 그 자체의 장기적 발전과제를 안고 있고 고등학교와 대학에서 활용상에 개선의 과제를 안고 있다.

1) 고교내신제도의 개념적 발전과 활용의 원칙

고등학교는 교육 본연의 목적에 따라 교수 ― 학습 ― 평가 활동을 수행하며, 그 결과를 기록하고, 대학은 그 기록을 고교의 내신자료로서 대학입학자 선발을 위한 전형과정에 자율적으로 활용하는 것을 원칙으로 해야 할 것이다.

고등학교에서는 학업평가에서 객관성과 공정성을 스스로 자율적으로 지켜가면서 교사책임 아래 주관적 평가를 시행할 수 있어야 하며 이 평가결과를 교과와 특별활동에서의 활동명세표(portfolio)를 구성해야 한다. 이러한 변화를 가능하게 하기 위해서는 고등학교 교육에서 평가관의 혁신이 필요하다. 박도순은 選拔主義的 평가관과 發達主義的 평가관을 대비하여 논의한 바 있다[13] 고교내신은 원칙적으로 발달주의 평가관에 근거해야 할 것이다.

평가의 역할과 성격을 이해하는 평가관은 선발주의적 평가관과 발달주의적 평가관으로 대별할 수 있다. 선발주의적 평가관은 일정 수준에 도달하는 사람은 언제나 제한되어 있다는 신념하에서 이루어지는 평가로서 학생의 우열을 가리는 평가에 초점을 맞추고 있고 성취수준의 미달 책임은 학생에게 있다고 간주한다. 반면에, 발달주의적 평가관은 적절한 교수방법을 활용하면 누구나 주어진 교육목표를 달성할 수 있다는 신념하에서 이루어지는 평가로서 학생 개개

---

13) 박도순(1993) "교육평가에 대한 새로운 관점」"『교육진흥』(제19호).

인의 발달을 촉진시키는 활동에 초점을 맞추고 학생 성취의 미흡을 적절한 교수 — 학습방법을 통해 극복하려고 시도하는 관점이다.

평가가 학교교육의 개선과 정상화에 기여하기 위해서는 발달주의적 평가관에 입각한 평가가 이루어져야 하며, 학생의 성취도뿐만 아니라 교육 프로그램의 질에 대한 평가까지 이루어져야 한다고 본다. 이러한 관점에 따라, 학교교육평가의 구체적 개선 방향을 보면 다음과 같다.

① 평가영역의 확대 : 지적 영역 중심에서 전인적 영역으로

② 평가내용의 전환 : 암기 위주에서 고등 정신기능 중심으로

③ 평가범위의 내실화 : 교과서 중심에서 교육과정 중심으로

④ 평가방식의 확대 : 선택형 일변도에서 주관식 가미로, 지필검사 일변도에서 실험·실습·실기·관찰을 통한 검사로

⑤ 평가대상의 전환 : 결과 중심에서 과정 중심으로

⑥ 평가결과의 제시방법 개선 : 기록 보관 중심에서 진단 활용 중심으로, 총점과 평균 중심의 기록에서 개별적 특성 중심의 기록으로 전환하는 것이다.

고등학교에서의 평가가 그러한 방향을 따르도록 하기 위해서는 몇 가지 조건이 필요하다.

① 평가영역이 확대되기 위해서는 '全人'에 대한 개념적 요소와 그에 대한 평가도구가 개발되어야 한다.

② 평가의 내용과 범위가 교과서 중심의 암기 위주에서 벗어나기 위해서는 평가문항 개발 기술이 축적되어야 함. 대학수학능력시험은 이 점에서 긍정적 영향을 미칠 가능성이 높다.

③ 평가방식이 선택형 지필검사에서 벗어나기 위해서는 평가의 공정성을 확보하기 위한 방안이 마련되어 있어야 하며, 평가행위에 관련된 교사의 전문적 권위가 인정되어야 한다.

④ 발달주의적 평가관에 입각한 평가가 이루어지기 위해서는 교육과정상의 목표를 세분화 계열화하고, 그에 따른 성취의 기준과 수준을 분명하게 마련해 놓아야 할 것이다. 즉 발달적 평가관에 입각하여 평가가 이루어지기 위해서는

무엇보다도 인간의 성장에 대한 깊은 안목 위에서 타당한 평가방법과 도구가 개발되어야 하며 불가피하게 주관적 평가를 할 경우에 그 평가의 공정성에 대한 신뢰의 획득이 전제되어야 한다.

이 연구와 관련하여, 현행 고교내신성적제도의 개선 방향을 검토해 볼 필요가 있다. 대학입시와의 관련하에 있는 고등학교에서 발달주의적 평가관에 입각한 평가가 이루어지기 위해서는 고등학교가 획일적인 대학입시 전형자료를 만들어야 한다는 압력에서 벗어날 수 있어야 한다. 봉사활동과 품행마저 점수화하여 내신성적으로 산출해야 하는 현실을 보더라도 고등학교에서의 모든 공식적인 평가는 대입전형자료로 활용되도록 되어 있다. 이 때문에 고등학교에서의 평가가 자유롭지 못하다. 제한된 입학기회를 배분함에 있어서는 선발주의적 평가관에 입각할 수밖에 없는데, 그 입학 전형자료의 하나를 고등학교에서의 평가결과를 토대로 만들게 하면서 고등학교의 평가가 발달주의적 평가관에 입각하기를 요구하는 것은 자가당착적인 면이 있다. 비경쟁적이면서 교육적 기능을 살려야 할 중등학교 교내평가가 경쟁적이면서 사회적 기능을 지니는 입학시험의 형태를 추종하는 것이 문제이다. 이 문제는 입시제의 개선만으로는 해결되기 힘든 것이지만, 입시제가 중등교육의 현실에 미치는 영향을 고려하여 중등학교의 평가 방향 전환에 기여하도록 입시제도를 개선할 필요가 있다. 이 점에서 볼 때, 대학수학능력시험과 대학별 필답고사의 문항은 고등 정신기능의 측정에 합당하도록 개발하여 중등학교 교내평가 문항의 질적 개선을 유도할 필요가 있다. 그리고, 현행 내신제의 문제점에 대한 대책도 근본적으로 강구되어야 할 것이다. 등급별 상대평가로 나타나는 내신성적을 대학입학의 필수적 전형자료로 채택하게 하는 현행의 내신제도가 고등학교에서의 교내평가를 객관성에 집착하는 상대평가로 나타나게 만들었다고 할 수 있다. 즉 현행 내신제는 고등학교의 교내평가 자체를 대학입학시험의 일부로 간주하게 하여 교내평가가 지녀야 할 교육적 기능을 삭감하는 데에 일조하고 있다는 의미이다. 이러한 문제점을 극복하기 위해, 고등학교에서의 교내평가는 과목별 절대기준평가로 전환되어야 할 것이다. 절대기준평가의 결과가 온정주의적 경향으

로 인해 학생들의 능력을 과대표현하고 있다거나, 그 결과에 대한 학교간 평면
비교가 어렵다는 문제가 발생하면, 평가결과를 내신성적으로 하여 모든 대학
의 필수적 전형자료로 삼게 하는 방식을 유보함으로써 교내평가가 합당하게 이
루어지도록 유도하고 그렇게 하여 평가결과가 고등학교의 교수 – 학습과정 개
선에 활용되도록 하는 것이 원리일 것이다.

고등학교의 교과성적을 대학입학의 전형자료로 활용하는 것은 그러한 절대
기준평가의 합당한 시행이 정착되고 난 연후에 대학의 자율적 결정에 맡기는
것이 타당할 것이다. 만약 이러한 방안이 학생의 학교수업 외면을 초래할 것이
염려된다면, 과도기적 방편으로 절대기준평가에 의한 학생의 과목별 성적과
그 성적의 상대적 위치를 倂記하게 하고 그 활용을 대학에 맡기는 방안을 강구
할 수도 있을 것이다.

제6차 교육과정상의 특별활동에 대한 기록(봉사활동, 품성, 출결상황, 특
기활동 등)을 포함하여 교과학업성적에 대한 등급뿐만 아니라 활동상황에 대
한 기록자료를 작성하여 대학이 이를 활용할 수 있도록 자료화해야 한다.

2) 고교에서의 내신자료 작성

고교에서의 내신자료 작성을 이 제도가 비교적 발전적으로 정착될 것으로 기
대하는 1998년을 기준으로 하여 검토하면 다음과 같다. 제도의 변경이 충분
한 예고기간을 가져야 한다는 전제를 받아 들인다면 제도의 변경은 그 준비기
간을 최대로 단축한다 해도 1996년에 고등학교에 입학하는 학생부터 적용이
가능할 것이다. 이들이 대학입학을 지원하는 1999년에 제출될 시점을 기준으
로 하여 작성될 고교내신자료의 내용은 다음 사항을 포함해야 할 것으로 본다.

- 교과활동 ┌ 이수 교과목[14], 성적, 석차백분율,
  ├ 교과관련 활동명세표(portfolio)
  └ 총점 및 총점에 따른 석차 백분율
- 출결상황, 특별활동, 행동발달 상황 등에 대한 기술

---

14) 과정별 필수과목 318단위 중 106단위를 선택하여 이수하도록 되어 있음.

• 고교의 교육프로그램을 반영하는 활동에 대한 기술자료

• 수상, 업적 등에 관한 기록 특정 대학이 요구하는 특별한 자료(추천서 등)

교과활동에서 어떤 과목을 이수하였는가는 대학입학자를 판별하는 데 매우 중요한 정보가 된다. 특히 제6차 교육과정에서는 다양한 선택교과 중에서 각 지방 교육청과 학교의 선택에 따라서 이수 교과목은 큰 차이를 보일 가능성이 있다. 고등학교의 교과선택의 폭을 넓히기 위해서도 이수 교과목의 표시는 필요하다.

고교내신자료는 원칙적으로 학생들의 학업활동에 관한 풍부한 기로을 포함해야 한다. 출결상황, 특별활동에 관한 기술뿐만 아니라 학교 특유의 교육활동에 참가한 활동기록이 포함되어야 한다. 이러한 활동 중에는 학교가 계획하여 운영한 봉사활동에 관한 기록도 포함된다.

(3) 대학에서의 고교 내신자료의 활용 ('99학년도 기준)

대학에서 고교내신자료를 활용하는 데 두 가지 대립되는 입장이 있다. 하나는 대학의 전형목적에 따라 원칙적으로 고교내신자료의 활용은 대학의 자율에 일임해야 한다는 입장이 있고, 다른 하나는 고교내신이 실질적으로 존중되고 활용되기 위해서는 고교내신의 반영을 의무화해야 한다는 입장이다. 고교내신이 존중될수록 내신자료의 활용은 고교교육의 정상화에 기여할 수 있다는 전제가 내포되어 있다. 따라서 두 가지 접근을 고려할 수 있다.

제1안은 고교내신 활용의 대학자율화방안으로서 이 방안은 대학의 입학자 전형과정에서 고교내신을 존중한다는 전제 위에서 고교에서 작성한 평가기록부(학업성취 정도 및 각종 생활상태에 대한 기록)의 전형자료로의 활용방법은 대학의 자율에 일임하는 방안이다. 이에 대하여 제2안은 성적 반영 비율을 제도적으로 규정하는 방안이 된다. 내신성적의, 구체적으로 내신등급의 반영 기준(총점의 40% 이상, 또는 실질 반영률 10% 이상)을 제외한 모든 사항을 대학에 완전 일임하는 방안이 된다. 이 방안은 고교내신을 반영하는 확실한 제도적 장치를 마련한다는 이점은 있으나 대학의 자율적 활용을 제한하는

문제점을 내포하고 있다. 더구나 이 방안은 합산주의를 전제하고 있기도 하다. 교총의 대학입시제도 개선연구에서 논하고 있는 단기방안 중에는 고교내신 반영률의 유지와 대학 본고사의 폐지를 제안하고 있는데, 여기에는 몇 가지 전제조건이 충족되어야 한다. 이러한 전제조건으로서 교총의 연구는, "내신성적의 의무 반영은 단편적 암기 위주의 고사형태, 등급에 의한 상대적 성적 산출방식 등의 내신제의 구조를, 사고력을 측정하는 주관식 고사형태, 기준 중심의 평가 등으로 전환되는 것"[15] 등을 조건으로 제시하고 있다. 이 조건이 충족되기 위해서는 고등학교 교육과정에 맞추어 학생이 도달해야 할 기준이 먼저 설정되고, 그 기준에 비추어 학생의 성취수준을 정확히 평가할 수 있는 방책들이 마련되며, 주관식 고사의 객관적 운영이 가능해야 할 것이다. 또한, 개별 고등학교는 기준 중심 평가에서의 온정주의적 경향을 극복하고 변별력을 유지할 수 있어야 할 것이다.

각 대학이 입학자 전형에서 고등학교에서의 기록을 활용한다는 전제만 충족이 된다면 자율화방안도 고교교육의 정상화에 기여할 수 있을 것이다. 이 전제조건의 충족 여부는 문제로 남는다. 어느 방안을 택하든지 각 대학은 입시에서의 내신자료의 활용방안을 사전에 공개함으로써 고교에서 충분한 준비가 가능토록 해야 할 것이다.

대학에서 고교내신자료의 활용을 자율화한다고 할 때 점진적으로 접근할 경우에 내신제도 자율화의 범위 및 우선순위를 설정하여 시행해 나갈 수 있을 것이다. 다음의 사항에 대해 대학이 연차적으로 자율의 범위를 확대하여 적용해 갈 수도 있을 것이다.

① 석차자료(석차백분율)를 활용하여 전형에 활용하는 방안(현행 방법)
② 등급 수의 결정, 등급별 비율 및 기본 점수
③ 내신성적의 산출비율(교과, 출석, 행동발달상황 등의 비율)
④ 교과성적의 활용방법(교과별 성적에 최저기준 혹은 가산점 설정)

---

15) 한국교총 『대학입시제도 개선 방안』, 1993. 8(정책연구 보고).

⑤ 계열 또는 학과의 특성에 따른 각종 내신자료의 활용

⑥ 내신성적 반영의 고교별 차별화 등을 고려할 수 있다. 자율화의 범위와
  우선순위의 설정 등은 대학이 고교내신을 자율적으로 활용할 경우에 각
  대학이 대학의 처지를 고려하여 대학의 특성을 고려하여 보다 적합한 방
  법을 구안할 수 있을 것으로 기대한다.

11. 대학별 고사(현재의 대학 본고사)의 장기 발전 방향

(1) 대학별 고사에 대한 비판론

 최근의 동향을 보면 대학별 고사가 주관식 논술형으로 출제되어 객관식 단답
형 위주의 교수 — 학습 풍토를 불식하는 데 기여하나, 국, 영, 수 위주의 필답
고사가 주류를 이룸으로써 고교교육과정 운영을 파행적으로 하도록 영향을 주
고 있으며 과외의 필요를 조장하여 과외의 과열현상을 조성하는 요인으로 지목
되고 있다.

 대학별 고사의 특성 결여와 학생들의 대학선택권의 제약, 그리고 대학입시
관리상의 문제점에 대한 지적도 있다. "대학별 고사는 고등학교 정규교육과
입시준비교육 사이의 이원화현상만 심화시키고 대학의 자율화나 특성화에는
기여하지 못하고 있다. 대학의 자율이나 특성화는 선발의 기준이나 방법 전체
를 달리함으로써 가능한 일이며, 몇 개 과목의 필답고사를 실시함으로써 가능
한 일은 아니다. 상위권 대학에서 변별력이 문제가 된다면 표준시험의 난이도
를 넓히고 전공계열별로 선택과목을 지정하여 시험을 부과하는 방법으로 극복
할 수 있다. 대학별 고사는 전문인력의 낭비, 물적 자원의 소모, 관리상의 애
로, 수험생의 부담 등을 초래할 뿐 독자적인 가치를 인정받기 어려운 상태에
있다. 특히 전형절차에 있어서는, 요행의 변수가 크게 작용하여 고득점 탈락자
가 다수 발생하고 재수생이 누적되며 모든 수험생이 심한 불안감을 가지는 문
제점이 있다. 학생에게 복수 지원의 가능성이 허용되어 있지 않기 때문에 경쟁

률과 같은 통제불능의 변수에 따라 당락, 입학 재수가 갈려진다. 평소의 실력
대로 입학이 보장되는 것이 아니므로 모든 수험생이 탈락과 재수의 공포에서
해방될 수 없다."[16]

(2) 대학별 고사의 옹호론

그러나 대학별 고사를 옹호하는 입장[17]도 있다. 이 입장에서는 대학별 고사
의 필요성을 다음과 같이 5개항으로 지적하고 있다. 이 관점은 대학별 고사를
옹호하는 대표적 관점으로 고려할 만하다.

① 선택형 객관식 시험이 갖는 본질적인 한계(유추효과, 우연성과 시험기
술에 대한 높은 의존도)를 보완하고, 문제해결력과 창의적인 사고의 과정을
점검하며, 그러한 고차적 정신능력의 육성을 도모할 필요가 있다.

② 대학입시에서 학생들의 부담과 과외의 문제는 경쟁이 불가피한 현실 때
문에 있는 것이지 반드시 대학별 고사 때문에 있는 것이 아니다.

③ 대학별 고사가 특정 과목에 집중되어 고등학교 교육과정의 파행적 운영
을 유도한다는 주장은 고등학교가 져야 할 파행운영의 책임을 전가하는 것이
며, 대학별 고사의 본질에 관련된 문제가 아니다.

④ 시험을 통해 측정하려는 학습능력은 개념, 정보, 지식, 법칙 등에 대한
이해력, 사고력과 판단력, 문제해결력과 창의력 등과 같이 계열성을 지닌 세
가지의 범주로 나눌 수가 있다. 고등학교에서의 학력검사는 첫째 범주에, 대학
수학능력시험은 둘째 범주에 주로 관계한다면, 잘 계획된 대학별 고사는 모든
영역을 포괄하여 측정하기 때문에 측정도구로서 뛰어난 장점을 지닌다.

⑤ 대학별 고사의 변별력이 수능시험보다 우수하다('94학년도 고려대학교
안암캠퍼스 인문계 지원자 중 합격자의 평균과 불합격자의 평균 사이의 격차를
보면 대학별 고사의 격차가 수능시험의 격차보다 컸다).

---

16) 이인호(1993) "입시제 개선을 위한 제언", 『교육진흥』(제19~20호).
17) 전성련(1994) "대학별 고사의 특성과 발전방향", 『대학교육』제69호.

　이러한 필요성에 근거하여 대학별 고사의 발전 방향으로 4개항을 제시하고
있다.
　① 대학의 출제 및 관리능력을 제고하기 위한 노력(조직개발, 예산배정,
연구추진 등)이 개별대학 내에서, 그리고 대학 사이에서 이루어져야 한다.
② 대학별 고사와 여타 전형자료 사이에는 역할분담이 필요하다. 장기적으로
수능시험은 자격고사로 되어야 할 것이다. ③ 대학별 고사가 국, 영, 수에 집
중되는 것을 막기 위해서는 고사 과목수의 제한을 풀어야 할 것이다. ④ 시험
문제가 점차 어려워지는 경향을 방지하기 위해서는 대학의 관리역량을 제고해
야 한다.
　대학별 고사를 옹호하는 관점에 대해서 검토가 필요하다. 현행 전형자료 가
운데에서 고등학교 교육과정의 파행적 운영과 관련하여 가장 논란의 여지가 큰
것이 대학별 필답고사이므로, 그 필요성과 발전 방향을 검토하는 것이 긴요한
과제가 된다.
　대학별 고사의 필요성에 대하여, 대학별 고사는 고교내신 및 수능시험과 역
할을 분담하는 체제 속에서 독자적 가치를 지녀야 할 것이다. 내신은 수능시험
이나 대학별 고사에서 제외되는 교과목에 대한 성취를 유도하고 보상적 평등을
이룬다는 점에서, 그리고 수능시험은 비교적 포괄적인 내용을 능률적으로 측
정하고 수험생 전원을 단일 기준에 의해 서열화시킨 유일한 자료라는 점에서
선발도구로서의 가치를 지닌다고 할 수 있다. 그러나 내신성적은 학교별 격차
가 무시된 상태에서 상대적 석차로만 나타난 것이기 때문에 학생의 능력을 정
확하게 표현하고 있다고 보기 어렵고, 수능시험은 선택형 문항이 갖는 내용상
의 제약과 유추효과를 배제하기 어려우며 70만이 넘는 수험생을 200점의 폭
안에 배열하므로 효율적인 변별을 기대하기 어렵다는 문제가 있다.[18] 따라서
대학별 고사는 내신과 수능을 보완하는 자료로서, 각 대학별 지원자를 대상으

─────────────

18) 백충현 "대학 별고사(본고사)의 참된 의의", 『국회 대학발전연구회 발표 유인
　　물』, 1994. 4. 20.

로 문제해결을 위한 사고의 과정과 결과에 대한 타당성을 측정하며 그 능력을 효과적으로 변별할 수 있다는 점에서 독자적인 기능과 필요성을 인정받을 수 있다. 대학별 고사의 변별력이 여타 전형자료의 그것보다 높은지는 연구의 과제가 된다. 위 연구가 제시한 근거는 무엇보다도 전형요소별 반영 비율의 차이 때문에 대학별 고사의 변량이 큰 것은 통계적으로 당연한 귀결이다. 또한 조사대상집단의 특이성과 전형자료들의 차이 때문에 그 타당성이 의문시된다.

대학별 고사의 필요성을 인정하는 경우에도, 그를 실제로 시행하는 데에는 사회적 영향에 대한 검토가 필요하다. 대학별 고사는 학생의 사고력, 창의력, 표현력 증진을 유도한다는 긍정적 측면이 있으나, 고등학교 교육과정의 파행적 운영과 과외의 과열을 부추긴다는 부정적 측면이 있는 것으로 흔히 지적되어 왔다. 고등학교에서의 수업이 교육과정이 아닌 대학별 고사의 과목과 문항형태에 따라 좌우되는 사태의 일차적 책임은 물론 고등학교에 있으나, 대학별 고사의 준비에 집중해 주기를 바라는 사회일반의 압력에 대해 고등학교가 독자적인 힘으로 초연하게 대처하기는 무척 어려운 일이다.

대학별 필답고사가 허용되면 대학수학의 필요상 도구 교과라고 할 수 있는 국어, 영어, 수학에 집중되고, 그에 따라 고등학교가 영향을 받을 수밖에 없었다는 역사적 상황을 인정한다면 대학도 행위주체로서의 책임은 져야 할 것이다. 국어, 영어, 수학 과목이 내신과 수능시험에서의 비중에도 불구하고 지원자의 當落을 결정짓는 독보적 교과로서 중시되어야 할 이유를 대학은 설명할수 있어야 할 것이다. 대학별 고사의 필요성이 인정되고, 그 실시에 따르는 부정적 영향이 대학별 고사의 본질에 관련된 문제가 아닌 것으로 밝혀졌을 때, 대학은 그 관리능력을 입증할 수 있어야 한다.

대학은 고등학교 교육과정의 수준과 범위에서 단편적 지식의 기억과 회상에 관한 능력이 아니라 학생의 고차적 정신능력을 신뢰도가 높은 방법으로 측정할수 있어야 한다. 대학별 고사가 단기적이고 집중적인 과외에 의해 영향을 덜받도록 출제되어 왔는가, 그리고 정상적인 고등학교 교육과정 수준에서 출제되어 왔는가 하는 등의 질문에 대한 이제까지의 의문을 대학은 해소해 줄 수 있어야 한다.

대학별 고사의 출제와 관리를 위해 역량과 자원을 경주하는 것이 교육과 연구라는 대학 본래의 기능을 위축시키지 않고도 가능함을 대학은 보여 줄 수 있어야 할 것이다. 또한, 대학별 고사가 주로 상대적 서열과 선발을 목적으로 하고 있는 이상 그 채점결과는 공개되어야 하고 고등학교에서의 내신성적 산출을 위한 고사의 채점결과가 공개되어야 한다면 대학별 고사의 채점결과에 대한 공개 필요성은 더욱 크다고 할 수 있다. 선발고사를 위한 예비적 고사의 성격도 지니지만 교육적 목적을 더 많이 지닌 고등학교의 평가결과는 공개하게 하면서 선발만을 주된 목적으로 하는 대학별 필답고사의 결과는 공개하지 않는 이유를 알 수 없다. 채점의 객관성 확보가 문제라면 그 극복을 통해 공개해야 하며, 평가결과에 대한 무분별한 이의 제기를 막고 주관식 문항의 평가에 따르는 평가자의 권위와 재량을 보호하기 위해서라면 그 필요성은 고등학교에서 더 절실할 것이다.

이러한 모든 조건이 갖추어진 바탕에서, 각 대학이 자신의 이념과 특성에 합당한 전형자료를 고안 활용하겠다면 관련주체들은 그를 인정하고 존중해 주어야 할 것이다. 대학별 필답고사를 대체할 수 있는 전형자료를 국가적 수준의 평가전문기구에서 만들어, 학생이 수시로 응시하게 하고 그 결과를 대학에 보내는 방안은 수험자의 부담을 덜어 주고 평소의 실력을 충분히 반영할 수 있다는 장점을 지닌다. 그렇지만 거의 모든 대학이 직접 수고하지 않고서도 얻을 수 있는 그 자료를 제출하도록 요구함으로써 결국 전국 규모의 주관식 일제고사가 될 가능성도 많은데, 그렇게 되면 채점기준의 동일성을 유지하기도 거의 불가능하고 대학별 필답고사를 불필요하게 확장시키는 결과가 되며 효과에 비해 비용이 너무 들어간다는 문제점이 생길 수 있다. 따라서 대학으로서는 전형자료간의 분업관계를 고려하여 대학별 고사가 학생의 지식측정에만 집중되지 않도록 노력하고, 현실적 여건상 불가피하게 知力만을 평가하더라도 특정 과목의 비중이 과도하게 강조되는 것을 피하는 평가방법을 개발할 필요가 있다.

(3) 개선방안

1) 基本方向

대학별 고사는 원칙적으로 적격자 선발을 위해 다양한 전형기준과 방법을 활용하기 위한 전형방법의 한 형태이다. 대학별 고사는 고교내신, 수학능력시험과 같은 전국적 시험의 평가와는 차별되는 평가기능을 수행해야 할 것이다. '시험에 의한 전형자료의 개선' 항목에서 논의한 바와 같이 각각의 시험은 차별적 기능을 수행하는 것이 바람직 하다.

전형의 기능상 중복적 성격을 갖는 대학별 필답고사는 가급적 축소하도록 여건을 조성하고, 대학별 고사를 시행할 경우라도 고교의 교수 — 학습개선을 선도하는 방향으로 시행하도록 권장되어야 할 것이다. 이 점에서 대학별 고사의 중복적 성격과 변별력의 수준 그리고 난이도와 고교에서의 정상적 학습활동과의 관계에 대해서는 보다 심층적인 실증적 자료의 분석이 요구된다.

일부 대학에서 주장하고 있는 바와 같은 대학별 고사성적의 변별력은 통계적으로 큰 의미를 갖는다고 볼 수 없다. 고교내신 등급과 수학능력시험의 점수에 의하여 비교적 동질화된 집단에 대하여 대학별 시험으로 편차를 확대할 경우에 본고사의 성적이 합격결정에 주는 기여도는 당연히 클 수밖에 없다.

변별력을 높이기 위하여 난이도를 높이는 것은 보다 우수한 능력을 갖춘 학생을 선발할 수 있는 장점은 있으나 적어도 세 가지 종류의 문제를 유발한다. 첫째로 정상적인 고교교육에서 감당할 수 있는 범위를 벗어날 경우에 과외에 의존하게 하여 학교교육에 대한 불신을 조장하고 괴외를 부추길 가능성이 커진다. 둘째로, 일정수준 이상의 학업성취를 보인 학생들을 대상으로 할 때, 시험성적 이외의 다양한 준거를 적용하여 학생을 선발할 가능성이 적어진다. 국제적 추세를 보더라도 우리나라의 소위 명문대학보다도 더 높은 수준의 교양교육과 연구지향적 교육을 하는 대학에서도 요구하는 학력을 평가하기 위한 시험의 수준은 그렇게 높지 않다. 오히려 고난도의 시험문제를 풀 수 있는 능력보다도 앞으로 발휘할 수 있는 능력의 가능성을 평가하는 데 주안점을 두고 있음을 발

견할 수 있다. 셋째로, 대학의 교육목적에 부합하는 학생을 선발하는 방법으로
시험은 제한적 역할만을 수행할 뿐이다. 시험만능의 사고는 불필요한 비용을
요구한다. 변별력의 강화로 얻는 장점과 이에 따르는 비용을 고려하여 적절한
균형점을 찾아야 할 것이다. 이러한 맥락에서 변별력을 높이기 위한 시험의 난
이도에는 상한선이 설정되어야 할 것이다.

2) 차별적 기능

대학별 고사는 단계별 사정모형에 따른 전형과정에서 대학별 고사 특유의 차별
적 기능을 중점적으로 발휘해야 할 것이다. 이를 위하여, 장기적으로 필답고사
형식의 '본고사'는 이미 앞에서 논의한 바 있는 '교과별 학력고사'로 대치하
도록 권장할 필요가 있다. 그러나 대학의 전형목적에 비추어 고교내신자료, 전
국적으로 시행하는 시험 등의 전형자료 이외의 전형의 필요를 충족하기 위하여
대학에 따라서 그 필요를 반영하여 논술, 실기, 면접, 구술고사 등의 시험형태
를 실시할 수 있어야 할 것이다.

이와 관련하여 면접시험에서는 제한된 짧은 시간 내에 대면적 시험을 통하여
학생을 평가하기보다는 내신자료와 학생이 제출한 자료를 검토하고 확인하며
보충할 수 있는 기회로 삼을 필요가 있다. 면접시험은 서류전형을 보완하는 형
식으로 운영되는 것이 보다 효과적일 것이다.

3) 입학관리처의 신설 지원

대학이 단계별 사정모형에 따라 대학마다 신입생 선발을 효율적으로 하기 위
한 학생선발을 전담하는 상설 연구 또는 운영기구(예 : 입학관리처)를 설립할
필요가 있다. 이미 일부 대학에서는 입시관리처를 신설하는 경향이 있다.

12. 대학의 전형절차 및 방법

현행 제도 아래에서 지원자들은 特次, 前期(1, 2, 3), 後期, 追加 募集別로 5차에 걸쳐서 대학에 지원할 수 있는 기회가 주어지고 있다. 입시일자가 다른 대학에 대해서는 복수지원이 가능하나, 소위 명문대학들의 전형일이 분산되어 있지 않아 학생들의 대학선택 기회는 사실상 제약된 실정이다.

개선방안

대학의 전형절차는 수험생으로 보아서는 자기에게 부합하는 대학을 선택할 수 있는 기회와 관련이 있고 대학의 입장으로서는 대학의 특성에 부합하는 학생을 선발할 수 있는 전략과 관련이 있다. 최근의 동향을 보면 일부 대학의 경우에는 합격자의 상당수가 이중합격한 상황에서 등록을 포기하여 학생을 뺏기는 상황이 벌어지고 있다. 학생의 입장에서 보면 학생의 처지에 근접한 대학에 진학하지 못함으로써 일부 대학에 합격한 상황에서도 합격을 포기하고 재수하는 경향도 있다.

매년 70여만 명의 수험생들이 135개에 이르는 대학을 찾아서 지원한다는 것은 어려운 과제이다. 더구나 합격이 예상되는 대학을 찾아간다는 것은 어려운 일이다. '눈치작전'이 불가피한 형편이다. 이러한 상황에서 학생들이 시도할 수 있는 길은 자기의 처지를 고려하여 몇 개의 대학에 지원하고 그중에서 고르는 방법 이상의 방법은 있을 수 없다.

1) 복수지원의 기회 보장

원칙적으로 학생을 위해서는 복수지원 기회를 실질적으로 보장하여 주고, 복수지원을 가능하게 하기 위하여 선시험 — 후지원체제를 갖추는 것이 필요하다. 이 체제의 장점은 시험의 응시요건으로 인한 지원기회의 제약을 풀기 위한 것이다. 대학을 위해서는 대학별 전형을 지원하기 위하여 대학입학전형기간을 확대·연장할 필요가 있다.

학생의 지원과 대학의 입시관리 등록상의 혼란을 최소화하기 위하여 복수지원과 대학의 학생등록을 실질적으로 확보할 수 있도록 학생의 지원과 대학의 선발결과, 그리고 이에 따른 실질적인 대학등록을 상호연계하기 위하여 필요한 정보를 지원할 수 있는 입학정보관리 기능을 설치할 필요가 있다. 이 기능의 구체적인 모습은 전국의 고등학교와 대학, 그리고 전국적인 평가기구(현재의 국립교육평가원)를 연결하는 전산망이 될 것이다.

2) 단계별 사정제의 발전

장기적으로 서류전형(고교내신, 일반적성시험, 학력고사 등의 성적자료를 포함)으로 1차 심사를 하고, 1차 합격자에 한하여 일정기간 동안 대학의 계열·학과별로 2차 혹은 최종전형하여 학생을 선발할 수 있다.

전형기간을 확대하여 학생은 최소한 5개 대학 정도를 복수지원할 수 있도록 하고 대학간에 전형일자가 중복되지 않게 배치한다. 대학들이 자율적으로 전형일자를 조정하지 못할 경우에는 전형일자를 추첨에 의하여 배분하는 방법도 고려할 필요가 있다. 현행 제도에서 전형기간은 12월 하순부터 시작하여 다음해 2월 중순까지로 되어 있으나 수학능력시험 등의 시험일자를 9월부터 시행할 수 있다면 10월 초부터 대학별 전형을 시작할 수 있다. 따라서 대학별 전형은 10월 초부터 시행하도록 하여 기간을 확대할 필요가 있고 확대해야 한다.

현행의 특차전형과 이 연구에서 제시하는 특별전형은 전형기간중 비교적 조기에 완료하도록 일정을 조정한다. 예를 들면 절차와 특별전형의 경우에 10월 말까지 전형을 완료할 수 있을 것이다.

대학별로 계열에 따라 전형일을 달리하여(예를 들면 계열별로 3회 분할 모집) 학생들에게 실질적으로 복수 이상의 지원기회를 제공할 수 있다. 이중합격의 경우 1개 대학만 선택하여 등록하도록 하고 등록상황을 해당 대학에 통보함으로써 학생등록에 따른 대학의 혼란과 문제를 완화할 수 있다. 대학입학정보 관리기능은 이를 위하여 그 기능을 정립할 수 있다.

예시적 전형일정

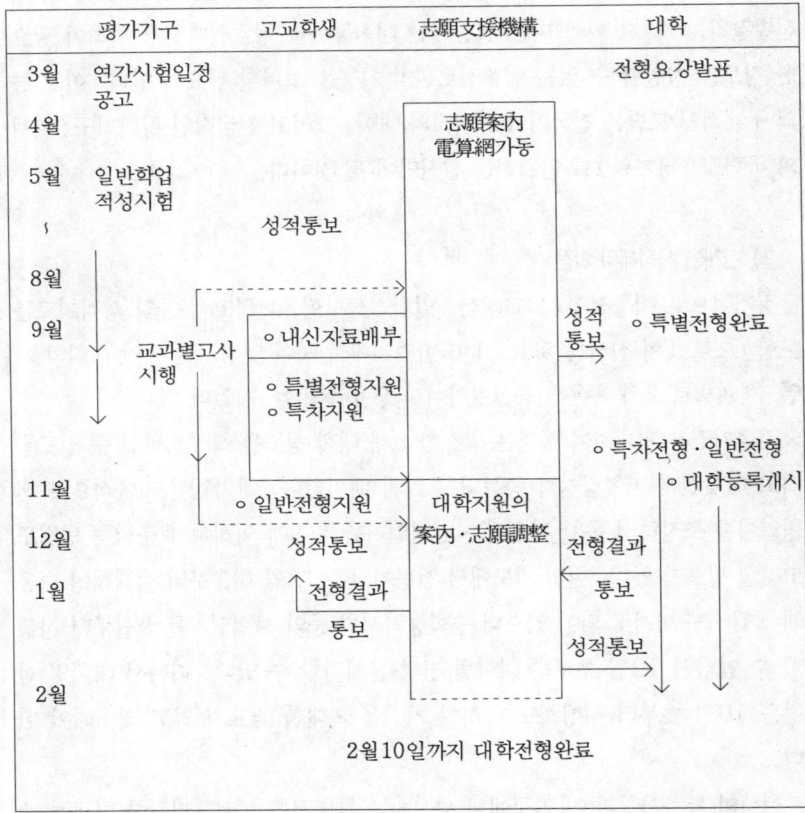

	평가기구	고교학생	志願支援機構	대학
3월	연간시험일정 공고			전형요강발표
4월			志願案內 電算網가동	
5월	일반학업 적성시험			
～		성적통보		
8월				
9월	교과별고사 시행	○내신자료배부 ○특별전형지원 ○특차지원		성적 통보 → ○특별전형완료
11월		○일반전형지원	대학지원의 案內·志願調整	○특차전형·일반전형 ○대학등록개시
12월		성적통보		전형결과
1월		전형결과 통보		통보
2월				성적통보

2월 10일까지 대학전형완료

• 자격기준 설정, 혹은 서류심사(전국적 시험의 결과)로 1차 전형 : 10월
• 서류(고교내신자료나 본인작성자료) 심사로 2차 전형 : 11월
• 지원자가 직접 참여하는 대학별고사(구술,면접,실기)로 최종 전형 : 12월 ～ 익년 2월초

〈각각의 전형과정에서 필요한 전형자료〉
• 특별전형 : 지원자 본인의 자율적 성장기록과 관련 증빙 자료, 추천서, 전국적 시험의 결
  과, 고등학교 3학년 1학기까지의 고교생활기록, 면접자료
• 일반전형(1차) : 전국적 시험의 결과, 고교생활기록(학업성적 및 출석성적)→1차 전형
  을 현행과 같은 방식의 특차전형으로 활용할 수도 있음
  (2차) : 고교생활기록(모든 서술식 기록자료 포함), 추천서, 본인작성자료
  (3차) : 대학별 고사(필답, 면접, 구술, 실기 등)의 결과

13. 評價管理機構의 設立

일반적성시험과 교과별 학력고사의 출제, 관리, 운영 및 입시제도 전체의 개선을 위한 연구를 종합적, 체계적으로 수행할 수 있는 국가수준의 전문적 교육평가 연구·관리기구를 설치·운영해야 할 것이다.

III. 結論

현행 대학입시제도에 대한 보완은 필요한가?

현행 제도는 시행 2년차를 맞아 제도의 정착을 위한 안내와 적응을 필요로 한다. 대학입시제도의 빈번한 변경으로 교육정책에 대한 국민들의 혐오감과 제도개선에 대한 불신감이 팽배한 상태에 있다. 그러나 현행 제도의 타당성에 대한 문제가 제기되어 왔고, 상황 변화의 환경 속에서 제도발전의 전망 없이는 현 제도를 계속 고수하면서 운영하기가 어려울 것으로 보인다.

이 논문에서는 현행 제도하에서는 교육의 정상화를 유도할 수 있는 제도적 장치가 결여되어 있으므로 제도적 보완이 필요하다고 판단한다. 특히 제도의 변경이나 개선에는 최근에 대두되고 있는 학생 및 입시제도와 관련된 당사자들의 기대이익을 보호하자는 요구도 있고 제도의 변경을 준비하는 데 소요되는 시간을 고려할 때 현행 제도의 타당성과 개선의 방향과 논리에 대한 검증은 필요한 과제가 된다. 이러한 점에서 현행 제도에 대한 검토와 개선의 방향과 논리의 가능성에 대한 탐색은 필요하다고 본다.

대학입시제도의 보완을 어떻게 추진할 것인가?

제도의 개선은 드러난 문제만의 해결을 지향하기보다는 장기적으로 추구해야 할 원칙을 제도화하는 방향을 취해야 할 것이다. 현행 제도의 토대 위에서 점진적인, 그러나 장기적 제도발전 목표를 지향하여 지속적인 추진을 통하여 제도의 개선과 제도운영의 학습을 내재화하도록 시도할 필요가 있다. 이 논문의 제도개선을 위한 논리는 현행 제도의 문제점을 지적하고 있을 뿐만 아니라 하나의 대안적 논리를 제공하고 있다. 이 대안적 논리의 타당성은 논리적으로 그리고 실증적으로 검증되어야 한다. 이 연구에서는 최소한 타당하다고 전제하는 원칙을 우선 설정하고 이 원칙 위에서 제도개선의 논리를 설정하는 방법을 택하고 있다. 이 점에서 전제된 원칙 위에서 타당성은 제시하고 있으나 논리적 타당성과 실증적 타당성에 관해서는 차후의 검토과제가 된다.